西藏非物质文化遗产保护的理论与实践研究

马宁 著

XZCB 西藏人民出版社

图书在版编目 (CIP) 数据

西藏非物质文化遗产保护的理论与实践研究 / 马宁著 . -- 拉萨 : 西藏人民出版社 , 2021.12

ISBN 978-7-223-07026-3

Ⅰ . ①西… Ⅱ . ①马… Ⅲ . ①非物质文化遗产—保护—研究—西藏 Ⅳ . ①G127.75

中国版本图书馆CIP数据核字(2021)第243674号

西藏非物质文化遗产保护的理论与实践研究

作　者	马　宁
责任编辑	张慧霞　苏远尚
封面设计	旦真那杰
出版发行	西藏人民出版社（拉萨市林廓北路 20 号）
印　刷	拉萨市明鑫印刷有限公司
开　本	787 × 960　1/16
印　张	17.75
字　数	210 千
版　次	2023 年 3 月第 1 版
印　次	2023 年 3 月第 1 次印刷
印　数	01–1,000
书　号	ISBN 978-7-223-07026-3
定　价	45.00 元

马宁，羌族，人类学博士，西藏民族大学民族研究院教授，国家“高层次人才特殊支持计划”领军人才、全国文化名家暨“四个一批”人才、教育部“新世纪优秀人才支持计划”获得者、国家民委“民族研究优秀中青年专家”。研究方向为人类学、民族学和非物质文化遗产。先后主持国家社科基金项目4项、省部级项目8项。出版学术专著《藏汉接合部多元宗教共存与对话研究》和《门巴族、珞巴族非遗保护及旅游开发研究》，发表学术文章50多篇，研究成果曾多次获国家领导人批示和省部级奖励。

目　录

绪　论

一、非物质文化遗产的概念及分类

非物质文化遗产的概念是一个舶来品，我国学术界对这一概念的使用也经历了“人类口头和非物质遗产”①到非物质文化遗产的发展过程。根据联合国教科文组织《保护非物质文化遗产公约》的定义：非物质文化遗产指被各社区、群体，有时为个人，视为其文化遗产的各种实践、表演、表现形式、知识体系、技能及其有关的工具、实物、手工艺品和文化场所。其内容包括以下五个方面：

1.口头传统和表现形式，包括作为非物质文化遗产媒介的语言；

2.表演艺术；

3.社会实践、仪式、节庆活动；

4.有关自然界和宇宙的知识和实践；

5.传统手工艺。②

我国自2011年6月1日起施行的《中华人民共和国非物质文化遗产法》规定：非物质文化遗产是指各族人民世代相传并视为其文化遗产组成部分的各种传统文化表现形式，以及与传统文化表现形式相关的实物和场所。其内容包括以下六个方面：

1.传统口头文学以及作为其载体的语言；

---

① 向云驹.人类口头和非物质遗产[M].银川：宁夏人民教育出版社，2004.P1.

② 王文章.非物质文化遗产概论[M].北京：文化艺术出版社，2006.P52.

2.传统美术、书法、音乐、舞蹈、戏剧、曲艺和杂技；

3.传统技艺、医药和历法；

4.传统礼仪、节庆等民俗；

5.传统体育和游艺；

6.其他非物质文化遗产。[①]

在非物质文化遗产保护实践过程中，我国又对国家级非物质文化遗产名录进行了分类。2006年5月20日，在《国务院关于公布第一批国家级非物质文化遗产名录的通知》中，将我国的非物质文化遗产划分为民间文学、民间音乐、民间舞蹈、传统戏剧、曲艺、杂技与竞技、民间美术、传统手工技艺、传统医药、民俗等十大类。王文章提出，这十大类的划分方法仍不完善，可以在此基础上做一些修正和调整，并归纳和概括出了更加全面、合理的非物质文化遗产分类体系，将非物质文化遗产分为十三个类别，分别是：语言（民族语言、方言等）；民间文学；传统音乐；传统舞蹈；传统戏剧；曲艺；杂技；传统武术、体育与竞技；民间美术、工艺美术；传统手工技艺及其他工艺技术；传统医学和药学；民俗；文化空间。[②]苑利、顾军则将我国的非物质文化遗产分为民间文学类、表演艺术类、工艺美术类、生产知识与技能类、生活知识与技能类、仪式类、节日类、文化空间类等八大类别。[③]我们认为，王文章、苑利等人对非物质文化遗产的分类都是建立在民俗学学科的基础之上，体现了对民俗学知识体系的思考，是我国民俗学学术研究的集中体现，充分说明了民俗学与非物质文化遗产的天然联系。而在实际工作中，根据我国2008年公布的第二批国家级非物质文化遗产名录、2011年公布的第三批国家级非物质文化遗产名录、2014

① 中华人民共和国非物质文化遗产法[N].人民日报，2011-8-5（8）.

② 王文章.非物质文化遗产概论[M].北京：文化艺术出版社，2006.p319.

③ 苑利、顾军.非物质文化遗产学[M].北京：高等教育出版社，2009.p101-230.

年公布的第四批国家级非物质文化遗产名录、2020年公布的第五批国家级非物质文化遗产名录的情况来看，我国仍然沿用了2006年公布的第一批国家级非物质文化遗产名录的十大类分类标准。这个分类标准也在事实上成为我国非物质文化遗产的权威标准，受到了社会各界的广泛认可。

二、我国非物质文化遗产保护历程

我国对非物质文化遗产的保护，与2001年昆曲入选第一批“人类口头和非物质遗产代表作”密不可分，中国成为首次获此殊荣的19个国家之一，引起了政府和学界的普遍关注；2002年，中国民间文艺家协会启动了“中国民间文化遗产抢救工程”；2003年，文化部、财政部、国家民委、中国文联等八部委联合启动“中国民族民间文化保护工程”，有力推进了中国非物质文化遗产保护的全面开展。[①]2003年11月，第32届联合国教科文组织大会通过了《保护非物质文化遗产公约》；2004年8月，我国第十届全国人大常委会决定中国加入该《公约》。

2005年3月26日，《国务院办公厅关于加强我国非物质文化遗产保护工作的意见》（国办发〔2005〕18号）提出了“保护为主、抢救第一、合理利用、传承发展”的工作方针。明确了工作原则：政府主导、社会参与、明确职责、形成合力；长远规划、分步实施，点面结合、讲求实效。2005年6月，文化部部署了全国非物质文化遗产普查工作，开始对我国的非物质文化遗产进行抢救性保护。2006年5月，国务院公布了第一批国家级非物质文化遗产代表性项目名录518项，分属民间文学、传统音乐、传统舞蹈、传统戏剧、曲艺、传统美术、传统技

① 余悦.非物质文化遗产研究的十年回顾与理性思考[J].江西社会科学，2010（9）p8–9.

艺、竞技与杂技、传统医药和民俗十类；2008年6月，国务院公布了第二批国家级非物质文化遗产代表性项目名录510项，第一批国家级非物质文化遗产代表性项目名录扩展项目名录147项；2011年5月，国务院公布了第三批国家级非物质文化遗产代表性项目名录191项，国家级非物质文化遗产代表性项目名录扩展项目名录164项；2014年11月，国务院公布了第四批国家级非物质文化遗产代表性项目名录153项，国家级非物质文化遗产代表性项目名录扩展项目名录153项。2020年12月，国务院公布了第五批国家级非物质文化遗产代表性项目名录198项，国家级非物质文化遗产代表性项目名录扩展项目名录139项。截至目前，我国已经先后建立了5批国家级非物质文化遗产代表性项目名录，有2173项非物质文化遗产项目入选。2007年6月，文化部公布了第一批国家级非物质文化遗产项目代表性传承人名单，共计226名。此后，又分别于2008年1月、2009年5月、2012年12月、2018年5月，公布了第二批、第三批、第四批、第五批国家级非物质文化遗产项目代表性传承人，分别有551人、711人、498人、1082人入选，共计3068人。初步建立起了国家、省、市、县四级非物质文化遗产保护体系。

为进一步规范和加强非物质文化遗产生产性保护，2012年2月2日，文化部发布了《关于加强非物质文化遗产生产性保护的指导意见》（文非遗发〔2012〕4号），主要在传统技艺、传统医药药物炮制技艺、部分传统美术类非物质文化遗产项目中实施。根据《文化部办公厅关于开展国家级非物质文化遗产生产性保护示范基地建设的通知》（办非遗函〔2010〕499号），文化部于2011年和2014年，公布了两批国家级非物质文化遗产生产性保护示范基地，共有98家项目保护单位。

我国还通过建设“文化生态保护实验区”的方式对非物质文化遗产实施整体性保护。从2007年起，先后设立了闽南文化生态保护实验区（福建省 2007年）、徽州文化生态保护实验区（安徽省 2008年）、热贡文化生态保护实验区（青海省　2008年）、羌族文化生态保护实验区（四川省、陕西省 2008年）。2010年，文化部颁布《关于加强国家级文化生态保护区建设的指导意见》。根据这个意见，我国又设立了客家文化（梅州）生态保护实验区（广东省　2010年）、武陵山区（湘西）土家族苗族文化生态保护实验区（湖南省　2010年）、海洋渔文化（象山）生态保护实验区（浙江省 2010年）、晋中文化生态保护实验区（山西省 2010年）、潍水文化生态保护实验区（山东省　2010年）、迪庆民族文化生态保护实验区（云南省　2010年）、大理文化生态保护实验区（云南省 2011年）、陕北文化生态保护实验区（陕西省 2012年）、铜鼓文化（河池）生态保护实验区（广西壮族自治区　2012年）、黔东南民族文化生态保护实验区（贵州省　2012年）、客家文化（赣南）生态保护实验区（江西省　2013年）、格萨尔文化（果洛）生态保护实验区（青海省　2014年）、武陵山区（渝东南）土家族苗族文化生态保护实验区（重庆市　2014年）、武陵山区（鄂西南）土家族苗族文化生态保护实验区（湖北省　2014年）、藏族文化（玉树）生态保护实验区（青海省 2017年）、客家文化（闽西）生态保护实验区（福建省　2017年）、说唱文化（宝丰）生态保护实验区（河南省　2017年）、景德镇陶瓷文化生态保护实验区（江西省　2020年）、河洛文化生态保护实验区（河南省　2020年）。截至目前，我国的非物质文化遗产文化生态保护实验区已经达到了23个。

经过十多年的努力，我国在非物质文化遗产保护的实践层面积累了非物质文化遗产抢救性保护、生产性保护和整体性保护的大量工作经验，建立起具有中国特色的非物质文化遗产保护体系。

三、西藏非物质文化遗产保护情况

西藏非物质文化遗产是西藏各族人民世代相传并视为其文化遗产组成部分的各种传统文化表现形式及相关实物和场所，是我国非物质文化遗产的重要有机组成部分。

从2005年我国开始实施非物质文化遗产保护工作以来，西藏自治区于2006年启动了非物质文化遗产普查工作。在西藏自治区文化厅的领导下，山南、日喀则、林芝、昌都、那曲、阿里和拉萨六地一市各自成立一支普查队，西藏自治区群艺馆、社科院、文联、艺术研究所各自组建普查队，从西藏自治区非物质文化遗产保护工程专家委员会成员中抽调人员组成普查队，共成立了12支“西藏自治区非物质文化遗产保护普查工作队”，投入普查力量3000多人次，用3年的时间对西藏全区的非物质文化遗产进行了全面普查，收集记录稿十万余篇，录音带、录像带两千多盒，照片近五万张，对西藏自治区非物质文化遗产的情况有了较为清晰的认识。在此基础上，西藏在2006年确立了第一批自治区级非物质文化遗产代表性项目名录，2007年确立了第二批自治区级非物质文化遗产代表性项目名录，2009年确立了第三批自治区级非物质文化遗产代表性项目名录，2013年确立了第四批自治区级非物质文化遗产代表性项目名录，2018年确立了第五批自治区级非物质文化遗产代表性项目名录，并向文化部报送了申报国家级非物质文化遗产名录的项目，建立起国家、自治区、县三级非物质文化遗产名录体系。2014年，日喀则、昌都、林芝、山南、那曲等地区相继撤地建市后，西藏终于和其他兄弟省市一样，建立起国家、自治区、市（地）、县四级非物质文化遗产名录体系。

截至目前，中央财政累计投入两亿多元，用于西藏自治区的国家级非物质文化遗产代表性项目的保护、国家级非物质文化遗产项目代表性传承人的抢救性记录、扶持开展传习活动等。西藏自治区各级财政也不断加大投入力度，2006年—2011年，西藏自治区共投入非物质文化遗产保护资金6000万元，主要用于传习场所设施建设、购置服装道具、培养年轻传承人等。从2010年起，西藏划拨专项经费逐年对非物质文化遗产重点项目实施全面保护，藏戏、藏族邦典制作技艺、藏刀制作技艺、卡垫织造技艺、藏族造纸技艺、传统医药等21个非物质文化遗产代表性项目被列入首批重点保护计划，保护经费达400多万元。2012年西藏投入非物质文化遗产保护资金约300万元，2013年非物质文化遗产保护资金首次达到1000万元。从2015年起，西藏自治区将非物质文化遗产保护资金增加到每年1200万元（含自治区级非物质文化遗产项目代表性传承人传承补助经费每人每年10000元）。十多年来，西藏自治区累计用于保护非物质文化遗产的资金投入近亿元。

西藏自治区于2010年启动了拉萨河文化生态保护区、日喀则吉隆沟文化生态保护区申报国家级文化生态保护区工作，开展了藏医药申报联合国人类非物质文化遗产代表作名录工作。2018年11月26日至12月1日，联合国教科文组织保护非物质文化遗产政府间委员会第13届常会在毛里求斯召开，将我国申报的“藏医药浴法——中国藏族有关生命健康和疾病防治的知识与实践”列入联合国教科文组织人类非物质文化遗产代表作名录，使这项工作取得圆满成功。2012年，西藏自治区启动了“西藏农耕文化抢救性记录工程”，对一年四季农区群众的生产生活情况和与之相关的工具摆设、节庆礼仪、劳动歌舞等进行了全方位拍摄、录制，并抢救性记录了古格宣舞、藏戏霞尔巴贡、喇嘛玛尼说唱等十余个濒危项目。2013年8月，西藏第一个国家级、自治区级非物质文化遗产的完整展示区——尼木吞巴景区建成使用，国家级、自治区级非物质文化遗产项目代表性传承人在这里传承着藏香、藏纸、雕刻、藏戏、藏靴、藏鼓、藏陶、书法等精湛技艺。国家从2015年开始进行传承人抢救记录工程，西藏自治区对贡嘎仁增、旦巴绕丹等20名年事已高的国家级、自治区级非物质文化遗产项目代表性传承人进行了口述史记录，已经出版了《西藏非物质文化遗产传承人口述实录》[①]一书，含8类22项非物质文化遗产。

西藏自治区在藏戏保护方面下了很大功夫，争取中央财政3000余万元，给山南琼结卡卓扎西宾顿、山南雅隆扎西雪巴、拉萨觉木隆等8个国家级藏戏流派的藏戏队及部分历史悠久、特色浓郁的民间戏班子划拨专项经费，建设传习基地（中心），进行化排练演出。在基础建设方面确立了12个项目，其中的8个项目已经获得了8000多万元的建设经费。现在西藏民间藏戏队就有140多支，有演职人员近4000人，每个藏戏队每年可以获得两万元补助。共举办了四届全区藏戏大赛、五届全区藏戏展演和两届全区藏戏唱腔比赛，激发了民间藏戏演员的积极性。近年来，西藏自治区还加大了对自治区藏剧团的扶持力度，投资2000多万元兴建藏戏艺术中心，设立藏戏艺术展示厅，极大地改善了演出及展示场所的条件。落实40余名年轻藏戏演员的定向培养和引进工作，完善了青年表演人才的培养、激励机制，培养了一大批藏戏表演、创作和研究人才。此外，还加大了剧本创作的扶持力度，先后打造推出了《文成公主》、新编藏戏《金色家园》《扎西岗》《朵雄的春天》等一批深受观众好评的藏戏新剧目。从2013年起，自治区藏剧团启动西藏传统八大经典藏戏舞台化工程，运用舞美、灯光、字幕等现代科技手段，已先后精编推出《白马文巴》《诺桑法王》《卓瓦桑姆》等剧目。打造了中国拉萨藏戏网公益性网站，增加了手机客户端，免费为观众提供藏戏历史、流派、演出、道具服饰及政策法规等资讯。同时，积极组织优秀藏戏演出队赴国内外进行演出和交流活动。据不完全统计，仅2015年，西藏自治区各级藏戏队共演出达1500

① 张蕊.西藏非物质文化遗产传承人口述实录[M].北京：海豚出版社，2017.

余场次，观众人数达75万余人次。

对口援藏省市在西藏非物质文化遗产保护方面也做出了很大贡献，2010年，福建省第四批和第五批援藏工作队耗资近2000万、历时6年建成的西藏首个非物质文化遗产博物馆——尼洋阁藏东南文化遗产博物馆向公众开放，展示了西藏林芝地区工布藏族、门巴族、珞巴族和僜人的非物质文化遗产，开辟了文化援藏的新途径。2018年6月，深圳市无偿援建的西藏非物质文化遗产博物馆也正式对外开放，该馆位于拉萨市次角林的中国西藏文化旅游创意园内，占地60亩，由深圳市政府委托万科企业股份有限公司负责建设，按“一馆一园”理念进行设计，博物馆建筑面积约6000平方米，博览园面积约为25000平方米，是西藏最大的非物质文化遗产博物馆。

四、研究意义

西藏非物质文化遗产是西藏各族人民在千百年的发展过程中创造、传承和享用的宝贵精神财富，是被西藏各族人民普遍认可、广为流传、喜闻乐见的文化遗产，是西藏传统文化中的精髓，是藏民族文化的灵魂所在，保护西藏非物质文化遗产就是保护西藏的优秀传统文化。

以十四世达赖为首的分裂势力与西方反华势力相勾结，一直在从事分裂中国的勾当，达赖集团捏造事实、混淆视听，妄称西藏在中国共产党的领导下正在遭受灾难，他们所宣扬的主要是“种族灭绝论”和“文化灭绝论”，面对西藏经济社会快速发展、人口数量和素质大幅度提高的客观事实，达赖集团不得不抛弃了“种族灭绝论”，将重点放在了鼓吹“文化灭绝论”上。2009年，我国的《格萨尔》史诗和藏戏入选联合国科教文组织“人类非物质文化遗产代表作名录”；2018年，我国的“藏医药浴法——中国藏族有关生命健康和疾病防治的知识与实践”入选联合国教科文组织“人类非物质文化遗产代表作名录”，有力地驳斥了达赖集团“西藏文化灭绝论”的谎言。

随着西藏航空、铁路、公路立体交通网络的完善，为国内外游客入藏旅游提供了极大的方便，使西藏旅游业实现了井喷式发展，也给西藏非物质文化遗产保护带来了机遇和挑战。一方面带动了西藏非物质文化遗产的生产性保护，促进了手工技艺类、藏医药类和传统美术类非物质文化遗产产品转化为文化产品的速度；另一方面也产生了一些过度追求经济效益的急功近利的商业行为，打乱了西藏非物质文化遗产的传承规律，使非物质文化遗产传承人出现了分化。在2010年召开的第五次西藏工作座谈会上，中央对西藏作出了“两屏四地”的发展定位，即要把西藏建设成为国家安全屏障、生态安全屏障、战略资源储备基地、高原特色农产品基地、中华民族特色文化保护地和世界旅游目的地，也为西藏非物质文化遗产的保护指明了方向。我们研究西藏非物质文化遗产，就是要把西藏传统文化保护的成就展示给世人，让人们认识到保护与传承西藏非物质文化遗产的重要性。对西藏非物质文化遗产保护的有效经验进行系统梳理和总结，找出现阶段存在的问题和困难，提出对策性建议，吸引更多的人投身到西藏非物质文化遗产的保护工作中，共同保护中华民族的精神家园。从这个意义上来说，研究西藏非物质文化遗产保护就具有重大的现实意义。

第一章 文献综述

第一节 我国非物质文化遗产研究综述

从2002年起，我国学术界开始对非物质文化遗产进行研究，经过十多年的发展，已经使非物质文化遗产研究成为一门显学，研究成果汗牛充栋。关于非物质文化遗产的研究综述类文章比较多，宏观层面的研究综述集中在我国非物质文化遗产保护的研究情况[①]、十年来非物质文化遗产研究状况[②]、非物质文化遗产热点[③]、非物质文化遗产与旅游[④]、非物质文化遗产产业化[⑤]等方面，此外，还有学者对日本非物质文化遗产保护情况[⑥]、国外非物质文化遗产法律保护的前沿问题[⑦]进行了评述。鉴于类似综述类文章数量较多，为避免重复性研究，本书仅在此对学术界关于非物质文化遗产保护研究的重要理论问题进行梳理。

① 马晓燕.中国对非物质文化遗产保护的研究综述[J].民间文化论坛，2009（2）p20.
② 余悦.非物质文化遗产研究的十年回顾与理性思考[J].江西社会科学，2010（9）p7.
③ 魏崇周.2001—2010：当代非物质文化遗产热点问题研究综述[J].民俗研究，2010（3）p80.
④ 郭颖、赵晓宁.国内非物质文化遗产与旅游的相关研究综述[J].中华文化论坛，2012（3）p91.
⑤ 李丽娇、叶非.我国非物质文化遗产产业化研究综述[J].昆明理工大学学报，2015（6）p103.
⑥ 钱永平.日本非物质文化遗产保护研究综述[J]. 湖北民族学院学报，2010（5）p89.
⑦ 唐海清.国外关于非物质文化遗产法律保护前沿问题的研究综述[J].中央民族大学学报，2013（3）p97.

一、关于非物质文化遗产概念的讨论

“非物质文化遗产”这个专业术语被引入以后，我国学术界对非物质文化遗产的概念进行了较长时间的讨论。最早对非物质文化遗产进行界定的是杨怡的《非物质文化遗产概念的缘起、现状及相关问题》①，作者梳理了非物质文化遗产概念源自日本，在亚洲的韩国、泰国得到发展后，联合国教科文组织（UNESCO）于 1989 年11月通过了“关于对传统文化和民间传说保护的倡议”，于2000年6月正式设立《口头和非物质文化遗产杰作名录》项目的过程。翻译了联合国教科文组织关于非物质文化遗产的定义：非物质文化遗产又被译为“无形文化遗产”，指来自某一文化社区的全部集体创作，这些创作以传统为依据，包括所有形式的传统、大众或民间文化。它们作为其文化和社会特性的表达形式、准则和价值，通过模仿或其他方式口头相传。其形式有：口头作品、习俗、语言、音乐、舞蹈、礼仪、庆典、传统医术和药典、饮食文化及所有与物质文化（比如工具和聚居地）相关的特殊技艺。认为非物质文化遗产研究领域存在定义、评定标准不明朗，如何保护和文化权问题，具有非常重要的开拓性意义。②向云驹③和乌丙安④都使用了1989年联合国教科文组织通过的《保护民间创作建议案》中关于“人类口头和非物质遗产”的概念：“来自某一文化社区的全部创作，这些创作以传统为依据、由某一群体或一些个体所表达并被认为是符合社区期望的，作为其文化和社会特性的表达形式；其准则和价值，通过模仿或其他方式口头相传。它的形式包括：语言、文学、音乐、舞蹈、游戏、神话、礼仪、习惯、手工艺、建筑艺术及其他艺术。除此之外，还包括传统形式的传播和信息。”苑利则

① 杨怡.非物质文化遗产概念的缘起、现状及相关问题[J].文物世界，2003（2）p27.
② 杨怡.非物质文化遗产概念的缘起、现状及相关问题[J].文物世界，2003（2）p28–29.
③ 向云驹.人类口头和非物质遗产[M].银川：宁夏人民教育出版社，2004.p29.
④ 乌丙安.非物质文化遗产保护理论与方法[M].北京：文化艺术出版社，2010.p33.

提出，非物质文化遗产是指那些人类特别是那些具有特殊知识、技艺与技能的人们在历史上创造并以活态的形式传承至今的，具有重要历史价值、艺术价值、文化价值与科学价值，足以代表一方地域文化并为当地民众、社会所认可，且具普世价值的知识类、技术类与技能类传统文化事象。①

我国官方对非物质文化遗产的定义主要出处有两个：一是国务院于2005年颁布的《国务院办公厅关于加强我国非物质文化遗产保护工作的意见》（国办发〔2005〕18号）附件《国家级非物质文化遗产代表作申报评定暂行办法》，对非物质文化遗产的定义为：非物质文化遗产指各族人民世代相承的、与群众生活密切相关的各种传统文化表现形式（如民俗活动、表演艺术、传统知识和技能，以及与之相关的器具、实物、手工制品等）和文化空间。包括：口头传统，包括作为文化载体的语言；传统表演艺术；民俗活动、礼仪、节庆；有关自然界和宇宙的民间传统知识和实践；传统手工艺技能；与上述表现形式相关的文化空间。②二是《中华人民共和国非物质文化遗产法》对非物质文化遗产的界定：非物质文化遗产是指各族人民世代相传并视为其文化遗产组成部分的各种传统文化表现形式，以及与传统文化表现形式相关的实物和场所。包括：传统口头文学以及作为其载体的语言；传统美术、书法、音乐、舞蹈、戏剧、曲艺和杂技；传统技艺、医药和历法；传统礼仪、节庆等民俗；传统体育和游艺；其他非物质文化遗产。③刘魁立在论述非物质文化遗产的定义时，使用了前者。④刘壮、牟延林在对联合国教科文组织《保护非物质文化遗产公约》与

① 苑利.进一步深化对于非物质文化遗产概念的认识[J].河南社会科学，2008（1）p23.

② 国务院办公厅关于加强我国非物质文化遗产保护工作的意见[EB/OL]. 中华人民共和国中央人民政府网http：//www.gov.cn/gongbao/content/2005/content_63227.htm，2005-7-1.

③ 中华人民共和国非物质文化遗产法[N].人民日报，2011-8-5（8）.

④ 刘魁立.论全球化背景下的中国非物质文化遗产保护[J].河南社会科学，2007（1）p26.

《国家级非物质文化遗产代表作申报评定暂行办法》中非物质文化遗产概念的比较后认为，虽然《办法》在字面上和《公约》存在很大的差异，但比《公约》的定义更完全地体现了维护民族独特性、保护文化多样性的目标，而且具有很强的可操作性，比《公约》的定义更加切合我国的实际和汉语语境，体现了我国政府和学界对“非物质文化遗产”这一概念进行“本土化”的努力。[①]

王文章[②]、宋俊华[③]都使用了联合国教科文组织《保护非物质文化遗产公约》中关于非物质文化遗产的概念：“指被各群体、团体、有时为个人所视为其文化遗产的各种实践、表演、表现形式、知识体系和技能及其有关的工具、实物、工艺品和文化场所。包括口头传统和表述，表演艺术，社会风俗、礼仪、节庆，有关自然界和宇宙的知识和实践，传统的手工艺技能。”高丙中认为，关于“非物质文化遗产”概念的来源与定义的介绍见诸很多文献，至于定义的具体内容，学者们基本上接受联合国教科文组织的正式文件的说法。[④]李世涛也持相同意见。[⑤]经过以上的讨论，我国学术界已经就非物质文化遗产的概念达成了广泛共识，普遍使用《保护非物质文化遗产公约》的表述。

二、非物质文化遗产的特点、特征和价值

由于非物质文化遗产与民俗学存在先天的联系，“在这个特定的年代，突然掀起的非物质文化遗产保护热潮始料未及地激活了低温期间的中国民俗学，使它很快地在应用中展示了一种显学的光彩，民俗

① 刘壮、牟延林.非物质文化遗产概念的比较与解读[J].西南大学学报，2008（5）P186.
② 王文章.非物质文化遗产概论[M].北京：文化艺术出版社，2006.p52.
③ 宋俊华.非物质文化遗产概念的诠释与重构[J].学术研究，2006（9）p118.
④ 高丙中.非物质文化遗产：作为整合性的学术概念的成型[J].河南社会科学，2007（2）p16.
⑤ 李世涛.关于“非物质文化遗产”概念的理解与规范问题[J].学习与实践，2006（9）p140.

学因此为之一振并由此而升温，这终究是一件多年不遇的好事。”[①]因此，学者普遍使用民俗学的研究方法来界定非物质文化遗产的特点或特征。贺学君认为，非物质文化遗产具有活态性、民间性、生活性、生态性的特点。[②]何星亮认为非物质文化遗产具有相对性、活态性、大众性的特点。[③]王文章认为，非物质文化遗产具有独特性、活态性、传承性、流变性、综合性、民族性、地域性的特点。[④]龙先琼提出非物质文化遗产具有本土性、民族性、整体性和传承性的特征。[⑤]李世涛认为非物质文化遗产具有独特性、活态性、传承性、变异性、综合性、民族性和地域性等基本特点。[⑥]李昕认为非物质文化遗产具有活态性、生态性、传承性和变异性的特点。[⑦]萧放认为非物质文化遗产具有历史性（传统性）、流动性、生态性、功能性等特点。[⑧]关昕认为民俗类非物质文化遗产具有标志性、综合性、核心象征等特征。[⑨]覃业银认为，非物质文化遗产具有活态性与精神传承性、民间性与社会性、生活性与情感性、生态性与美感性、浑圆性与共生性、传统性与代表性、独特性与和谐性等特征。[⑩]此外，还有学者提出了非物质文化遗产的相对性特点。[⑪]总的来说，学术界比较认可的非物质文化遗产的特点有活态性、民族性、传承性、独特性、变异性、地域性、生态性、传统

① 乌丙安.思路与出路：保护非物质文化遗产热潮中的中国民俗学[J].河南社会科学，2007（2）p6.

② 贺学君.关于非物质文化遗产保护的理论思考[J].江西社会科学，2005（2）p104.

③ 何星亮.非物质文化遗产的保护与民族文化现代化[J].中南民族大学学报，2005（3）p31.

④ 王文章.非物质文化遗产概论[M].北京：文化艺术出版社，2006.p60.

⑤ 龙先琼.关于非物质文化遗产的内涵、特征及其保护原则的理论思考[J].湖北民族学院学报，2006（5）p49.

⑥ 李世涛.试析“非物质文化遗产”的基本特点与性质[J].广西民族研究，2007（3）p184-186.

⑦ 李昕.再论非物质文化遗产的基本特征[J].民族艺术研究，2008（3）p4.

⑧ 萧放.非物质文化遗产核心概念阐释与地方文化传统的重建[J].民族艺术，2009（1）p7.

⑨ 关昕.民俗类非物质文化遗产的特征和保护策略[J].重庆文理学院学报，2010（1）p2.

⑩ 覃业银.论非物质文化遗产的本质与特征[J].求索，2011（11）p120.

⑪ 王先胜.再论非物质文化遗产的相对性[J].河南教育学院学报，2011（4）p18.

性等。

非物质文化遗产的价值也是学者们讨论的热点。王文章认为非物质文化遗产具有历史价值、文化价值、精神价值、科学价值、社会和谐价值、审美价值、教育价值、经济价值。①韩基灿认为非物质文化遗产具有十分重要的历史价值、文化价值、精神价值、科学价值、和谐价值、审美价值、教育价值和经济价值。②苑利提出，非物质文化遗产必须具有重要的历史认识价值、艺术价值、文化价值、社会价值以及科学价值。③菅丰认为非物质文化遗产具有非本源性价值和多样性价值。④李占伟则强调了非物质文化遗产的当代道德价值。⑤类似成果还有彭林绪⑥、秦佳⑦等人的文章。可以看出，学术界对非物质文化遗产的价值的讨论已经比较成熟。

三、非物质文化遗产与物质文化遗产的关系

因为非物质文化遗产保护理念深受1972年联合国教科文组织通过的《保护世界文化和自然遗产公约》的影响，1998年联合国教科文组织宣布《人类口头与非物质遗产代表作》是非物质文化遗产保护对1972年公约下的《世界遗产名录》在实践层面的一次模仿，由联合国教科文组织选定的起草专家小组在起草《保护非物质文化遗产公约》初稿时，也主要依照了1972年的《保护世界文化和自然遗产公约》的模式，将1972年通过的《保护世界文化和自然遗产公约》中的名录体

① 王文章.非物质文化遗产概论[M].北京：文化艺术出版社，2006.p83-122.
② 韩基灿.浅议非物质文化遗产的价值、特点及其意义[J].延边大学学报，2007（4）p75-76.
③ 苑利.非物质文化遗产普查工作中的遗产价值认定问题[J].宁夏社会科学，2008（3）p119.
④ 菅丰、陈志勤.何谓非物质文化遗产的价值[J].文化遗产，2009（2）p106.
⑤ 李占伟.非物质文化遗产的当代道德价值探究[J].民俗研究，2013（5）p22.
⑥ 彭林绪.非物质文化遗产价值初探[J].湖北民族学院学报，2007（6）p64.
⑦ 秦佳.非物质文化遗产保护中精神认知的价值空间[J].湘潭大学学报，2015（4）p158.

系运用于非物质文化遗产保护。[①]所以，当我国开始进行非物质文化遗产保护工作时，讨论非物质文化遗产与物质文化遗产的关系问题就成为学术界争论的焦点。李世涛认为两者的区别在于：物质文化遗产强调了遗产的物质存在形态、静态性、不可再生和不可传承性，保护也主要着眼于对其损坏的修复和现状的维护；非物质文化遗产是活态的遗产，注重的是可传承性（特别是技能、技术和知识的传承），突出了人的因素、人的创造性和人的主体地位。[②]还有学者认为，物质文化遗产和非物质文化遗产的显著差异表现在形态、保护主体、时空等方面。[③]王先胜认为，学术界针对这一组关系进行的讨论可以分为非物质文化遗产与物质文化遗产截然不同、不可分割、相互混合三种情况，提出物质文化遗产可能是非物质文化遗产的载体或者伴生物，也可能是非物质文化遗产的组成部分，有些非物质文化遗产与物质文化遗产也没有关系的观点。[④]肖峰批判了人们对非物质文化遗产的"非物质"倾向、"泛物质化"倾向的认识问题，认为可以将非物质文化遗产的"非物质性"提升到文化遗产的本体论认识高度，打破非物质文化遗产认知中的"泛物质化"倾向。在"物质性"和"非物质性"之间建立非遗的"非物质间性"，有助于推动非物质文化遗产的保护、传承。[⑤]这些讨论厘清了物质文化遗产与非物质文化遗产的关系，使人们明白了两者不是非此即彼的对立关系，而是存在相通之处。

四、非物质文化遗产的保护原则

最早就这一问题进行讨论的仍然是我国的民俗学者。刘魁立提出

---

① 钱永平.UNESCO〈保护非物质文化遗产公约〉述论[M].广州：中山大学出版社，2013.p35.
② 李世涛.关于"非物质文化遗产"概念的理解与规范问题[J].学习与实践，2006（9）p139.
③ 王巨山、夏晓晨.整体性原则与非物质文化遗产保护[J].民族艺术研究，2011（3）p7.
④ 王先胜.论非物质文化遗产与物质因素的关系[J].文化遗产，2013（4）p24.
⑤ 肖锋.论非物质文化遗产的"物质性"与"非物质性"[J].广西社会科学，2013（12）p62.

非物质文化遗产的保护应该有一个整体性原则，从整体上加以认识，在整体上进行关注和保护。既要保护文化事象本身，也要保护它的生命之源，考虑空间向度和时间向度；既要重视文化的价值观及其背景和环境，又要整合、协调各方面的关系及其利益诉求，处理好创造者、拥有者和保护者之间的利害关系；尊重文化共享者的价值认同和文化认同。[①]赵艳喜对刘魁立提出的整体性原则做了进一步阐释，认为整体性保护要对具体文化表现形式、彼此关联的多种遗产类型、非物质文化遗产及其相关环境进行保护，协调好非物质文化遗产、环境和人三者的关系。[②]也有学者认为非物质文化遗产保护的真实性原则和整体性原则同样重要。[③]苑利、顾军对非物质文化遗产的保护原则经历了从十项原则[④]向八项原则的转变，最终确定为以人为本原则、整体保护原则、活态保护原则、民间事民间办原则、原真性保护原则、独特性保护原则、就地保护原则、濒危遗产优先保护原则等八项基本原则。[⑤]贺学君提出了非物质文化遗产保护的生命原则、创新原则、整体原则、人本原则、主体协调原则、教育原则。[⑥]李昕认为非物质文化遗产保护工作要遵循真实原则、生态原则、人本原则和发展原则。[⑦]王巨山等人提出，非物质文化遗产保护语境下的整体性原则在保护实践中不应仅体现“内容观”和“自然环境观”，还应在“文化生态观”“功能观”等方面得到满足。[⑧]刘永明批判了国内学者往往

---

① 刘魁立.非物质文化遗产及其保护的整体性原则[J].广西师范学院学报，2004（4）p5-8.

② 赵艳喜.论非物质文化遗产的整体性保护理念[J].贵州民族研究，2009（6）50.

③ 王巨山.非物质文化遗产保护原则辨析——对原真性原则和整体性原则的再认识[J].社会科学辑刊，2008（3）p170.

④ 苑利、顾军.非物质文化遗产保护的十项基本原则[J].学习与实践，2006（11）p118.

⑤ 苑利、顾军.非物质文化遗产学[M].北京：高等教育出版社，2009.p56.

⑥ 贺学君.非物质文化遗产保护的本质与原则[A].文化部民族民间文艺发展中心编.中国非物质文化遗产保护研究（上）[C].北京师范大学出版社，2007.p149-153.

⑦ 李昕.论非物质文化遗产保护的基本原则[J].兰州学刊，2007（12）p182.

⑧ 王巨山、夏晓晨.整体性原则与非物质文化遗产保护[J].民族艺术研究，2011（3）p5.

把原真性、完整性或整体性、可持续性之类的要求解读为非物质文化遗产保护的基本原则，认为它们只是保护工作在形态上的一些具体要求，而权力原则和发展原则才是非物质文化遗产保护的基本原则。[①]谭宏则提出了以人为本、大众参与，整体规划、系统保护，分步实施、长期坚持，注重发展、相互促进的原则。[②]袁晓波等人提出了获取和惠益分享原则。就目前而言，虽然学术界对非物质文化遗产保护原则的讨论已经告一段落，但仍未完全达成一致。

五、非物质文化遗产的保护主体问题

2005年，我国实施非物质文化遗产保护工作以来，就确立了政府主导的工作原则，各级政府部门在非物质文化遗产的保护过程中发挥了巨大作用，但也引发了“重申报、轻保护”、保护性破坏等一系列问题，引起学者们的思考。诚如高丙中所言：“非物质文化遗产的概念在中国首先是作为保护工程被接受的，各个方面的人士和机构很快做出反应，打着‘非物质文化遗产’的旗帜开展考察活动。最近几年比较有新意的研究大多是从如何促进保护工作的理论思考出发的。”[③]就非物质文化遗产的保护主体而言，贺学君提出非物质文化遗产保护的主体为政府、社区民众、工商业者和学术界，认为民俗学界富有重要的责任。[④]王文章提出了非物质文化遗产的保护主体为国际组织、国家政府、保护机构、社区与民众，传承主体为优秀传承人的观点，认为非物质文化遗产的传承主体也是积极的保护主体，成功的传承就是有效的保护，非物质文化遗产的保护主体也是传承与传播的主体。[⑤]

---

① 刘永明.权利与发展：非物质文化遗产保护的原则（上）[J].西南民族大学学报，2006（1）p191.
② 谭宏.非物质文化遗产保护的原则[J].重庆文理学院学报，2006（3）p6.
③ 高丙中.非物质文化遗产：作为整合性的学术概念的成型[J].河南社会科学，2007（2）p16.
④ 贺学君.关于非物质文化遗产保护的理论思考[J].江西社会科学，2005（2）p107.
⑤ 王文章.非物质文化遗产概论[M].北京：文化艺术出版社，2006.p357-367.

苑利对非物质文化遗产的传承主体和保护主体进行了界定，认为传承主体就是非物质文化遗产传承人，而保护主体则指那些处于传承圈之外，虽与传承无关，但却对非物质文化遗产传承起着重要推动作用的外部力量，包括各级政府、学界、商界以及新闻媒体等。[①]避免用保护主体取代传承主体。[②]黄涛对政府成为非物质文化遗产保护的主体的问题进行了反思，提出非遗保护的主体应该是以社区民众和传承人为主的社会各方，其中政府部门是起组织、推动作用的关键力量。[③]安德明主张政府力量要克服非物质文化遗产保护具体实践过程中强势干预的立场，而发挥社区主导的作用。[④]陈沛照也提出非物质文化遗产保护过程中存在政府的主导与包揽，民众参与的形式化和边缘化问题，提出应该以民众为核心，尊重文化发展内在规律的建议。[⑤]李昕[⑥]、牟延林[⑦]、刘坤[⑧]等人也对这一问题进行了论述。经过以上讨论，学者们就政府在非物质文化遗产保护过程中的主体地位达成了一致，厘清了非物质文化遗产保护主体的作用问题。

六、非物质文化遗产传承人的研究

传承人是非物质文化遗产的核心，非物质文化遗产保护的最终目的是实现传承，能否顺利传承也是检验非物质文化遗产保护效果的重要参照。由于传承对非物质文化遗产的重要性，学术界对这一问题的

① 苑利.非物质文化遗产保护主体研究[J].重庆文理学院学报，2009（2）p2.
② 苑利.非物质文化遗产传承人研究[J].厦门理工学院学报，2012（3）p1.
③ 黄涛.论非物质文化遗产的保护主体[J].河南社会科学，2014（1）109.
④ 安德明.非物质文化遗产保护中的社区：涵义、多样性及其与政府力量的关系[J].西北民族研究，2016（4）p74.
⑤ 陈沛照.主体性缺失：当前非物质文化遗产保护省思[J].广西民族大学学报，2014（6）p92.
⑥ 李昕.非物质文化遗产的国家政府主导型抢救模式分析[J].山东社会科学，2010（3）p75.
⑦ 牟延林、吴安新.非物质文化遗产保护中的政府主导与政府责任[J].现代法学，2008（1）p179.
⑧ 刘坤.非物质文化遗产保护中的政府角色研究——基于宪政理论的视角[J].青海民族研究，2009（3）p96.

讨论也很积极。王文章认为："非物质文化遗产作为活态文化，其精粹是与该项目代表性的传承人联结在一起的。对项目传承人的保护也应该是保护工作的重点。"①祁庆富也认为，深刻认识、理解传承，深入研究传承，是做好非物质文化遗产保护工作的关键所在。②存续"活态传承"，是衡量非物质文化遗产保护方式合理性的基本准则。③苑利对这一问题进行了连续研究，他提出，制定正确的政策是调动民间社会保护非物质文化遗产积极性的关键所在，要建立一套切实可行的激励机制，激发民间社会的积极性。④认为要保护好非物质文化遗产传承人，就要避免以政府取代传承人之行为的发生，应该加大对非物质文化遗产自主传承的扶持力度，减少对非物质文化遗产自主传承的行政干预。⑤孙正国将传承人保护分为扶持性保护、引导性保护和开发性保护三大类，⑥认为命名方式直接影响到传承人的本真性与主动性，而命名机制则成为传承人普查、认定、保护的关键所在，由于命名方式和命名机制等因素的不完善，在传承人的认定与命名中存在着诸多复杂矛盾，应该有度、有和、有效地认定和保护传承人。⑦刘晓春提出了非物质文化遗产代表性传承人的最终认定是多方力量博弈的结果，在激发传承人文化自觉的同时，也挫败了其他非官方认定传承人的积极性，重构了传承生态。⑧陈爱国认为应该尊重传统村落共同体内部传承人的日常实践，给予传承人自我表述民俗文化的主动权，发挥自我创

---

① 王文章.非物质文化遗产保护步入规范里程[N].人民日报，2005-6-10.
② 祁庆富.论非物质文化遗产保护中的传承及传承人[J].西北民族研究，2006（3）p114.
③ 祁庆富.存续"活态传承"是衡量非物质文化遗产保护方式合理性的基本准则[J].中南民族大学学报，2009（3）p1.
④ 苑利.非物质文化遗产传承人研究[J].厦门理工学院学报，2012（3）p1.
⑤ 苑利. 非物质文化遗产传承人管理工作中的几个问题[J].河南社会科学，2015（4）p109-113.
⑥ 孙正国.论非物质文化遗产传承人的类型化保护[J].求索，2009（10）p52.
⑦ 孙正国.非物质文化遗产传承人的命名研究[J].文化遗产，2009（4）p14.
⑧ 刘晓春.非物质文化遗产传承人的若干理论与实践问题[J].思想战线，2012（6）p53.

造力。[①]王元元将非物质文化遗产的传承方法分为自然传承和外力传承，并进行了分类叙述。[②]王建民、孔军分别提出对非物质文化遗产传承人的生活史[③]、口述史[④]进行研究。

更多的学者聚焦于我国的非物质文化遗产传承人制度，认为存在很多弊端，提出了各自的建议。陈静梅针对传承人制度过于功利化、制度不公正等问题，提出了从传承人与调查者的互动关系进行深入，引入性别视野的观点。[⑤]李华成认为传承人制度存在认定机制不合理、扶持力度不够、资格取消不当等问题，提出了合理确定传承人认定的数量和标准、完善多渠道的认定程序、加大对传承人扶持的广度和力度以及废止传承人资格取消制度等建议。[⑥]黄玉烨、钱静认为传承人认定制度存在认定方式单一、一般性传承人的权益没有保障、缺乏造血式的私权激励等问题，提出了构建多元的传承人认定模式，保护一般性传承人和团体性传承人合法权益的建议。[⑦]陈兴贵指出非物质文化遗产传承人名录制度存在国家级传承人数量偏少且分布不平衡，传承人的年龄与性别结构不合理，传承人认定制度的不完善，传承人被人为阶层化等问题，引发了传承人之间的矛盾，使集体项目无法正常开展。[⑧]田艳认为我国非物质文化遗产代表性传承人认定过程存在缺少对普通传承人权利的保护、对团体性项目代表性传承人的认定不够客观等问题，建议适当提高认定的条件，优化认定的程序，增加代表性传承人的种类，促进来源群体对代表性传承人认定的有效参与，创设临

① 陈爱国.非物质文化遗产传承人的日常实践考察[J].广西民族大学学报，2013（5）p64.
② 王元元.非物质文化遗产传承方法研究[J].民族艺术研究，2013（3）p27.
③ 王建民.非物质文化遗产传承人的生活史研究[J].民俗研究，2014（4）p30.
④ 孔军.非物质文化遗产传承人口述史的效度与限度研究[J].文化遗产，2015（5）p11.
⑤ 陈静梅.非物质文化遗产传承人制度反思与理论构建[J].广西社会科学，2014（5）p54.
⑥ 李华成.论非物质文化遗产传承人制度之完善[J].贵州师范大学学报，2011（4）p81.
⑦ 黄玉烨、钱静.我国非物质文化遗产传承人认定制度的困境与出路[J].广西大学学报，2016（3）p51.
⑧ 陈兴贵.非物质文化遗产代表性传承人名录制度反思[J].重庆文理学院学报，2016（3）p1.

时性指定制度。[①]使非物质文化遗产传承人拥有传承权。[②]也有学者另辟蹊径，提出了一些新的观点，例如，郑晓幸针对农村非物质文化遗产代表性传承人的养老问题，提出了建立“政府终身补贴、居家养老与传习所养老相融合、特殊养老金基金和完善养老保障相配套”的思路。[③]范小青提出了将非遗传承与保护建立在新媒体平台上的“众包”模式。[④]高轩提出了构建非物质文化遗产华侨代表性传承人制度的设想。[⑤]以上这些学者将非物质文化遗产保护的重点聚焦在传承人身上，提出了非物质文化遗产传承人认定和保护中存在的问题，体现了非物质文化遗产的活态性特点，尤其以对普通传承人和团体性项目代表性传承人的认定问题的研究具有很强的现实意义。

七、非物质文化遗产的保护方法研究

（一）概括性研究

施爱东认为：“2005年之后，民俗学者成了中国非物质文化遗产保护运动的主要学术力量，深度介入了中国政府的该项工作。中国民俗学者普遍认为，参与非物质文化遗产保护运动是民俗学不可推卸的社会职责和学术职责，同时也是一次新的历史机遇。”[⑥]民俗学者就非物质文化遗产的保护方法出谋划策，逐渐达成了共识，并上升为国家行为。何星亮提出了加大宣传、制定规划、立法保护、建立保护非物质文化遗产的专门机构，政府主导、社会参与，科学保护、开发保

---

① 田艳.非物质文化遗产代表性传承人认定制度探究[J].政法论坛，2013（4）p81.

② 田艳. 非物质文化遗产传承权制度初探[J].贵州民族研究，2010（4）p1.

③ 郑晓幸.农村非物质文化遗产代表性传承人养老问题研究[J].中华文化论坛，2014（1）p5.

④ 范小青.让“大教堂”携手“大集市”——论非物质文化遗产传承与保护的众包模式[J].中央民族大学学报，2016（4）p166.

⑤ 高轩.“一带一路”战略下非物质文化遗产华侨代表性传承人制度构建[J].暨南学报，2015（7）p48.

⑥ 施爱东.民俗学在非物质文化遗产保护运动中的尴尬处境[J].民间文化论坛，2014（2）p17.

护等保护措施。[1]王文章提出了立法保护、科学管理、加强宣传教育、重视专家指导和人才队伍建设、加大财政投入、采取系统科学的有效方式、加强国际交流与合作等保护措施，[2]他们代表了我国非物质文化遗产保护工作刚刚启动时大多数学者的观点。白玉宝、胡荣梅认为非物质文化遗产保护实践应该坚持价值相对主义，维系价值体系和思维方式，彰显人本主义思想。[3]林继富则认为当下非物质文化遗产需要经典，可以通过“普通人”、文化人、政府的多方合力，以及学校教育等多种路径实现。[4]乌丙安详细叙述了非物质文化遗产保护项目分类认定必须要符合国家级非物质文化遗产代表作定义和范围、正确理解文化空间、保证选项的代表性和真实性、具体工作纳入整体保护工程等四个关键问题。[5]段宝林提出了对参加民间文化抢救、保护的人员进行民间文学、民俗文化、民间艺术的基本知识和科学方法的必要培训，教育部门要从制度、课程上对民间文化教育做出规定等建议。[6]王学文批判了非物质文化遗产保护运动中存在的“简单资本化”“僵硬科层化”“过度脱域化”“全民快餐化”等倾向，提出了重塑文化保护观念、厘清政府角色、培育志愿者组织、开展自下而上式保护、加强研究工作的对策建议。[7]还有学者就进一步完善非物质文化遗产文化生态区提出了建议。[8]苑利提出了非物质文化遗产的创新问题，认为一般非物质文化遗产可以创新，而列入各级非遗名录的非遗代表性项目不能

---

① 何星亮.非物质文化遗产的保护与民族文化现代化[J].中南民族大学学报，2005（3）p34.

② 王文章.非物质文化遗产概论[M].北京：文化艺术出版社，2006.p368-385.

③ 白玉宝、胡荣梅.论非物质文化遗产保护实践的基础理论共识[J].民族艺术研究，2008（2）p13.

④ 林继富.非物质文化遗产“经典化”的可能性[J].云南师范大学学报，2014（5）p62.

⑤ 乌丙安.非物质文化遗产的界定和认定的若干理论与实践问题[J].河南教育学院学报，2007（1）p14-21.

⑥ 段宝林.保护非物质文化遗产工作中的几个紧迫问题[J].凯里学院学报，2008（1）p21.

⑦ 王学文.我国非物质文化遗产保护的“四种倾向”及对策分析[J].民俗研究，2010（4）p30.

⑧ 黄永林.“文化生态”视野下的非物质文化遗产保护[J].文化遗产，2013（5）p11.

追求创新的观点。[①]从实际效果来看，学者们的研究推动了我国政府对非物质文化遗产保护投入大量资金、建立四级名录体系、设置专业保护机构、开展宣传工作和非物质文化遗产进校园工作、出台《非物质文化遗产法》、设立文化生态保护实验区，促进了我国非物质文化遗产保护工作的发展。

（二）非物质文化遗产生产性保护的相关研究

自从王文章在2006年针对部分具有生产性质的非物质文化遗产项目的特点提出非物质文化遗产生产性保护这一理念后，[②]学者们就这一问题展开了热烈的讨论。陈华文指出，非活态性与生产性，决定了非物质文化遗产保护必须在生活与生产过程中完成，对其进行生产性保护要避免过度开发，避免商业化、产业化、旅游化，要坚持生产性保护的原生态原则、就地保护原则、政府扶持原则和技能传承原则。[③]宋俊华认为文化生产原理是非物质文化遗产生产性保护的基本依据，文化生产法则是非物质文化遗产生产性保护的不二法门，要坚持以人为本、保护为主、依法生产的原则。[④]陈勤建认为“生产性保护”是当前我国非物质文化遗产保护的基本方式之一，也是使非物质文化遗产融入现代社会生产生活实践的最直接与现实途径，应采取“具体问题具体分析”之原则与态度，逐步采取定位分层、核心传承、创意重构、市场培育的分析方法与实践过程。[⑤]而对于生产技艺性的非物质文化遗产，最好的保护方式就是使它回归当代民众的日常生活，满足实用性、审美性、本位性需求，在民众生活中获得新的活力。[⑥]朱以青持与

① 苑利等.保护与传承非物质文化遗产是否可以创新[J].中原文化研究，2015（4）p103.

② 马盛德.非物质文化遗产生产性保护中的相关问题[J].艺术设计研究，2014（2）p 74.

③ 陈华文.论非物质文化遗产生产性保护的几个问题[J].广西民族大学学报，2010（5）p87.

④ 宋俊华.文化生产与非物质文化遗产生产性保护[J].文化遗产，2012（1）p2–5.

⑤ 陈勤建.定位分层、核心传承、创意重构——非物质文化遗产生产性保护的若干思考[J].辽宁大学学报，2013（6）p1.

⑥ 陈勤建.当代民众日常生活需求的回归和营造——非物质文化遗产保护方式暨生产性方式保护探讨[J].徐州工程学院学报，2012（2）p49.

陈勤建相同的意见，也认为对手工技艺类非物质文化遗产进行生产性保护的最好方式就是让其回归民众日常生活。[①]李荣启在讨论非物质文化遗产生产性保护时重申了政府主导、社会参与原则，提出了坚持可持续性的观点。[②]比较有新意的是杨亚庚提出了宜产型非物质文化遗产的概念。[③]另一些学者则提出了更具操作性的观点，邓江凌认为应该将传统技艺类非物质文化遗产予以现代化转型，通过发展文化产业、保护性旅游开发、培植和拓展公共文化空间、加大扶持力度等措施进行保护。[④]刘德龙认为传统工艺要走市场化路线，才使其文化内涵和技艺价值得到更多消费者的认可，但决不可完全用机器大生产代替手工劳作，造成破坏性的开发，最终造成对非物质文化遗产毁灭性的打击。[⑤]鲁春晓认为，非物质文化遗产生产性保护推进过程中遇到了知识产权保护不适用，功利主义泛滥，现代工艺对传统工艺形成冲击，无形资产评估、流转、变现难等一系列问题，提出了采取加强知识产权保护适用性、实施“差异化竞争”策略、加强流转平台和交易市场建设等措施。[⑥]这些研究解决了非物质文化遗产生产性保护的理论和实践问题，使我国的手工技艺类非物质文化遗产实现了快速发展。

（三）发展非物质文化遗产旅游的相关研究

关于发展非物质文化遗产旅游这一问题，学术界的讨论较多，朱赟、叶新才在《非物质文化遗产资源保护与旅游利用研究综述》一文中，得出了定性研究远远大于定量研究，实证研究较为缺乏的观点。[⑦]

① 朱以青.基于民众日常生活需求的非物质文化遗产生产性保护——以手工技艺类非物质文化遗产保护为中心[J].民俗研究，2013（1）p19.

② 李荣启.非物质文化遗产生产性保护的途径[J].文化学刊，2012（5）p117.

③ 杨亚庚等.论宜产型非物质文化遗产的产业化[J].河南社会科学，2014（1）p118.

④ 邓江凌.传统技艺类非物质文化遗产的现代化转型研究[J].文化遗产，2013（4）p19.

⑤ 刘德龙.坚守与变通——关于非物质文化遗产生产性保护中的几个关系[J].民俗研究，2013（1）p5.

⑥ 鲁春晓.非物质文化遗产生产性保护研究[J].东岳论丛，2015（7）p78.

⑦ 朱赟、叶新才.非物质文化遗产资源保护与旅游利用研究综述[J].旅游研究，2014（6）p29.

我们通过梳理后认为，学术界关于这一问题的讨论已经形成了两种不同的观点：第一种观点认为发展非物质文化遗产旅游，既会促进非物质文化遗产的保护，又能发展旅游业，可以实现双赢。另一种观点则认为发展旅游业会使非物质文化遗产陷入危机。持第一种观点的学者占绝大多数，例如阚如良、李肇荣①，王德刚、田芸②，邓小艳③，黄益军④等人都提出积极发展生态旅游和社区旅游，强调以民族村寨为依托，发挥社区民众的作用，实现双赢。张明昊认为非物质文化遗产保护与旅游开发之间可以实现和平共处，相互促进，相互发展。⑤林琳则认为旅游文化产业为非物质文化遗产保护提供了更多的发展机会，应该倡导非物质文化遗产的开放式保护。⑥Ananya Bhattacharya也认为旅游发展策略可以增强社区认同感和自豪感，给妇女和年轻人提供体面的工作机会。⑦持第二种观点的学者不多，例如李刚认为旅游开发会给当地的非物质文化遗产带来积极和消极的影响，协调好两者的关系非常重要。⑧张魏认为非物质文化遗产旅游开发容易造成非物质文化遗产庸俗化、舞台化、商品化，冲击其独特性和多样性，削弱或破坏其原生环境，提出了加强型动态循环和抑制性动态循环两种发展趋势。⑨路芳认为旅游是破坏文化遗产的非物质和物质价值的罪魁祸首，并提出了

① 阚如良、李肇荣.论旅游开发与非物质文化遗产传承[J].旅游论坛，2008（6）p361.

② 王德刚、田芸.旅游化生存：非物质文化遗产的现代生存模式[J].北京第二外国语学院学报，2010（1）p18.

③ 邓小艳.文化传承视野下社区参与非物质文化遗产旅游开发的思路探讨[J].广西民族研究，2012（1）p180.

④ 黄益军.非物质文化遗产旅游开发中的社区参与机制研究[J].广西社会科学，2013（8）p53.

⑤ 张明昊.地方旅游文化发展中的非物质文化遗产保护思考[J].文化学刊，2014（3）p141.

⑥ 林琳.旅游文化产业对非物质文化遗产保护的意义[J].边疆经济与文化，2015（11）p26–27.

⑦ Ananya Bhattacharya、沈燕将非物质文化遗产与旅游业相连以赋权社区[J].西北民族研究，2016（4）p91.

⑧ 李刚.旅游开发对民族地区非物质文化遗产保护的影响——以云南大理为例[J].对外经贸，2014（1）p68.

⑨ 张魏.非物质文化遗产保护与旅游开发动态关系分析[J].边疆经济与文化，2015（10）p50.

非物质文化遗产在旅游中实现再生产的观点。[①]还有学者认为在非物质文化遗产发展转型上，旅游开发是一把双刃剑，关键是要把握好旅游开发的度，以保护为主。[②]贺小荣、谭志云认为非物质文化遗产旅游开发存在粗放式开发较多、集约式开发非常少，观赏性内容较多、参与性内容较少，经济效益考虑多、社会效益考虑少等问题，并提出了宏观性建议。[③]这些讨论为我国处理非物质文化遗产与旅游业的关系提供了重要参考依据。从实际情况来看，发展非物质文化遗产旅游已经成为非物质文化遗产所在社区和传承人的自觉选择，成为无法阻挡的潮流。

（四）非物质文化遗产的法律保护研究

早在2004年，宋才发就从法学的视角对联合国教科文组织《宣布人类口头和非物质文化遗产代表作条例》和《保护非物质文化遗产公约》的相关规定进行了研究[④]。陈庆云[⑤]、汪红飞[⑥]、刘源[⑦]都提出制定一部非物质文化遗产保护法的建议。史青认为："非物质文化遗产领域，存在法律保护的'空白'，而学界热衷于从立法完善的角度来探讨如何填补法律的空白。"[⑧]2011年6月，《中华人民共和国非物质文化遗产法》（以下简称《非物质文化遗产法》）实施以来，学术界就非物质文化遗产的法律保护问题展开了热烈的讨论，乌丙安提出了建立起《非物质文化遗产法》和其他相关法律协调配合实施的有效机制，制定实施细则的建议。[⑨]朱兵用很长的篇幅对非物质文化遗产法》

① 路芳.非物质文化遗产在旅游中的再生产[J].西南民族大学学报，2015（1）p20.
② 刘社军、吴必虎.非物质文化遗产的基因差异及旅游发展转型[J].地域研究与开发，2015（1）p80.
③ 贺小荣、谭志云.非物质文化遗产旅游吸引力的评价与启示[J].南京社会科学，2013（11）p139.
④ 宋才发.论人类口头和非物质文化遗产保护的法律规定[J].湖北民族学院学报，2004（6）p17.
⑤ 陈庆云.非物质文化遗产保护法律问题研究[J].中央民族大学学报，2006（1）p40.
⑥ 汪红飞.非物质文化遗产保护与现行法律之间的冲突与协调[J].文化遗产，2009（4）p9.
⑦ 刘源.我国非物质文化遗产保护中政府行为的法律规制[J].云南民族大学学报，2009（3）p73.
⑧ 史青.为了什么而保护？——对构建非物质文化遗产特别权利制度的反思[J].云南大学学报，2014（1）p69.
⑨ 乌丙安.对贯彻实施《中华人民共和国非物质文化遗产法》的两点建议[J].西北民族研究，2011（2）p14.

的立法进程进行了详细论述，认为该法确立了三个重要原则——坚持区分精华与糟粕的原则，坚持中华文化一体多元性、维护国家统一和民族团结的原则，坚持保护为主、合理利用、促进发展的原则，确立了调查、名录、传承、传播等重要法律制度。①在解读《非物质文化遗产法》的过程中，学者们仁者见仁智者见智，周超认为《非物质文化遗产法》存在保护措施不具体、缺乏可操作性等问题，需要在修订时补充和完善。②雷秋玉认为应在尊重非物质文化遗产规律性的基础上调整公法保护机制。③任学婧、朱勇则进一步提出了构建非物质文化遗产公私法统一保护模式的建议。④还有学者提出了常设国际仲裁法院解决非物质文化遗产跨国争议的建议。⑤一些学者提出了完善非物质文化遗产获取和惠益分享方面的法律规定⑥、将刑事立法与《非物质文化遗产法》相衔接⑦的观点。辛纪元则认为国家立法和地方立法两个层面存在不足。⑧这些讨论仍然停留在学理和法理层面，可操作性不强。今后，如何运用《中华人民共和国非物质文化遗产法》解决非物质文化遗产保护中存在的实际问题，还需要实践检验。

综上所述，我国学术界对非物质文化遗产的研究成果极多，涵盖民俗学、法学、文学、艺术学、旅游学等多个学科领域，解决了非物质文化遗产的概念、特征、价值、保护原则、保护主体、传承主体等基本理论问题。其中，民俗学者在非物质文化遗产研究方面发挥了开拓性的作用，并在非物质文化遗产保护实践中检验了提出的对策建

① 朱兵.我国非物质文化遗产保护与立法[J].文化遗产，2012（2）p1.

② 周超.论非物质文化遗产“保护”（safeguarding）的法律含义[J].文化遗产，2015（3）p5.

③ 雷秋玉.文化认同与非物质文化遗产的公法保护[J].中央民族大学学报，2013（2）p97.

④ 任学婧、朱勇.论非物质文化遗产法律保护的完善[J].河北法学，2013（3）p86.

⑤ 唐海清.试论非物质文化遗产跨国争议的仲裁解决机制[J].贵州民族研究，2012（6）p36.

⑥ 李一丁.再论我国非物质文化遗产法律保护手段——以获取和惠益分享为视角[J].文化遗产，2012（2）p24.

⑦ 吕天奇.非物质文化遗产的刑法保护问题研究[J].西南民族大学学报，2015（11）p96.

⑧ 辛纪元等.我国非物质文化遗产法律保护的不足及完善[J].贵州社会科学，2014（9）p82.

议。虽然宋俊华[①]、谭宏[②]等人一直在讨论非物质文化遗产的学科化问题，但我国尚未建立起非物质文化遗产的理论体系却是不争的事实，难怪有学者认为“学术重心向应用学术的转移，导致了刚刚发育起来的理论研究的相对停滞，这很可能会进一步削弱民俗学在整个学术体系中的地位和影响”。[③]但无论如何，经过刘魁立、乌丙安、高丙中、苑利、顾军、安德明、杨利慧等一批民俗学者的不懈努力，学术界已经在非物质文化遗产保护方法上达成了抢救性保护、生产性保护、整体性保护及建立文化生态保护实验区等共识，所取得的研究成果也进一步深化了人们对非物质文化遗产的认识和理解，推动了我国非物质文化遗产的理论研究和保护实践。

第二节　西藏非物质文化遗产研究综述

我国向来重视西藏传统文化的保护，早在20世纪50年代，文化工作者就非常重视对西藏民间文化的调查，搜集了大量藏族音乐、舞蹈、民间故事、谚语和民谣，并整理出版了《西藏歌谣》《西藏民间音乐囊玛》等图书。20世纪80年代，西藏自治区又组织力量对民族民间文化进行了有组织的大规模调查，在此基础上出版了《中国戏曲志·西藏卷》《中国民歌集成·西藏卷》《中国民族民间舞蹈集成·西藏卷》《中国曲艺志·西藏卷》《中国器乐集成·西藏卷》《中国曲艺音乐集成·西藏卷》《中国戏曲音乐集成·西藏卷》《中国民间故事集成·西藏卷》《中国民间歌谣集成·西藏卷》《中国民间谚语集成·西藏卷》等十大西藏民族民间文艺集成志书，使西藏民族民间

① 宋俊华.非物质文化遗产研究的学科化思考[J].重庆文理学院学报，2009（4）p1.

② 谭宏.非物质文化遗产学科化建设问题与对策[J].民族艺术，2009（4）p9.

③ 施爱东.民俗学在非物质文化遗产保护运动中的尴尬处境[J].民间文化论坛，2014（2）p18.

文化完整地呈现在世人面前，为以后非物质文化遗产的保护打下了坚实基础。

2006年，随着西藏非物质文化遗产普查和保护工作的开展，学术界也开始重视对西藏非物质文化遗产的研究，形成了以科研工作者为主体的研究队伍，出现了一批有代表性的学术著作，促进了西藏非物质文化遗产的保护工作。

一、西藏非物质文化遗产的开拓性研究

经过半个世纪的积淀，西藏自治区的科研工作者在西藏传统文化研究领域取得了很大的成绩。而作为舶来品的非物质文化遗产是一个全新的概念，需要有一个逐渐认识的过程。

（一）西藏非物质文化遗产的基本问题研究

2007年，笔者撰写了西藏非物质文化遗产研究的第一篇学术论文《论西藏非物质文化遗产的现状及其保护》，全面回顾了我国非物质文化遗产的保护过程，在分析西藏非物质文化遗产保护成就的基础上，认为西藏非物质文化遗产保护存在一些传统技艺濒临消亡、法律法规建设步伐滞后、宣传力度不大等难点，提出了建立西藏自治区非物质文化遗产各级名录体系，建立健全法律保护体系，切实做好区内宣传工作，营造良好的舆论氛围，加大对非物质文化遗产传承人的保护力度，加强非物质文化遗产的研究、认定、保存和传播，发挥高校的作用，发展地方经济等对策。[①]在《论西藏非物质文化遗产的分类和传承保护》中，笔者根据联合国教科文组织《保护非物质文化遗产公约》的分类标准，对西藏非物质文化遗产的内容进行了分门别类的论述，认为对西藏非物质文化遗产的保护除了采取一些常规保护措施

① 马宁.论西藏非物质文化遗产的现状及其保护[J].西藏大学学报，2007（1）p9.

外，还应该加大更深层次的传承保护力度，加强对传承主体的保护，重视发挥西藏非物质文化遗产所在基层社区的作用，发挥西藏各级学校的作用，提供智力支持，积极吸收前辈学者在保护非物质文化遗产方面的宝贵经验，防止建设性破坏和保护性破坏对西藏非物质文化遗产的毁灭性打击。①这些文章理清了西藏非物质文化遗产的主要内容。随着西藏非物质文化遗产保护工作的深入，在《西藏非物质文化遗产保护中的问题与对策》中认为西藏非物质文化遗产保护存在保护资金不足，专业机构和专业人员短缺，重视申报数量、轻质量等问题，提出了争取各兄弟省市的援助，建立相关专业机构；通过多种渠道培养西藏本土非物质文化遗产专业人才；抓重点，重质量，有针对性地开展非物质文化遗产保护工作等对策。②在《中央西藏工作座谈会与西藏非物质文化遗产保护》中，通过大量史料，仔细梳理了中央召开的五次西藏工作座谈会的纪要文件，认为中央召开的五次西藏工作座谈会充分体现了党和国家对西藏文化的重视，党和国家对包括西藏非物质文化遗产在内的西藏文化的保护是一脉相承、贯穿始终的。西藏文化保护的重点经历了从物质文化遗产向非物质文化遗产的转变，第一、第二、第三次西藏工作座谈会主要解决了西藏物质文化遗产的保护和发展问题，而第四、第五次西藏工作座谈会则将重点放在了保护和发展西藏非物质文化遗产上，符合西藏文化的基本特点和发展规律，其科学性和有序性是经受得起历史考验的。③

（二）西藏非物质文化遗产的代际传承问题研究

长期以来，非物质文化遗产的代际传承问题一直备受学术界关注，学者们将其视为非物质文化遗产能够继续传承下去的重要体现。

① 马宁.论西藏非物质文化遗产的分类和传承保护[J].西藏民族学院学报，2008（1）p49.
② 马宁.西藏非物质文化遗产保护中的问题与对策[J].西藏民族学院学报，2010（3）p28.
③ 马宁.中央西藏工作座谈会与西藏非物质文化遗产保护[J].西藏民族学院学报，2011（1）p40.

笔者采用问卷调查法，就西藏大学生对非物质文化遗产的认识情况进行了调查，在《西藏大学生对西藏非物质文化遗产的认识情况调查》中，笔者认为西藏大学生对西藏非物质文化遗产的认识情况总体较好，对西藏非物质文化遗产的认识主要偏重于浅层次的感性认识阶段，缺少理性层面的理解，应该在西藏高校中开设非物质文化遗产课程，整合各种资源，积极提升西藏大学生对西藏非物质文化遗产的认识水平，为西藏非物质文化遗产的可持续发展提供必要的人才储备。①在《西藏门巴族、珞巴族大学生对西藏非物质文化遗产的认识情况调查》中，笔者认为门巴族和珞巴族大学生对本民族非物质文化遗产比较关心，但对非物质文化遗产的概念和范畴不甚清楚，其认知存在较为明显的城乡差异和性别差异。应该在青少年中开展非物质文化遗产乡土教育，吸引更多社会力量参与，才能确保门巴族、珞巴族非物质文化遗产得到更好的保护和传承。②这是学术界首次针对西藏不同民族的大学生群体展开的非物质文化遗产方面的调查。

（三）西藏人口较少民族和僜人、夏尔巴人非物质文化遗产研究

维护文化多样性是非物质文化遗产保护的重要原则之一。在西藏这块土地上，生活着两个人口较少民族——门巴族、珞巴族，以及僜人和夏尔巴人，他们共同构成了西藏文化的多样性。笔者撰写了《门巴族非物质文化遗产及其保护》③《珞巴族非物质文化遗产及其保护——以西藏米林县南伊乡南伊珞巴民俗村为例》④等文章，分别对门巴族、珞巴族的非物质文化遗产进行了详细梳理，解答了“门巴族、珞巴族传统文化中的哪些内容属于非物质文化遗产”的问题，并有针

① 马宁.西藏大学生对西藏非物质文化遗产的认识情况调查[J].西藏大学学报，2010（1）p36.

② 马宁.门巴族、珞巴族大学生对非物质文化遗产的认知情况调查[J].西藏大学学报，2012（3）p39.

③ 马宁.门巴族非物质文化遗产及其保护[J].西藏研究，2008（3）p56.

④ 马宁.珞巴族非物质文化遗产及其保护——以西藏米林县南伊乡南伊珞巴民俗村为例[J].中南民族大学学报，2008（6）p76.

对性地提出了保护建议，为后来学者提供了研究方向。经过十多年的不断积累，笔者出版了《门巴族珞巴族非遗保护及旅游开发》，这也是西藏非物质文化遗产研究的第一本学术著作，对西藏非物质文化遗产保护的经验进行了系统梳理，并上升到理论层面，为门巴族、珞巴族非物质文化遗产保护提出了切实可行的路径。

（四）西藏非物质文化遗产保护的特有模式研究

经过十多年的发展，西藏非物质文化遗产保护工作成效显著，形成了可供研究的模式和经。笔者在这方面也进行了尝试性研究，在《西藏非物质文化遗产保护的"尼洋阁"模式之反思》中另辟蹊径，对运用博物馆保护非物质文化遗产的尼洋阁藏东南非物质文化遗产博物馆的成功经验进行了研究。认为这一模式汇集了区内外社会资源，形成了"援藏队+林芝政府+事业单位+高校+民间人士"的联动机制，通过重建尼洋阁、藤网桥景观的方式，将非物质文化遗产转化为文化产品，获得民众支持，开创了文化援藏的新途径，也对政府与企业的红利博弈提出了警示。[①]在《西藏非物质文化遗产保护的勒布沟模式》中，笔者认为，西藏勒布办事处本着以人为本的精神，实现了手工技艺类非物质文化遗产的薪火相传，创造了政府保护非物质文化遗产的典范，既做到了生产性保护，又塑造了新型文化空间，形成了独特的勒布沟模式，并首次对西藏非物质文化遗产的文化空间问题进行了论述。[②]这些文章基本解决了西藏非物质文化遗产的内涵、外延、研究方法、研究意义等问题，并分析了存在的问题，提出了应对之道，既充实了西藏非物质文化遗产保护的内涵，又提升了西藏非物质文化遗产保护的价值。

① 马宁. 西藏非物质文化遗产保护的"尼洋阁"模式之反思[J]西藏大学学报，2013（4）p113.
② 马宁. 西藏非物质文化遗产保护的"勒布沟"模式[J].广西民族大学学报，2014（6）p81.

二、西藏手工技艺类非物质文化遗产保护研究

一直以来，西藏民间传统手工业非常发达，引起了学者们的注意，他们开始对西藏手工技艺类非物质文化遗产进行研究。笔者认为，易贡藏刀的生产性保护形成了极富表演性质的文化场域，通过市场调节作用实现了易贡藏刀传承人的有序接力。①杨娅、周毓华在对西藏扎囊县杂玉村陶器传统技艺进行梳理的基础上，认为首先要保护、传承该村的陶器传统技艺，然后再利用、发展，政府、媒体、商界乃至传统手工从业者应发挥各自优势，使西藏传统制陶技艺继续传承下去。②张林和邓志新分析了专业合作社的优势和劣势，认为西藏乃东县民族哔叽手工编织合作社包容了“师傅带徒弟”的传统传承方式，为非物质文化遗产的开发利用提供了一种新的模式。③冯瑾分析了日喀则地区民族手工业在发展过程中面临的优势、劣势、机遇和挑战，提出了提升劳动力素质、提升技术水平、提升地区整体教育水平，加快建设综合交通运输体系，发展壮大民族手工业，对特色手工业艺术品实施出口减税或免税政策等建议。④有的学者对西藏堆龙德庆县的水磨糌粑技艺进行了调查，完整地叙述了水磨糌粑的加工过程，并针对发现的问题提出了自己的看法。王媛认为当地政府对水磨糌粑这份遗产原真性、特别是真正传承人的认定，在民间存有争议。⑤张惠认为，水磨糌粑技艺存在人力、财力不足，传统手工技艺濒临灭绝等问题，提出了整合优势资源，实现品牌发展之路等建议。

---

① 马宁.西藏手工技艺类非物质文化遗产的创意性重构——以易贡藏刀为例[J].西藏大学学报，2012（1）p163.

② 杨娅、周毓华.非物质文化遗产视野下西藏传统陶器制作的传承与发展——以扎囊县杂玉村为例[J].文化遗产，2016（6）p82.

③ 张林、邓志新.农民专业合作社在非物质文化遗产开发中的地位研究——以“西藏乃东县民族哔叽手工编织专业合作社”为例[J].西藏民族学院学报，2013（6）p18.

④ 冯瑾.西藏非物质文化遗产的SWOT分析——以日喀则地区民族手工艺品为例[J].西藏发展论坛，2016（4）p36.

⑤ 王媛.一项水磨糌粑加工的实证研究——以西藏堆龙德庆县X乡为例[J].青藏高原论坛,2013（4）p33.

随着我国非物质文化遗产生产性保护工作的深入，今后西藏手工技艺类非物质文化遗产的研究成果将会越来越多。

三、西藏非物质文化遗产的旅游开发研究

非物质文化遗产保护工作开展以来，如何处理好非物质文化遗产保护与旅游业的关系就成为学者们关注的重要问题。在西藏学界，姬梅最早对这一问题进行了研究，在《西藏非物质文化遗产旅游价值探析》中对西藏非物质文化遗产的审美艺术价值、历史文化价值、科学研究价值、经济产业价值、道德教育价值、社会和谐价值进行了讨论，为利用西藏非物质文化遗产发展旅游业提供了学理基础。①她在《西藏非物质文化遗产旅游产品化模式研究》中，认为西藏非物质文化遗产旅游产品化应该坚持原真性、整体性、参与性、固定性、活态性等原则，并结合国内非物质文化遗产转型为旅游产品的实践中形成的博物馆、主题公园与实景舞台剧为主导的三种主要模式，提出了西藏非物质文化遗产旅游产品化的发展思路。②韩富贵在研究西藏非物质文化遗产保护传承和旅游资源开发的契合点基础上，提出了基于旅游资源开发的西藏非物质文化遗产生产性保护模式。③巴桑吉巴等人构建了拉萨市非物质文化遗产旅游开发适宜性评估指标体系，认为拉萨市国家级非物质文化遗产在遗产价值、社会文化效益等方面具有很大的旅游开发优势，而所在区域经济水平、就业能力及经济收益等是旅游开发的制约因素，重要的是要在旅游开发过程中提高其经济收益。④这些文章吸取了学术界的最新学术成果，并结合西藏区情，提出了一系

① 姬梅.西藏非物质文化遗产旅游价值探析[J].西藏民族学院学报，2010（6）p70.

② 姬梅、朱普选.西藏非物质文化遗产旅游产品化模式研究[J].西藏大学学报，2010（3）p51.

③ 韩富贵.基于旅游资源开发的西藏非物质文化遗产生产性保护模式研究[J].四川民族学院学报，2011（1）p67.

④ 巴桑吉巴.拉萨市国家级非物质文化遗产旅游开发适宜性评价[J].西藏研究，2014（6）p43.

列处理西藏非物质文化遗产保护与发展旅游业关系的建议，具有非常重要的参考价值。

四、西藏非物质文化遗产的法制化保护研究

杨长海是学术界较早关注这一研究领域的学者，他在《保护非物质文化遗产公约与西藏非遗法律保护》中提出，西藏非物质文化遗产的保护存在法律体系不完善和保护措施不到位、非物质文化遗产的权属不清的现实，早日出台《西藏非物质文化遗产保护条例》这样的地方性立法，不但是传承与发展西藏传统文化的自身需要，也符合创建世界非物质文化遗产完整法律架构的终极诉求。①他在《西藏非物质文化遗产法律保护的实证分析》中认为西藏非物质文化遗产保护的国内法源是宪法、法律和部门法中的规范，呼唤西藏早日出台《西藏非物质文化遗产保护条例》。②在《西藏非物质文化遗产保护之地方立法探讨》中，杨长海提出，西藏非物质文化遗产地方立法要坚持开发与约束相结合的方针，处理好保护、传承、利用和发展的关系。③此外，他还针对《非物质文化遗产法》的贯彻落实问题，撰写了《非物质文化遗产知识产权保护再思考——以西藏传统文化表现形式为例》④《制度经济学视域非物质文化遗产保护——以西藏传统文化表现形式为例》⑤《传统口头文学的法律保护——以藏族史诗〈格萨尔〉为例》⑥《法社会学视角下的藏医药保护》⑦等文章，对《非物质文化遗产法》的实施

---

① 杨长海.《保护非物质文化遗产公约》与西藏“非遗”法律保护[J].西藏民族学院学报，2011（5）p81.

② 杨长海.西藏非物质文化遗产法律保护的实证分析[J].特区经济，2011（11）p216.

③ 杨长海.西藏非物质文化遗产保护之地方立法探讨[J].西藏发展论坛，2012（2）p22.

④ 杨长海.非物质文化遗产知识产权保护再思考——以西藏传统文化表现形式为例[J].河北法学，2014（12）p72.

⑤ 杨长海.制度经济学视域非物质文化遗产保护——以西藏传统文化表现形式为例[J].特区经济 2015（2）p99.

⑥ 杨长海.传统口头文学的法律保护——以藏族史诗〈格萨尔〉为例[J].法制与经济，2015（1）p7.

⑦ 杨长海. 法社会学视角下的藏医药保护[J]. 榆林学院学报，2016（1）p36.

情况和保护西藏非物质文化遗产的作用进行了论述。

井凯笛①、王玉青②也提出了将非物质文化遗产保护纳入西藏各级政府规划，建立和完善西藏非物质文化遗产相关法律条例的建议。王海英认为西藏非物质文化遗产的法律保护体系还有一些漏洞，提出了强化名录保护制度，确定相关主管部门的职责，完善现有法律与《专利法》《商标法》之间的连接，加快西藏地方性法律法规建设的建议。③齐国胜提出了通过立法方向等的设定，形成常态化的非物质文化遗产保护立法行为的观点。④这些研究成果对《西藏自治区实施〈中华人民共和国非物质文化遗产法〉办法》的出台和实施都发挥了重要的作用。

五、西藏非物质文化遗产保护的新闻传播研究

常凌翀在这一研究领域进行了积极的探索，撰写了《大众传媒在西藏非物质文化遗产保护中的功用探析》⑤《西藏非物质文化遗产的影像化传播路径》⑥《新媒体语境下西藏非物质文化遗产的数字化保护与传承探究》⑦《互联网时代西藏非物质文化遗产的数字化传播路径》⑧等文章，提出了正确认识大众媒体对西藏非物质文化遗产保护与传承的积极作用和消极影响，积极发挥现代传媒的数字技术优势，实现西

① 井凯笛.西藏非物质文化遗产的行政法保障——以《中华人民共和国非物质文化遗产法》为视角[J].柴达木开发研究，2012（5）p50.

② 王玉青.西藏非物质文化遗产传承的法制化研究——基于高等教育传承的视角[J].河北民族师范学院学报，2012（3）p84.

③ 王海英.浅析西藏非物质文化遗产的法律保护[J].西藏发展论坛，2016（6）p56.

④ 齐国胜. 论西藏非物质文化遗产的立法保护[J].法制与社会，2017（5）p291.

⑤ 常凌翀. 大众传媒在西藏非物质文化遗产保护中的功用探析[J].西藏大学学报，2013（3）p37.

⑥ 常凌翀.西藏非物质文化遗产的影像化传播路径[J].兰州学刊，2010（12）p194].

⑦ 常凌翀.新媒体语境下西藏非物质文化遗产的数字化保护与传承探究[J].西南民族大学学报，2010（11）p39.

⑧ 常凌翀.互联网时代西藏非物质文化遗产的数字化传播路径[J].中央民族大学学报，2014（3）p167.

藏非物质文化遗产健康有效地传播和承继；借助影像化传播，通过信息数据库、数字博物馆、电视或网络媒体进行现场展演等手段传播非物质文化遗产影像；利用数字技术创新西藏非物质文化遗产的保护方式，提供西藏非物质文化遗产的保护和传承的新路径，提升西藏非物质文化遗产的传播价值等宝贵的建议。王凤和刘小三另辟蹊径，提出了广播人要将非物质文化遗产节目做的让听众听得懂、听得进，将非物质文化遗产普及给更多受众的观点。[①]李娜认为西藏非物质文化遗产的传播主要有实体传播、符码传播等形态，具有浓厚的行政色彩，基本形成多主体参与、多形态并存的传播格局，仍然缺乏有代表性有影响的民族文化品牌。[②]这些文章从新闻学的角度对西藏非物质文化遗产保护和传承进行了研究，扩宽了西藏非物质文化遗产的研究面。

此外，王文令[③]和曾静[④]也就西藏非物质文化遗产的发展状况进行了分析研究，提出了相应的对策。还有学者对西藏非物质文化遗产名录、传承人和教育传承情况进行了研究。觉安拉姆等人认为西藏非物质文化遗产保护存在工作机构人员配备的数量和质量与保护工作的需要不相匹配，传承人年龄偏高、生存空间面临危机等问题，提出了增加保护机构人员配备，考虑专业需求，根据保护的轻重缓急开展工作，提供更多的平台和空间等具体性建议。[⑤]她还认为西藏非物质文化遗产项目名录存在区域分布不平衡、基础设施建设跟不上发展需求、科学合理利用非物质文化遗产工作进展缓慢、专业的保护机构和人才队伍建设亟须加强等几方面的问题，提出了加大基础设施建设投入力

① 王凤、刘小三.非物质文化遗产的广播式传承探索——以西藏人民广播电台“非常西藏”系列节目为例[J].新闻研究导刊，2015（15）p197.

② 李娜.西藏非物质文化遗产的传播形态[J].青年记者，2016（11）p127.

③ 王文令.西藏非物质文化遗产的现状及问题分析[J].西藏发展论坛，2014（3）.

④ 曾静.西藏非物质文化遗产的发展现状与保护[J].四川民族学院学报，2013（2）.

⑤ 觉安拉姆等.西藏自治区非物质文化遗产项目代表性传承人现状研究[J].西藏大学学报，2015（3）p145.

度，建立健全工作机构和队伍建设，加强宣传工作，形成全社会保护的共识和传承的自觉性的建议。①邵卉芳②、许慧③对西藏非物质文化遗产教育传承进行了讨论。杨芳萍④，李娜、赵婷婷⑤等人则提出了利用数字出版手段保护西藏非物质文化遗产的新思路。

综上所述，经过十多年的发展，西藏非物质文化遗产研究涵盖藏族、门巴族、珞巴族等民族，开拓了手工技艺类非物质文化遗产、法制化保护、新闻传播等研究领域，并涌现出了一批专家学者，形成了以西藏高校为主的研究阵地。十多年来，这些学者紧跟学术界发展步伐，对西藏非物质文化遗产的发展动态、存在问题进行了深入细致的研究，并从不同角度提出了应对策略，讨论了生产性保护、法制化保护、代际传承等热点问题，体现出学者们锲而不舍的学术追求和较高的学术水平。但同时我们也要看到，西藏非物质文化遗产研究还存在体量不大、研究方法单一、研究内容单薄、专著太少、宏观研究多而微观研究少等问题。今后，应该加大非物质文化遗产实地调查的力度，做到宏观研究与微观研究、理论研究与实践研究将结合，总结西藏非物质文化遗产保护的成功经验，通过对比研究，进而上升到理论层面，指导西藏非物质文化遗产保护工作，进一步促进西藏非物质文化遗产的保护和传承。

---

① 觉安拉姆等.西藏自治区非物质文化遗产项目名录现状分析及对策[J].西藏研究，2015（6）p92.

② 邵卉芳.西藏非物质文化遗产教育传承初探——以西藏民族大学为视点[J].怀化学院学报，2016（7）p15.

③ 许慧.西藏非物质文化遗产地方课程开发保障机制探析[J].西藏教育，2016（5）p12.

④ 杨芳萍.浅谈数字出版与西藏非物质文化遗产保护[J].西藏发展论坛，2015（1）p43.

⑤ 李娜、赵婷婷.西藏非物质文化遗产的数字出版刍议[J].新闻研究导刊，2015（16）p15.

第二章　西藏非物质文化遗产的内涵

西藏非物质文化遗产的内涵非常丰富，是藏民族传统文化中的精髓，涵盖了西藏各族人民生产生活的方方面面，既反映了西藏各族先民们处理人与自然关系的生存智慧，也见证了西藏各族人民的交往交流过程，还体现出现代人对祖先传承下来的优秀民族文化的尊重和延续，其种类繁多、内容复杂，至今仍然被西藏各族人民所享用，发挥着精神纽带的重要作用，并焕发出新的生命力。

第一节　西藏非物质文化遗产的特征

西藏非物质文化遗产是西藏各族人民的珍贵遗产，以口耳相传、身体展演、群体互动的方式在青藏高原上传承了上千年。既有非物质文化遗产的共性，也有西藏作为特殊地理单元的个性，这决定了西藏非物质文化遗产与其他文化遗产相比所拥有的独特性。

一、地域性

西藏自治区面积120.223万平方公里，平均海拔在4000米以上，占据了青藏高原的主体部分。就地形构造而言，西藏自治区夹在北部的喀喇昆仑山和南部的喜马拉雅山之间，分为西北高、东南低的三级阶梯，第一阶梯是平均海拔4500米以上的藏北高原，不适宜农耕，主要以牧业为主；第二阶梯是平均海拔3500米的雅鲁藏布江流域，土地肥沃，是西藏最主要的农业区；第三阶梯是平均海拔3500米以下的藏东峡谷地带，山高水急，属半农半牧地区。

由于喜马拉雅山脉挡住了印度洋暖湿气流的北上，所以西藏自治区的气候以寒冷、干燥、多风为主，而林芝市墨脱县、察隅县，日喀则市亚东县、定结县陈塘镇，山南市错那县勒布办事处等地的气候属于亚热带湿润气候区或亚热带山地季风湿润区。如果用生产方式来划分，可以粗略分为藏北和阿里的牧区、一江两河（雅江、拉萨河、年楚河）的农区、多雨潮湿的林芝林区、三江流域（怒江、澜沧江、金沙江）立体气候的昌都山区。在这样的自然条件下生活，西藏各族人民采取了属于畜牧经济文化类型组和农耕经济文化类型组杂糅的生计方式，藏族以高山草场畜牧型为主，主要把繁殖牦牛作为经济基础，进行季节性游牧，有的地方的藏族民众则进行山地耕牧，种植青稞、荞麦、小麦、玉米、马铃薯等耐寒耐旱作物。在西藏的地理和气候条件下繁衍声息的西藏各族人民形成了独具特色的非物质文化遗产，仅从入选国家级非物质文化遗产代表性项目名录的民族服饰来说，可以分为西藏服饰、珞巴族服饰和僜人服饰；从原材料上来说，藏族和珞巴族服饰都以牛毛或羊毛纺织制作而成，而僜人服饰则使用麻和棉纺织制作而成。就饰品而言，藏族和僜人都喜欢使用金银，而珞巴族则喜欢佩戴野兽的骨头、牙齿或皮毛制作的饰物。之所以会有这些差异，就与这三个民族居住地的气候条件有密切不可分的关系。僜人所在察隅县平均海拔2800米，属亚热带山地季风湿润地区，气候温和多雨，日照时间长，年均气温12℃，号称“西藏小江南”。因为四季不分明，所以僜人服饰没有冬夏之分，多用自己生产的麻织品和棉织品制作，具有透气、吸汗的功能。珞巴族聚居的米林县平均海拔3700米，属高原温带半湿润性季风气候，年均气温8.2℃，在森林中生活的珞巴族民众长期从事采集和狩猎，因此，男装以山羊毛织成，而女装用棉布制作而成，相对较厚，便于在森林中穿行。而作为西藏人口最多的藏族广泛分布在高原海拔地区到低海拔地区的广大地区，由于地理条件的不同，其服饰又分为措美县扎扎服饰、林芝工布藏族服饰、阿里普兰县科迦村妇女服饰、那曲安多服饰、申扎县巴扎乡服饰、羊卓服饰、朗县金东牧民服饰、江达服饰、吉隆服饰和森郭服饰等，这些服饰主要以羊毛织成的氆氇[①]制作而成，阿里、那曲等高海拔地区的藏族服饰还大量使用羊羔皮、水獭皮，起到保暖的作用。一般来说，海拔较低地区的服饰较为轻便，而海拔高地区的服饰则较为厚重。自古以来，西藏各族人民在这一自认条件相对恶劣的地理单元内容生活，受自然环境的影响，地域性是西藏非物质文化遗产与生俱来的特征之一

二、民族性

西藏主要分布着藏族、汉族、门巴族、珞巴族、回族、纳西族等民族和僜人、夏尔巴人等未识别民族，他们共同创造的非物质文化遗产汇聚成西藏非物质文化遗产的大观园，既保留了本民族文化的精髓，也为保持西藏文化的多样性做出了贡献。传统音乐类非物质文化遗产和传统舞蹈类非物质文化遗产在西藏非物质文化遗产中所占比例最高，充分体现出西藏各族人民能歌善舞的特点，反映出西藏各族人民在与恶劣的自然环境斗争的过程中形成的坚忍不拔、乐观向上的民族精神，折射出西藏各族人民追求人与自然和谐相处的生存之道。在西藏各民族的非物质文化遗产中，藏族的非物质文化遗产所占比重最大，门巴族所拥有的非物质文化遗产名列第二，珞巴族排第三，僜人

① 氆氇是以羊毛为原料，用手工织成的毛呢，是藏族民众制作服装的主要原料。

和夏尔巴人并列第四，回族排第五。一些非物质文化遗产还发挥了促进文化交往交流、加强民族团结、增进文化互信的作用，拉萨市回族的“抓饭节”就是其中的典型代表。拉萨穆斯林每年8月份都要到夺底沟的穆斯林园林举行“抓饭节”，持续十天时间。这个节日大约有300多年的历史，依其习俗，穆斯林在斋月之后都要用宰牲的方式来庆祝开斋节，而在西藏，这个节日的时间却与藏族“萨嘎达瓦”节的时间相重合，与藏族在此期间禁止杀生和食肉的习惯产生矛盾。为了解决这个问题，拉萨穆斯林就用胡萝卜、洋葱、清油、葡萄干、蕨麻、红枣和大米加水加盐后制成称为“人生果饭”的素抓饭来代替肉食，以此庆祝开斋节，赢得了藏族民众的认可和尊重，一直延续至今，体现了拉萨穆斯林与藏族民众和睦相处的深厚友谊。山南市勒布沟的门巴族偏爱红色，喜欢穿大红色的长襟布袍，当地人认为文成公主最喜欢这个颜色，所以门巴族祖先就将衣服全部染成大红色，最终成为门巴族服饰的重要标志，也成为民族交往的重要表征。现在，在西藏政府部门搭建的展演舞台上，各民族的非物质文化遗产已经超越了为本民族服务的范围，成为西藏各民族共享共乐的优秀文化，在满足人们日益提高的精神文化需求的同时，也为繁荣西藏的社会主义文化事业贡献着力量。

三、传承性

非物质文化遗产保护的目的是为了实现其传承，而代际传承是检验非物质文化遗产传承效果的重要指标。自21世纪以来我国学术界开始研究非物质文化遗产的传承问题时，传承人年老体衰、后继无人，致使非物质文化遗产濒临消亡的情况曾引起学者们的广泛关注。在广大学者的积极呼吁下，我国从2008年开始给国家级非物质文化遗产项目代表性传承人发放一年一万元生活补贴，在一定程度上改善了传承人的生活状况，促进了非物质文化遗产的传承。

西藏非物质文化遗产的产生与传承是与西藏农牧业社会的经济形态相适应的。千百年来，农牧业都是西藏经济的主要支撑，在旧西藏封建农奴制制度下，上层僧侣、贵族占有大量农田和牧场，广大农奴只能依附在土地上生活，他们没有人身自由，也没有生产资料，所拥有的只有用于谋生和缓解身体疲劳的非物质文化遗产，格萨尔艺人平时四处流浪，当统治者有需求时，才会被召集来进行说唱表演，藏戏表演则属于乌拉差役的范畴，不能随意进行表演，必须要给地方官员送礼品，征得他们的同意后才能表演，供人们娱乐。只有在生产活动中产生的民间歌舞才能不受限制地进行传唱，为人们的生活带来欢愉，反映出西藏各族人民乐观向上的奋斗精神。那曲的牧民在每年藏历七月中旬时开始剪羊毛，大家一边剪羊毛一边唱歌，歌词反映了人们对自然环境、地理条件、生产生活、处世道德和人际关系的看法，抒发了牧民们对大自然的感恩之情和对牛羊的依恋之情，感情细腻，唱法灵活多变。西藏民歌也是西藏民众以口头形式传承下来的娱乐方式，表演随意性大，没有时间和地点等限制，单人和多人都可表演，内容也很丰富，包括歌颂英雄、高僧大德，歌唱爱情和友情，讽刺统治阶级骄奢淫逸的生活，反映民众疾苦等。人们在打阿嘎土时为了缓解疲劳、活跃气氛，调动积极性，就把工作与歌舞结合在一起，排成若干横队，动作整齐划一，观赏性很强，形成了“阿谐”这一项非物质文化遗产。此外，劳动歌舞还有打墙歌、收割歌、夯土歌、上驮歌等，种类齐全，内容丰富，充分反映出西藏民众劳动生活的方方面面。

因为西藏的农牧业生产在西藏经济社会发展过程中发挥着重要作用，所以藏族先民们创造出来的与农牧业生产相联系的非物质文化遗产就得到了很好地传承。有的歌舞表演还进入现代化的演艺场所，受到各族人民群众的喜爱。

第二节　西藏非物质文化遗产的价值

一、文化价值

西藏各族人民世代生活在青藏高原上，先民们创造和传承的非物质文化遗产包罗万象，包含着丰富的文化内容，记录了西藏各族人民的生存智慧、特色文化和地方性知识，保留着西藏高原文化的独特文化基因，反映着西藏各民族的文化记忆，是我们认识西藏各民族文化发展史的活化石。其中，最著名的当属藏族史诗《格萨尔》，这部英雄史诗有200多部、100多万诗行、2000多万字，篇幅宏大、结构宏伟，内容丰富，情节奇特、语言优美。11世纪以来，由藏族民众集体创作而成，史诗从生成、基本定型到不断演进，包含了藏族文化的全部原始内核，具有很高的文化价值。《格萨尔》是一部长期在藏族人民群众中广泛流传的长篇英雄史诗，是一部以抑强扶弱、除暴安民为主线的宏伟史诗，塑造了以格萨尔王为首的一群英雄人物与藏族人民一起勇敢机智地与邪恶势力进行斗争的形象。它是在藏族古老的神话、传说、故事、歌谣和谚语等民间文学的深厚基础上产生和发展起来的，以民间说唱文学艺术的形式，反映了古代民族发展的历史及其社会的基本结构形态，表达了人民群众的美好愿望和理想，是藏族人民集体智慧的结晶，也是藏族民间文化的杰出代表。是反映古代藏族社会历史的一部百科全书式的伟大著作，代表着古代藏族民间文化的最高成就。①《格萨尔》还是一部活史诗，至今仍有民间艺人在说唱，分为“神授”艺人、“托梦”艺人、“圆光”艺人、“伏藏”艺人等多种类型，是《格萨尔》能够传承至今的重要载体，其中又以桑珠老

① 达琼.格萨尔学[EB/OL].西藏社会科学院网站，http：//www.xzass.org/html/news226.html，2010–1–31.

人最为著名，他一生录制了45部（2114盘磁带）《格萨尔王传》，其中有《天界篇》《形成史》《果岭》《诞生篇》《赛马登位》等格萨尔称王之前的故事，也有《北魔鲁赞》《霍岭之战》《姜岭之战》《门岭之战》等讲述格萨尔王登位后南征北伐的丰功伟绩的故事，且由《地狱篇》和《安定三界》两部故事来圆满结尾，大致梳理了藏族史诗《格萨尔》的整体轮廓，基本囊括了《格萨尔》的全貌。成为迄今世界上最全面、最系统的《格萨尔》史诗艺人说唱本，填补了世界上还没有一套根据一个艺人说唱整理的比较完整的《格萨尔》史诗的历史空白，创造了世界史诗领域个体艺人说唱史诗最长的纪录，现已整理出版了34部。

《格萨尔》既是国家级非物质文化遗产代表性项目，也是世界非物质文化遗产，是研究古代藏族社会的一部百科全书。通过对它的研究，可以了解古代藏族与邻近部落发生战争的历史事实，分析古代藏族人民积累下来的智慧和经验，从而再现古代藏族社会生活的真实图景，具有非常重要的文化价值。

西藏自治区级非物质文化遗产——俊巴鱼烹饪制作技艺却向我们展示了世代以捕鱼为生的曲水县俊巴村村民独特的饮食文化，显示出其与西藏其他地区藏族民众大相径庭的饮食烹饪技艺，为我们研究藏族饮食文化的发展变化提供了重要的参考。门巴族萨玛酒歌从最初只在酒宴上表演，发展成为门巴族民众劳动、离别、欢聚和婚嫁中不可缺少的表演项目，内容多为赞美家乡、赞美物产、抨击剥削阶级等，反映出门巴族民众对家乡的热爱和对美好生活的向往之情，具有非常丰富的文化内涵。米林珞巴族始祖传说则讲述了珞巴族始祖阿巴达尼的英雄故事，反映出居住在森林中的珞巴族先民为了生存，在与自然环境、与其他民族进行斗争的过程中遗留下来的历史记忆，是我们研究珞巴族民族文化的重要资料来源。藏族、门巴族和珞巴族民众共同丰富着西藏的非物质文化遗产宝库，彰显了西藏非物质文化遗产的文化价值，确保了西藏文化多样性的传承基因。

二、审美价值

西藏拥有大量的手工技艺类非物质文化遗产，涵盖衣、食、住、行、用等各个方面，不但具有很强的实用性，也具有很高的艺术价值和审美价值，满足了人们对美的追求。从这些非物质文化遗产中，我们可以领略到西藏各族人民的审美观念和蕴含的美学思想。

在西藏多姿多彩的民族服饰中，妇女服饰扮演着非常重要的角色，形成了以氆氇、麻布、丝绸、动物皮毛为主要原料、金银贵重金属和钻石珠宝为装饰物的服装特色，具有色彩鲜艳的特点，反映出西藏各族妇女的形态之美。在这些服饰中，普兰县科迦村妇女服饰别具一格，相传距今有800多年的历史。科迦妇女服饰由服装和首饰两部分构成，服装由咖啡色氆氇藏装、彩虹鞋、披肩、帽子等组成，衣服的面料均采用高档手工毛料、锦缎、羊羔皮、水獭皮和牛皮；首饰有“嘎穷”“嘎累”“吉乌”，前额装饰“恰恰”“巴塔”“那玉”，佩戴方形金片、翡翠瓶、珊瑚、银片、银粒、松石、超级银链、超级石链、超级珊瑚链等项链，每套服饰上共装饰有6000多颗宝石，一套科迦妇女服饰重量就达到20多斤，价值连城。科迦妇女服饰不仅高贵典雅，而且造型独特，头饰呈飞燕形，流苏遮面，富有神秘色彩，让人叹为观止。昌都市江达县东与四川省石渠、德格、白玉三县隔江相望，北与青海省玉树州玉树市毗邻，南接贡觉县，西连昌都市卡若区，号称“藏东门户”。这里山高谷深、气候多变，昼夜温差大，旱季和雨季分明，以牧业或半农半牧为主。为适应当地的自然环境，藏族民众创造出了宽大、保暖、大襟、宽腰、长袖等特点的服饰，男性还延续着游牧生活的习惯，佩戴火链、腰刀等物品。为了便于迁徙和保存财富，将家庭财富转化为可以随身携带的金银首饰，让女性保存，逐渐形成了格外强调服饰装饰的习俗，整个服饰遍布金银，体量巨大，显得雍容华贵，尤其以头饰为甚。从以上两种服饰，我们可以发现藏民族的审美观，即偏爱金银珠宝等贵金属，注重财富的转化、积累和传世，展示出藏族民众的富足生活。

三、科学价值

西藏非物质文化遗产中蕴含着大量科学因素和成分，这些科学成分是西藏先民们在适应青藏高原的特殊地理条件的过程中逐步发现和积累起来的，为西藏各族人民的生存和繁衍发挥着重要作用。藏医药就是西藏非物质文化遗产科学价值的最好体现。经过近2300多年的发展，藏医药已经形成了完整的理论体系，拥有独特的治疗方法和明显的治疗效果，创造出了独特的药物加工技法。藏医尿诊是一种独特的诊断方法，始载于《苯教四部藏医经典》中，到公元8世纪时，经过藏医鼻祖宇妥·云丹贡布的研究，证明了根据尿液的颜色、性质、泡沫、气味等判断疾病的原理，并记载收录于藏医经典著作《四部医典》。藏医对尿液的形成有自己的解释，认为尿液是人体摄入的饮食在体内经过一系列变化之后形成的。胃中分解出来的精华部分进入肝脏，并在这里化为血液。血液又可分解成精华和糟粕两部分，其精华转化成肌肉，而糟粕则储藏在胆囊中，是为胆汁。胆汁还会进一步分化为精华与糟粕，其精华部分为黄水，分布至全身，而糟粕部分也进入尿液中成为其中的漂浮物。[①]藏医诊断疾病的方法有望、切、问三种。尿液的体诊断法有三个步骤：一是热尿期，此时要察尿色、辨蒸气、嗅气味、视尿花；二是消雾期，此时要审沉渣、观浮皮；三是冷期，此时要鉴别尿液颜色的变化和冷尿的性质。根据诊断将疾病归为

① 龙巴、曲华.浅谈藏医尿诊法[J].中国民族医药杂志，1997（3）p36.

热症和寒症两类。[①]尿诊法尽可能地发挥了望诊的最大功能，通过对尿液的观察来诊断疾病，是藏医从业者了解人体机能、分析疾病机理、探索治疗方法的过程，体现了西藏非物质文化遗产的科学性。

水银洗炼法将含有剧毒的水银经过复杂的特殊工艺加工炮制，用“八珍”矿物珊瑚、玛瑙、猫眼石、绿松石等与“八铁”金属黄金、白银、铜、铁、铅、锡等入药，用40天时间炼制成无毒且疗效奇特的珍宝灰剂“佐塔”，具有抗炎、化瘀、抗感染、解热、镇痛等功效，对骨病、皮肤病和内脏病变等有很好的治疗作用。此外，藏药珊瑚七十味丸对心脑血管疾病的治疗效果显著，对小儿麻痹症、癫痫和失眠也有良好的治疗效果。七十味珍珠丸在藏医临床上治疗中风、瘫痪、半身不遂、脑溢血、脑震荡、心脏病和高血压等急重症方面具有很好的口碑。藏医药的治疗方法和制药方法在我国的中医药体系中独成一派，在治疗疑难杂症方面有特殊疗效，其科学性经受了时间的检验，为西藏各族人民的健康保驾护航。现在，西藏藏药厂生产的“甘露牌”藏药越来越受患者的青睐，但由于藏药炼制工艺复杂，讲究天象和时辰，所以产量有限，经常出现供不应求的现象，这也充分说明了患者对藏医药科学性的认可。

四、教育价值

西藏各族人民是西藏非物质文化遗产的创造者、享用者和传承者，通过言传身教、口耳相传的形式实现了非物质文化遗产的不断传承，与此同时，也发挥着传授知识、教育后代的作用。西藏各族人民的口承文学非常发达，谚语、谜语就是其中的杰出代表。谜语是一种深受西藏民众喜爱的休闲娱乐游戏，语言具有严密的逻辑性和疑难

① 迪庆晋美.藏医尿诊法简介[J]. 云南中医杂志，1991（4）p32.

性，可以考察猜谜者的记忆、分析、想象、判断和推理等思维能力。常见的猜谜语方法有会意法、反射法、借扣法、溯源法、拟人法、拟物法、问答法等，具有简单易懂、寓教于乐的特点，是一种层次较高的娱乐活动和儿童启蒙教育方式。如：谜面“是牛从来不耕田，体矮毛密能耐寒，爬冰卧雪善驮运，高原之舟人人赞”，谜底是牦牛。谜面为“冬天什么不咬人？夏天什么开得胜？”谜底是冬虫夏草。这些谜语在民间广为流传，深受广大农牧民群众的喜爱。

民间谚语更是包罗万象，包括生产谚语、生活谚语、自然谚语、社会谚语、事物谚语等，处处透露出西藏民众的智慧。例如反映农业生产的谚语：“小田虽种，收成只有一小捆，亲戚虽好，所赐只有一腰包。”“春天的糌粑比金贵，秋天的糌粑狗不吃。”反映牧业生产的谚语：“牧人爱喝酒，羊儿被狼抓。”“不养小羊小羔，哪有肥壮大羊。”反映林业生产的谚语：“杨树长了三年不必喜，柳树枯了三年不必忧。”“花儿被霜打，无望有果实。”反映社会现象的谚语：“若打寺院狗，会伤喇嘛心。”“饱者虽入睡，饥者未难眠。”反映人生命运的谚语：“人老思故乡，鸟老思巢穴。”“世人须要终生伴，终生伴是生活桥。”反映勤俭持家的谚语：“除夕奢侈初一断，初十奢侈祭祀断。”“省吃俭用，才能吃喝不断；勤俭节约，才能穿戴不绝。”反映团结的谚语：“近亲间莫作生意，朋友间莫比摔跤。”“一木难燃火，一人难当差。”反映学习的谚语：“要养良马从小喂好，要做圣人从小学起。”“向人请教不必羞，羞涩之人没学问。”这些谚语用通俗易懂的语言教给人们做人的道理，在潜移默化中发挥着教化作用。

五、经济价值

为西藏民众的生产生活服务是西藏非物质文化遗产的重要特点，

这一特点决定了西藏非物质文化遗产具有巨大的经济价值，其中尤以传统技艺类非物质文化遗产、传统美术类非物质文化遗产、传统医药类非物质文化遗产表现最为突出。西藏面具分为藏戏面具和羌姆面具两大类，藏戏面具种类繁多、形态各异，多用于民间舞蹈、戏剧和曲艺说唱中，主要有白面具、蓝面具和黄面具。刘志群将藏戏面具分为平板式软塑面具、半立体软塑面具、立体硬塑面具和立体写实的动物精灵面具。其中又以平板式软塑面具最具代表性，是西藏戏曲中最为典型、最有独创特色的一种面具，样式也发展得最为丰富。一般由皮革或呢料、绒布制作而成，从最为简单的一张皮毛片上抠挖出三个洞当作两眼和一嘴，再在两眼间挂一个胡萝卜形或片状的鼻子的白面具，发展到造型十分夸张、装饰格外美观、绘制特别精巧、色彩尤为绚烂的蓝面具，发展出了一套系列式的平板软塑面具。①随着旅游业的发展，现在这种面具已经成功转化为文化产品，既有传统皮质面具，还衍生出五彩斑斓的彩色铁质面具、纯色的铜铸面具，实现了批量生产，成为游客竞相购买的纪念品，产生了可观的经济效益。

墨脱石锅是门巴族民众的当家厨具，是用原始的刀具纯手工雕凿而成。墨脱石锅锅壁非常薄，操作不慎就会前功尽弃，所以制作时非常考验制作工匠的耐性，一个熟练的石锅制作者半天就能制作一个石锅。石锅成品以灰白色、灰褐色为主色调，形状为桶形，厚2–3厘米，规格大小不等，大锅直径大约40厘米左右，小锅直径15厘米左右，锅的上部左右两侧有对称的耳朵状把手，锅底有平底和弧形两类，手艺高超的艺人还能制作出类似炒勺一样的长柄石锅，专门给婴儿煮粥时使用。墨脱石锅耐2000℃高温，具有传热快、不粘锅、泡子少、不变色等优点，用它炖煮的汤汁香浓可口，余味醇厚、持久。能连续使用二

---

① 刘志群.西藏傩面具和藏戏面具纵横观[J].西藏艺术研究，1991（1）p67.

三十年时间而不坏。由于皂石是不可再生性物质，随着原材料越来越少，墨脱石锅的价格也水涨船高，一个直径为20厘米的石锅能卖到600~800元，直径为40厘米的石锅则能卖到1500~2000元。[①]现在，墨脱石锅的使用者早已突破了民族和地域的限制，成为林芝市各族人民普遍使用的当家炊具，也深受游客喜爱，产生了巨大的经济效益。

目前，西藏非物质文化遗产中的唐卡、藏药、木雕、木碗、金属锻造、编织等技艺所生产的非物质文化遗产产品都已经转化为文化产品，使越来越多的非物质文化遗产传承人受益，既获得了相应的经济效益，也改善了他们的生活。同时，也促进了西藏非物质文化遗产的传承。

第三节　守护西藏非物质文化遗产的基层政府

2005年颁布的《国务院办公厅关于加强我国非物质文化遗产保护工作的意见》（国办发〔2005〕18号文件）中明确规定了非物质文化遗产保护工作的方针：保护为主、抢救第一、合理利用、传承发展。工作原则：政府主导、社会参与，明确职责、形成合力；长远规划、分步实施，点面结合、讲求实效。西藏自治区按照这一工作方针和工作原则，对西藏非物质文化遗产进行了全面保护。

一、西藏非物质文化遗产的保护主体

正如我们在第一章第一节所叙述的，学术界对我国非物质文化遗产保护主体的讨论已经达成了一致，那就是各级政府和相关部门。在西藏非物质文化遗产保护过程中，西藏各级政府部门发挥着重要作

① 马宁.门巴族珞巴族非遗保护与旅游开发研究[M].广州：中山大学出版社，2015.p136.

用，在非物质文化遗产保护机构的设立、普查工作的开展、非物质文化遗产名录的申报和建立、非物质文化遗产传承人的筛选和确认、非物质文化遗产传习所的设立和检查、文化生态区申报等诸多方面都扮演着主要角色，贯穿西藏非物质文化遗产抢救性保护、生产性保护和整体性保护的全过程。

由于西藏是我国边疆地区，自然条件恶劣，高寒缺氧，又处在反分裂斗争的第一线，战略地位十分重要。习近平总书记在2011年7月19日西藏和平解放60周年庆祝大会上提出了加快发展，保障和改善民生，弘扬社会主义先进文化，维护社会稳定的治藏兴藏的重要举措，并强调要继承和弘扬西藏优秀传统文化，坚持在保护中传承、在创新中发展，不断推动西藏文化事业繁荣发展。在文化保护方面，总书记还提出："中华文明源远流长，孕育了中华民族的宝贵精神品格，培育了中国人民的崇高价值追求。自强不息、厚德载物的思想，支撑着中华民族生生不息、薪火相传，也是我们今天推进改革开放和社会主义现代化建设的强大精神力量。"[①]西藏地广人稀，虽然有的边境乡人口只有200多人，但却发挥着重要的戍边作用，基层政府在担任守边固边任务的同时，也是优秀传统文化保护工作的直接实施者，如何充分发挥基层政府在优秀传统文化化保护方面的作用，让边境乡镇的老百姓在致富的同时，实现非物质文化遗产的有序传承，丰富其精神生活，就成为当地政府的主要任务。

二、西藏自治区政府保护非物质文化遗产的工作

西藏非物质文化遗产资源丰富，自治区政府也充分认识到了保护非物质文化遗产的重要性，制定下发了大量文件。2005年，印发《关

① 习近平论中国传统文化——十八大以来重要论述选编[EB/OL].中国共产党新闻网，http：//theory.people.com.cn/n/2014/0303/c40531-24507951.html.2014-3-3.

于加强我区非物质文化遗产保护工作的意见》；2006年，印发《西藏自治区人民政府办公厅转发自治区文化厅关于西藏自治区非物质文化遗产普查工作方案的通知》；2010年，印发《关于进一步加强我区非物质文化遗产县级名录建设的通知》；2010年，印发《关于成立西藏自治区非物质文化遗产保护工作领导小组专家委员会的通知》； 2012年，印发《西藏自治区非物质文化遗产保护与开发利用专项资金管理暂行办法》。

西藏自治区还按照国家上位法的精神，出台了相应的实施办法，从2014年6月1日起施行《西藏自治区实施〈中华人民共和国非物质文化遗产法〉办法》，将西藏非物质文化遗产保护工作纳入法制轨道。2014年，西藏正式出台了《西藏自治区文化厅关于开展非物质文化遗产进校园工作的意见》，标志着西藏自治区非物质文化遗产进校园工作从点到面、从各自为战到规范化的全面转型。2016年，为进一步加强对西藏各级非物质文化遗产项目代表性传承人的管理，根据《中华人民共和国非物质文化遗产法》和《国家级非物质文化遗产项目代表性传承人认定与管理暂行办法》的规定，结合西藏实际，西藏自治区文化厅于2016年1月1日制定实施了《西藏自治区非物质文化遗产项目代表性传承人认定与管理办法（试行）》，使西藏对非物质文化遗产项目代表性传承人的认定和管理工作实现了有章可循。通过以上工作，保护西藏非物质文化遗产的法律法规体系不断健全，实现了非物质文化遗产保护有法可依。西藏自治区文化厅还召开新闻发布会，利用节庆活动进行现场宣讲，利用报刊、电视、网络、展板、宣传单等形式进行全方位宣传，联合自治区强基惠民办公室，依托驻村工作队向全区5453个村开展非物质文化遗产宣传，做到普法工作全覆盖。①

① 根据西藏自治区文化厅提供的资料整理而成。

西藏自治区还为非物质文化遗产保护提供场所上的便利，利用自治区群艺馆开展非物质文化遗产展览活动，扩大非物质文化遗产传承人的影响力，满足西藏各族人民的精神文化需求。为了扶持非物质文化遗产保护对象，自治区文化厅还为唐卡画院这样的生产性保护试验基地免费提供工作场地，减轻了非物质文化遗产传承人的经济压力。

三、西藏基层政府保护非物质文化遗产的措施

与西藏以农牧业为主的生产方式相适应，西藏非物质文化遗产表现出散、慢、小、季节性强等特点，西藏基层政府保护非物质文化遗产的初衷是为了增加农牧民收入，实现发展地方经济的目的。因为基层政府的绝大多数工作人员对辖区的自然环境、经济状况、民众及其拥有的非物质文化遗产非常熟悉，所以在保护非物质文化遗产方面有着超乎寻常的热情和动力，这是西藏非物质文化遗产能够得到有效保护的原因。

（一）以公房的形式为非物质文化遗产提供传承场地

西藏自治区成立以后，随着基层政权的建立，特别是村委会的建立，为了便于村委会开展工作，公房应运而生。公房是西藏村寨中的公共房屋，所有权归村委会集体所有。一般位于村寨中间，占地面积较大，平时无人居住，是村委会办事、召集村民用来集会和商讨事务的地方，因为公房外一般都有院子，也是人们闲谈聊天的地方。公房还为在外打拼、没有房屋的村民回家过节时提供免费的住宿服务，发挥了社会救助的作用。

2000 年，我国实施了兴边富民行动。2005 年国家民委、发改委、财政部等五部委发布了《扶持人口较少民族发展规划（2005–2010）》，推动我国边疆民族地区的发展。2011年6月5日，国务院发布《兴边富民行动规划（2011–2015年）》，针对内蒙古、辽宁、吉林、黑龙江、

广西、云南、西藏、甘肃、新疆等9个省、自治区的136个陆地边境县、旗、市、市辖区，新疆生产建设兵团的58个边境团场实施兴边富民，采取了加大对边境地区的资金投入，加大民生保障力度，实行积极的产业扶持政策，进一步扩大对内对外开放，加强各类人才队伍建设，加大对口帮扶支援力度等措施。“十二五”期间，西藏自治区少数民族发展资金（兴边富民）项目库建设估算总投资为 8.4512 亿元，其中：基础设施建设投资5.1443亿元，占总投资的60.87%；特色产业发展项目投资2.2558亿元，占总投资的26.69%；边贸发展项目投资1069万元，占总投资的1.26%；社会事业发展项目投资9442万元，占总投资的11.17%。基础设施建设投资中，乡村公路建设投资2.0751亿元，占兴边富民建设总投资的24.55%；农田水利建设投资1.7656亿元，占20.89%；农房改造工程建设投资6673万元，占7.90%；村容村貌整治6363万元，占7.53%。2000年至2012年，国家民委、财政部和自治区财政厅共调度安排西藏自治区少数民族发展资金11.37亿元。西藏自治区在国家民委和财政部的大力支持下，通过兴边富民行动，实施少数民族发展资金项目，极大地改善了少数民族地区基础设施和少数民族群众的生产生活条件，使民族地区的发展取得了阶段性成效。①

兴边富民资金的投入使西藏的基础设施建设水平得到有效提高，各村都新建或者重建了公房，为民众集会创造了条件。对非物质文化遗产保护来说，这些公房也成为重要的传承场地。基层政府为开展非物质文化遗产活动提供免费的场地、电和水，解决了以往非物质文化遗产传承缺少固定场地、影响家庭关系等现实问题。

（二）给非物质文化遗产传承活动提供经费，鼓励传习活动

随着西藏经济社会的发展，西藏农牧区的年轻人思想观念也发生

① 金美、刘延旭.总体规划推动兴边富民 立足实际确保持续发展——西藏兴边富民项目取得阶段性成效[N].西藏日报，2013-4-5（2）.

了很大变化，他们不再满足于从事传统的农牧业生产，而是向往丰富多彩的城市生活，以打工的方式进入城市成为农牧区年轻人的首选。外出务工使农牧区年轻人向城市的流动成为常态，也使留在农牧区的年轻人数量减少，这无形中减少了学习非物质文化遗产的人口基数，给非物质文化遗产的传承带来影响。针对这种情况，西藏各基层政府在非物质文化遗产保护上不遗余力，一方面在民俗节日期间组织非物质文化遗产传承人开展表演和传习活动，活跃节日气氛，提高非物质文化遗产传承人在民众中的威望和知名度。另一方面给非物质文化遗产传承人提供一定的经济补贴，每人每天发放100~150元的补贴，给愿意学习非物质文化遗产的年轻人每人每天发放30~50元误工费，激发了非物质文化遗产传承人教的积极性和年轻人学的积极性。但一些传承人担心“教会徒弟，饿死师父”，不愿意真心实意地教年轻人学习非物质文化遗产，针对这种情况，基层政府的工作人员一方面加大对非物质文化遗产传承人的经济补贴力度，另一方面又做他们的思想工作，保证他们的合法权益，打消了非物质文化遗产传承人的思想疑虑，使他们能够安心从事非物质文化遗产的传承工作。如果有外来人员要欣赏民间音乐、民间舞蹈、民间戏曲类非物质文化遗产，基层政府还会出面协调，让观赏者给非物质文化遗产传承人每人支付50—100元不等的费用作为补贴。有了基层政府的全面支持，西藏非物质文化遗产就能够在所在社区继续传承。

（三）聘请区内外的非物质文化遗产传承人到社区传承技术，提高非物质文化遗产产品的竞争力

西藏的手工技艺类非物质文化遗产如藏香制作、制陶、金银器加工、编织技艺等广泛流传在西藏各地，制作技术高低不一，知名度也有大有小。各基层政府为了提高所在地区非物质文化遗产的竞争力和知名度，达到增加非物质文化遗产传承人经济收入的目的，采取“走

出去，请进来”的方式，一方面选派本地心灵手巧的年轻传承人到其他省市学习制作样式和技术；另一方面从区内同一种类非物质文化遗产传承状况好、知名度大的地区聘请非物质文化遗产项目代表性传承人来给本地年轻传承人开班授课，充分发挥本地非物质文化遗产的创造力，使西藏的手工技艺类非物质文化遗产产品在保留为生产生活服务的基础上，分离出艺术气息浓厚的工艺品，更加，符合现代人的审美观，成为区内外游客竞相购买的旅游纪念品。既保证了非物质文化遗产产品为当地民众服务的延续性，又为各地非物质文化遗产传承人提供了频繁交流的机会，实现了非物质文化遗产的创新，使西藏非物质文化遗产的内涵更加丰富，吸引更多的年轻人学习和保护非物质文化遗产。

第三章　唐卡艺术的传承与实践

唐卡是西藏传统美术类非物质文化遗产的重要代表，形成了卫藏勉唐画派、后藏钦孜画派和前藏嘎玛嘎赤三大传统画派，现在勉萨画派异军突起，成为又一重要画派。在唐卡的发展过程中，一直以师带徒的形式进行传承，20世纪80年代以后，西藏高校开始设立唐卡专业，形成了与民间传承相对的“学院派”教育模式，构成了传统与现代并行的传承格局。

第一节　唐卡的传统传承之道

唐卡作为藏族文化的重要表现形式之一，是藏族非物质文化遗产的优秀代表，带有浓郁的宗教文化色彩，除了藏传佛教寺院广泛供奉唐卡外，藏族人去世后，家人一般都要请一幅唐卡用以纪念。客观存在的社会需求催生出了唐卡画师这一群体，成为唐卡绘画技艺得以传承的关键所在。在旧西藏，世俗唐卡画师的社会地位并不高，西藏和平解放以后，随着西藏文化的快速发展，特别是2006年唐卡入选第一批国家级非物质文化遗产名录后，唐卡及其画师日益受到社会各界的广泛关注。现在唐卡已经超越了传统的宗教用途，更多地被赋予了商业用途，身价倍增，成为社会上炙手可热的“商品”，这也对唐卡画师的传承提出了挑战。

一、学术界关于唐卡的研究情况

学术界关于唐卡的研究著述很多，主要集中在唐卡的概念和起源、文化内涵、艺术特色、画派、精品唐卡赏析、绘画技法、修复技法等方面，涉及美术学、宗教学、教育学、考古学等多个学科，争论主要集中在唐卡的起源问题上，较早提出唐卡起源问题的是土旦桑杰（1988），他认为唐卡起源于佛祖身影映入池塘、佛祖回赠信徒布片这两个传说。[①]谢继胜（1996）在分析里登秋子的汉语音译说、图齐的印度布画说的基础上，提出了唐卡起源于汉幡的论断。[②]叶星生（2014）持相同意见，认为汉地的旗幡画、卷轴画只是带给唐卡形制的一种借鉴与影响，而在材料使用、工艺制作及表现手法上却存在很大差异，致使唐卡艺术在总体风格上不同于国内外任何画种而独树一帜。[③]德拉才旦（2015）对以上学者的说法持怀疑态度，他援引藏族学者丹巴饶丹、康·格桑益希的话，认为在藏语中，唐卡并不代表绘画，而是最为标准和完美的绘画形式之一，具有皮料、平展、标准、美满之意。[④]目前，唐卡研究领域比较有影响力的是康·格桑益希编著的《嘎玛嘎赤画派唐卡》[⑤]《中国唐卡》[⑥]《唐卡艺术概论》[⑦]《藏族唐卡艺术》[⑧]等系列著作。从非物质文化遗产的角度对唐卡进行研究的成果中最有影响力的是马成俊的《热贡艺术》，对青海热贡唐卡的分类、绘制工

---

① 土旦桑杰著、次仁杰译.唐卡绘画[J].西藏研究，1988（4）p139.

② 谢继胜.唐卡起源考[J].中国藏学，1996（4）p113.

③ 叶星生.唐卡的起源与形制[J].收藏，2014（23）p113.

④ 德拉才旦."唐卡"一词的文化含义与语源解读[J].西藏艺术研究，2015（3）p39.

⑤ 康·格桑益希.嘎玛嘎赤画派唐卡[M].北京：文物出版社，2015.

⑥ 康·格桑益希.中国唐卡[M].北京：文物出版社，2015.

⑦ 康·格桑益希.唐卡艺术概论[M].北京：文物出版社，2015.

⑧ 康·格桑益希.藏族唐卡艺术[M].北京：文物出版社，2015.

艺、内容和艺术风格进行了全方位的论述。[①]在以上研究成果中，虽然有人质疑谢继胜关于唐卡起源的论述，但却无法提供有力的证据进行辩论，因此，唐卡起源的汉幡说已经成为我国学术界关于唐卡起源问题最有代表性的研究成果。

纵观以上研究成果，有一个共同特点，那就是紧扣唐卡本身展开研究，关注点在物。与此形成鲜明对比的是，近年来，一些学者更多地将关注点聚焦于人，即唐卡的生产者——画师。研究成果分为群体性研究和个案性研究两类，在对画师群体的研究上，比较著名的是彭兆荣（2012）等人以民族志的形式对唐卡的寺院传承、家庭传承、师徒传承、高校传承、政府传承等情况进行了全方位呈现。[②]陈乃华（2013）关注了热贡吾屯画师群体独特的人生观和世界观，展现了他们与世界的交往历程。[③]李健（2016）认为当代西藏唐卡艺人的职业行为受到市场经济的巨大冲击，也受到外来的艺术创新思想的重要影响，呈现出高度分化的状态，努力寻找现代与传统、宗教与市场、循旧与创新的平衡点，其职业行为遵循一种多元平衡的逻辑。[④]另一些学者则对个别著名的唐卡画师进行了口述史和人生史的深度调查，比较有代表性的是王金峰（2007）对新勉唐派唐卡大师丹巴绕旦[⑤]、张琪（2013）等人对夏鲁旺堆[⑥]、卓么措（2015）对热贡地区的唐卡艺人斗尕的调查研究。[⑦]此外，还有徐加存（2007）[⑧]、孟丽（2016）[⑨]、胡珊

---

① 马成俊.热贡艺术[M].北京：文化艺术出版社，2012.

② 彭兆荣.热贡唐卡考察录[M].北京：民族出版社，2012.

③ 陈乃华.无名的造神者：热贡唐卡艺人研究[M].北京：世界图书出版公司北京公司，2013.

④ 李健.西藏的唐卡艺人：职业行为变迁与多元平衡策略[M].北京：社会科学文献出版社，2016.

⑤ 王金峰.新勉唐画派唐卡大师丹巴绕旦之研究[D].首都师范大学硕士学位论文，2007.

⑥ 张琪等.从僧童到画师：夏鲁旺堆的故事[M].北京：中国藏学出版社，2013.

⑦ 卓么措.斗尕口述史[M].北京：学苑出版社，2015.

⑧ 徐加存.帕廓街的唐卡作坊考察[D].首都师范大学硕士学位论文，2007.

⑨ 孟丽.安多新画派唐卡画家东智才旦研究[D].四川师范大学硕士学位论文，2016.

（2016）[①]等人也对唐卡艺人进行了研究。总的来说，学术界对唐卡画师的研究正呈现出方兴未艾的趋势，这更贴近非物质文化遗产的研究范畴，改变历史上遗留下来的重视唐卡而轻视画师的文化传统，有利于提升唐卡画师的社会地位，确保唐卡绘画技艺的传承。就实际情况来看，唐卡画师的传承模式正在呈现出多元化发展态势，出现了师徒相传与院校教育的分化。

二、西藏唐卡传承人的传统培养模式

唐卡传承人即画师，藏语拉萨语称为“拉日巴”，是唐卡的制作者。历史上，与西藏长期以农牧业为主要经济支柱的社会形态相适应。唐卡画师的传承分为寺院传承、家庭传承、师徒传承等三种类型，形成了一套比较完整的培养模式，一直延续至今。除了家庭传承之外，寺院传承和师徒相传都有拜师仪式，但并不繁杂，学徒给师父献上一条哈达，送点酥油、茶叶就可以进入师父门下学习。师父会要求学徒禁烟禁酒，做一名清心寡欲之人，使身体状况一直保持在较好的状态，延长从事唐卡绘画的时间。

一般来说，一名学徒要想成为唐卡画师，必须要熟练掌握以下三个方面的内容：

（一）学习藏文，背诵《度量经》

学习唐卡绘画，一定要懂藏文、背诵《度量经》。《度量经》包括《画像度量经》《十搩手造像度量经》《造像度量经》，约在13世纪萨迦政权时期传到西藏，是藏族绘画和雕塑的依据和仪规，与《十搩手造像度量经疏》合称“三经一疏”，视为藏传佛教“工巧明”。《画像度量经》是一部讲述绘画人物形象的理论著作，尤其侧重于佛

① 胡珊.唐卡艺术的传承与保护研究[D].四川师范大学硕士学位论文，2016.

像和诸天金刚力士等形象塑造的技法，兼顾各类世俗人物形象的塑造。《十搩手造像度量经》及其疏和《造像度量经》则详尽阐明了人体结构及各个部位、器官的尺度和比例关系，以及计量方法。①

对于唐卡画师来说，《度量经》是根本，无论哪个画派，在培养学生时都是从教授度量度经》开始的。《度量经》是一部讲述绘画人物形象的理论著作，详细叙述了佛像、诸天金刚力士、各类世俗人物的形象塑造法。用诗体写成，分为三章，第一章“求画”叙述具有十智神通的赤降王囊扎计推从梵天那里闻习画理真传、广布人间的过程。第二章“供画”讲画像超然世俗、教化众生的作用。第三章“量度”介绍了佛陀、诸天及各类世俗人物形象身体各部位和器官的尺度、比例和量度方法。最基本的计量单位是：

微尘发尖虮与虱，以及青稞手指量。

上列依次为八倍，前物乘八后物长。

八个微尘排列起，等于一个发尖量。

八个发尖排列起，等于一个虮子量。

八个虮子排列起，等于一个虱子量。

八个虱子排列起，等于一粒青稞量。

八粒青稞排列起，等于一指宽度量。

在画转轮圣王时的规定是：“面部三分额、鼻、颚，每一部分四指量。整个面部宽几许，十四指宽是正常。面部上部和下部，各是十二指宽量。肉髻宽度为六指，长度则为四指量。头部横宽十二指，华盖为准来衡量。环绕头部尺度数，要用三十二指量。耳孔一般作半指，也有认为一指量。耳垂尺寸无一定，眉长要有四指量。转轮眉间的白毫，距离眉毛一指量。眉腰距离那发际，二指半宽是正当。眉头

① 《中国少数民族古代美学思想资料初编》编写组.中国少数民族古代美学思想资料初编[M].成都：四川民族出版社，1989.p376.

距离额中间，要用四指来衡量。眼的宽度是一指，眼长应为二指量。眼睛睁开为二指，两眼相距也同样。三分眼珠是瞳仁，眼长瞳仁三倍量。眼睛好似竹弓状，横宽则为青稞三。”

因为《度量经》对人物的比例有着严格的要求，对佛、菩萨、护法神、本尊的画法，法器、色彩都有详细的规定，无论勉唐画派、钦则画派还是噶玛嘎赤画派，在培养学徒时都是从教授《度量经》开始的，学徒要将《度量经》背得滚瓜烂熟，并以此来指导自己的绘画。

（二）学习制作绘画工具的技能

“工欲善其事，必先利其器。”对于唐卡画师来说，必须要掌握选择、制作画笔、画布、颜料和胶水等绘画工具和材料的方法。就画笔而言，笔杆材质主要是竹子、柏木、檀香木，其中又以竹子材质为多；选用山羊毛和马毛做成大笔，选猫毛制成小笔，白描的笔是一种将柳条放入铁管中烧制而成的炭笔，学徒要在师父手把手的教导下，学会辨识、选择马颈部下的毛，红或黄色的猫毛，熟练掌握选毛、上胶、装笔、修剪笔头的方法，掌握白描、点睛和晕染所用的笔的制作工艺。

就画布而言，要选用质地细密、厚度适中的纯棉布，将其固定在专用的木头框子上，用挑选的平滑石头打磨画布，然后用毛刷子将牛皮胶均匀地涂抹到画布上，然后阴干，再用石头反复打磨，才能达到绘画要求。刷在画布上的牛皮胶是唐卡能够传世的关键，熬胶时要将老旧牦牛皮放入铁锅或铜锅中，加水用文火熬制十多个小时，等清浊分离后，用勺子舀出清亮的胶水，放在桶里等快凝固时放入一个叫作“通边”的容器中分隔阴干，八九天以后就会成为一块一块的固体胶。

就唐卡的颜料而言，主要包括石矿类、土质类、植物类、宝石类、金属类等，其中最重要的是矿物颜料，主要有朱砂、雄黄、白珍珠、红珊瑚、黄丹、石青、石绿、玛瑙、绿松石、金、银、铜、黄蜜蜡等（图3-1），主要的颜色有朱砂红、胭脂红、黄色、橘黄色、白色、蓝色、靛青、藏青色、二青、浅青色、深绿、头绿、金色等，其中，蓝色和绿色颜料只用一种矿石即可配出，而其他颜色需调制配色才能形成，学徒必须要学会辨别、研制和配色方法。作为一名学徒，必须要掌握制作工具的全套基本功之后才能开始学习绘画。

图 3-1　矿物颜料

（三）不断练习绘制唐卡的技巧

对唐卡的材料、制作过程有了全方位的了解后，学徒就可以开始学习绘画了。师父非常强调学徒的坐姿，必须要盘腿坐在卡垫上绘画，不能倚靠、更不能东倒西歪。学习过程主要分为三个阶段：

第一阶段是学习白描，先画图打草稿，为了节约资源、避免浪费纸张，学徒要在自制的木板上作画，用水将锅底灰搅拌均匀，涂在一块木板上，再在上面涂上酥油，撒上一层白土颜料，用松木条做笔，开始练习绘画，因为木板上有酥油，手碰到木板，酥油就会融化，所以手必须要悬空，绝对不能挨着木板，这样做的目的就是既要练习绘画技巧，同时也在练习手腕的力量，以达到胳膊不依靠支点就能长时间工作的目的。练习时严格按照《度量经》“三经一疏”的规范要求和尺度比例进行绘制，不断体会、琢磨表现佛像和人物的表情、经书图像细节的技巧。（图3–2）

图 3–2　白描

第二阶段是学习着色（图3–3）和勾线技巧，两者同时进行。着色时用大笔，一层层晕染，一次干透后才能染第二次，直到达到最好的效果，其中最为要紧的是过渡色的掌握。然后是勾线，也要按照《度量经》“三经一疏”的具体规定，将佛像和人物具体形象的质感表现出来。在这一过程中，临摹世代相传的唐卡范本和师父的唐卡成品是掌握上述技艺的重要方式。

图 3-3　着色

第三阶段是点睛，也是绘制唐卡的最后一道工序。因为唐卡所反映的大多是宗教题材，佛菩萨、密宗佛、本尊、护法等神像是唐卡的中心，这是非常精细的工作，除了要使用画师自制的画笔外，对画师的眼神和身体机能都有很高的要求。对眉眼的刻画最显画师的功力，学徒能否承担点睛任务，要由师父来评判，只要学徒能够点睛，就宣告其可以出师。

唐卡画师作画，实质上是把自己所掌握的藏族文化运用手之技艺外在化的过程，这种绘画能力并不是人人都能掌握的。所以，在培养学徒时，必须采用面对面地口传心授和因材施教的方式，老画师会用3个月的时间来观察学徒有没有学习唐卡的天赋和悟性，在学制上从不以学习时间的长短来衡量学徒是否掌握了绘画技法，而是完全根据学徒的个人情况来决定学习时间。

唐卡画师收学生是免费的，学生吃住都由老师负担。学习期间，学徒严格按照师父教给的方法绘制唐卡，一般至少要学习6~7年才能达到独立绘画一幅高质量唐卡的水平。等学生出师后，如果仍然留在老师身边，老师就要给他支付工资，并且随着学生绘画水平的提高不断上涨，从而实现了教学相长和互惠互利。但如果只跟随一派的师父，也容易造成学徒思维的僵化，形成单一的风格，很难达到青出于蓝而胜于蓝的效果。

三、西藏唐卡传承人的时代机遇

西藏和平解放至20世纪90年代初，国家持续不断地投入资金对西藏各大寺院进行维修。1961年，对布达拉宫年久失修将要倒塌的15处地方进行修补，重新为壁画上色，粉刷了全部围墙，并对五世达赖喇嘛的灵塔进行了修缮。1962年开始了第二次维修。1963年，维修了甘丹寺、色拉寺、哲蚌寺和大昭寺等寺庙。1972年，首次拨款70多万元维修大昭寺，次年再次拨款300万元抢修大昭寺北侧，对一些古老下沉的梁柱加以抬升和恢复复位，更换了一批柱子，并对陈旧佛像、壁画进行涂饰。1991年，对大昭寺进行了规模最大的一次维修。1977年，国家拨专款维修白居寺。1979年，国家拨出专款70多万元用于维修扎什伦布寺，对四世班禅灵塔和奇米拉康的10000多个大小佛像进行整治、治金，并修缮了5个金顶和20多个大小经堂，重新描绘了1000多幅壁画。[①]从1989年到 1994 年间，中央拨出 5500 万元和大量的黄金、白银等珍贵物资用于布达拉宫一期维修工程。2001　年开始，国家又拨专款 3.3 亿元，用于布达拉宫二期维修工程和罗布林卡、萨迦寺三大文物古迹的维修。[②]2008年起，国家又投入5.7亿元实施“十一五”文物维修

① 克珠群佩.西藏和平解放后的西藏寺庙维修[EB/OL].中国西藏网，http：//www.tibet.cn/09zcfj/zcyyj/yj/201105/t20110517_1042000.htm2011-5-17.

② 西藏自治区新闻出版局编.西藏辉煌50年[M].拉萨：西藏人民出版社，2009.p170.

保护工程，至此，国家对西藏文物维修的总投入已达到近13亿元。[①]

在西藏这些著名寺院的文物维修工作中，大型彩绘和壁画的部分所占比例大，工作量也很大，需要大量画师参与，这给生活在那个时代的唐卡画师带来了前所未有的发展机遇，由此涌现出一批著名画师。因为大型的唐卡和壁画都是很多画师合作完成的，各有各的画法和特点，为年轻画师提供了宝贵的观摩学习的机会。虽然由于门派所限，某一门派的老画师一般不会轻易点拨其他门派的画师，但年轻画师能够在远处观摩老画师的控力和用笔技巧，也能够在老画师休息时将其作品临摹下来，拿回去在同门师兄弟中讨论，遇到实在想不通的就私下里向老画师的年轻徒弟们请教。他们在学到技术的同时，还能结交很多同一年龄段的画师朋友，为以后的深入切磋奠定了人脉基础。经过这些历练，年轻画师绘制壁画的经验会更加丰富，技艺也会更加精湛。所以，在唐卡传承人的培养过程中，如果学徒有机会跟随师父参加藏传佛教寺院的唐卡绘制、壁画维修和绘画工程，就能在学习过程中积累丰富的实践经验，并且有机会与其他画师交流，兼收并蓄，掌握绘制大型壁画的方法，迅速提升自己的综合能力和协作水平。[②]而随着大型文物维修工作的完工，现在的唐卡学徒参加这种实践活动的机会越来越少，缺少实践经验的积累和整体视野的开拓，在很大程度上限制了当代年轻唐卡传承人技艺的提升。

虽然到各大寺院里学习唐卡和壁画绘制的机会减少了，但西藏自治区的政府部门也从另一方面推动着唐卡的传承。2012年5月，西藏自治区党委、政府批准实施了西藏和平解放60周年重大题材“百幅唐卡工程”，向全社会公布了新唐卡的创作主题，主要有“情系西藏”

① 中国日报西藏记者站.国家投入巨资维修保护西藏寺院文物受到西藏僧俗群众广泛称赞[EB/OL].中国日报网http：//www.chinadaily.com.cn/dfpd/xz/2011-04/26/content_12400495.htm2011-04-26.

② 根据2014—2016年间对西藏岗地文化产业集团有限公司、西藏唐卡画院、拉萨市城关区古艺建筑美术公司、刚坚唐卡绘画艺术中心、象藏唐卡艺术中心等企业唐卡画师的访谈整理而成。

"历史丰碑""沧桑巨变""幸福家园"4个主题，承担创作任务的作者共74人，其中藏族画师57人，而以传统唐卡为业的民间画师42人，约占藏族画师总人数的三分之二。[①]新唐卡创作没有以传统的宗教题材为中心，而是关注重大历史事件，着眼现实生活中的大美风光，这为新唐卡创作开辟出了新的创作主题，如果能坚持下去，唐卡的绘画题材将会更加多元化，也为唐卡传承人提供了更加广阔的发展空间。

第二节 唐卡传承借力高等教育的经典案例

一、西藏唐卡传承人高等教育模式的发展过程

20世纪80年代以来，适应西藏经济社会发展需求，国家大力支持西藏高等教育的发展，唐卡绘画也从民间进入大学校园，被纳入到高等教育的序列。西藏大学艺术学院从1985年开始设立唐卡课程，2000年招收唐卡专业硕士研究生，2004年招收第一批本科生，2014年开始招收第一批博士生。2006年，西藏大学艺术学院被文化部认定为藏族唐卡"勉唐画派"和"钦孜画派"非物质文化遗产传承单位，是西藏唐卡人才的重要聚集地和培养地；藏族唐卡"勉唐画派"为西藏自治区非物质文化遗产传习基地；拥有国家级非物质文化遗产项目——藏族唐卡"勉唐画派"代表性传承人丹巴绕旦和格桑次旦，国家级非物质文化遗产代表性项目——藏传矿植物颜料的代表性传承人阿旺晋美，国家级非物质文化遗产代表性项目——藏族唐卡"钦孜画派"的自治区级代表性传承人边巴旺堆和扎西江村，其中又以丹巴绕旦的资历最老。1984年，丹巴绕旦就成为教授唐卡绘画的教师，还编写了《西藏绘画》教材。拉萨师范高等专科学校从2009年开始设立唐卡绘

① 刘风华.培养现代唐卡艺术家的高级研修班[N].西藏日报，2014-09-17（1）.

画方向，从2010年开始招收专科生，每年招生人数为60名，2016年招生人数达到70名，专业课程有素描基础、色彩基础、中国美术史、外国美术史、藏族美术史、艺术概论、平面构成、色彩构成、电脑图形设计、藏式图案、手工综合制作、创意设计、雕塑、国画、唐卡、油画、小学美术新课程教学法，主要为西藏的小学美术教育培养师资。

这两所大学在具体的教学过程中，专科和本科层面的学生除了学习唐卡知识，还要学习英语、政治等公共课，素描、色彩等源自西方美术的基础课，这不仅无法使学生全身心感受唐卡的绘画思维，更缺少集中练习唐卡技法的时间，因此很难实现唐卡画师的培养目标。硕士研究生则只能从事理论研究，主要从勉唐派唐卡的材料①、绘画技法②、线条运用③、服饰图案④、热贡唐卡艺术的价值⑤等方面展开理论探讨，绘制唐卡的实践能力比较缺乏。客观地说，虽然唐卡被纳入现代大学教育已有30多年的历史，一些唐卡大师也成功转化为专业的大学教师潜心治学，但由于学制的限制，课程的规定很难突破，使学生的学习内容过于庞杂、时间精力投入不够、缺少校级交流和沟通，学生毕业后从事与唐卡专业相关工作的人数很少，致使学院派唐卡专业的发展一直裹足不前，尚达不到与传统培养模式并驾齐驱的水平。

二、传统传承与高等教育传承相结合的典型代表

在西藏唐卡的传承过程中，能够同时体现传统传承与高等教育传承的国家级非物质文化遗产项目代表性传承人就是勉萨画派的代表人物、西藏唐卡画院院长勉冲·罗布斯达。

---

① 王小维.浅析勉唐派唐卡的材料与技法[D].西藏大学硕士学位论文，2013.
② 郭珊珊.勉唐派唐卡绘画技法初探[D].西藏大学硕士学位论文，2014.
③ 魏玉娟.谈唐卡中的用线[D].西藏大学硕士学位论文，2014.
④ 张爽.勉唐派唐卡中的服饰图案初探[D].西藏大学硕士学位论文，2015.
⑤ 浅析藏族绘画热贡唐卡艺术的价值研究[D].西藏大学硕士学位论文，2016.

（一）祖父启蒙为罗布斯达的唐卡之路打下了坚实基础

罗布斯达出生在日喀则市拉孜县绒措村，受家庭环境的影响，从小接触唐卡绘画，接受了最为传统的唐卡绘画训练，为他今后的人生之路打下了基础。

罗布斯达的家族勉冲·平康世世代代以画唐卡为生，他的爷爷达瓦顿珠，在罗布斯达五兄妹中挑选出身为长孙的罗布斯达，给他传授唐卡绘画技艺。罗布斯达8岁时在小学里学习藏文，放学回家就看爷爷画唐卡，照着爷爷画的唐卡练习。12岁时，罗布斯达已经能够背诵《度量经》，并开始用最传统的方法学习唐卡绘画，第一阶段是学习制作绘画工具，先在一块高50厘米、宽40厘米、厚4厘米的木板上涂上湿锅底灰，再涂上酥油，然后用粗布包上白色的颜料“撒嘎”，通过抖动布包，让颜料均匀地落在涂有酥油的木板上，再找一支松木条，用小刀削出一个尖，做成一支“笔”，然后开始画画。这一阶段的学习大约持续了两个多月。第二阶段是练习白描，用碳条在涂有白色颜料的木板上画画，铅笔只有在给佛像比例打格子时才使用，一共练习了两年半时间。第三阶段是学习着色和勾线，两者是同时进行的，着色的时候由爷爷先白描，然后罗布斯达上色，上色完了再由爷爷勾线和处理后续事宜，大约练了一年时间，爷爷觉得他已经基本掌握了着色技巧，才让他勾线。罗布斯达前后一共跟随爷爷学习了6年多时间，到18岁就算完成了基本功的学习。

（二）拜师深造，画艺精进

扎什伦布寺五世至九世班禅的灵塔在“文化大革命”中被毁，1987年十世班禅大师着手建造一座供奉五世至九世班禅灵骨的灵塔殿。由于工程量非常浩大，政府和扎什伦布寺就把日喀则地区18个县最优秀的木匠、铜匠、石匠、画匠都召集到了扎什伦布寺，老艺人们都带着自己的徒弟来参加这个工程，罗布斯达也跟随爷爷参加了，这本身就是对唐卡画师绘画水平的肯定。画师们从1987年开始画灵塔殿外面的彩绘，包括窗户、柱子。到年底时，4名高水平的老画师才开始进入大殿进行壁画的白描。

1988年4月初，白描完工后，老师们就在年轻画师里挑选水平比较高的人，抽调到壁画组进行上色，最后从90名画师中挑选了20多人进入大殿工作，罗布斯达也被选中，入选者中有一些是噶钦·阿顿早期的徒弟，他们都在罗布林卡画过壁画，实践经验丰富，特别熟悉祥云、花朵的晕染技法，其他年轻画师都非常羡慕。因为画壁画和画唐卡不一样，晕染的方式也不一样，画唐卡是用特别细的笔一点一点晕染，而壁画是同时拿三四支笔直接进行晕染，面积大，没有一定的技艺和功力是不行的，所以画壁画的难度比唐卡要大得多。为了弥补不足，几个年轻画师达到了废寝忘食的地步，中午和晚上的时候在木板上练，向有经验的画师学习上色、晕染技巧，但是由于门派之见，噶钦·阿顿的徒弟并不愿意给这些年轻画师传授技艺，年轻画师只能在旁边看，下来后琢磨、练习、讨论，大家进步很快，不到一个月时间就学会了这些技巧。当时所有的白描都是由4名老师来画的，画完之后让年轻画师们去上色，大家齐心协力，能勾线的勾线、能晕染的晕染，到1989年完成了所有工作。

那时候学习唐卡绘画是没有范本的，只能利用到寺院的机会参观壁画和唐卡，自己揣摩，实地观摩名师作画的机会更是可遇而不可求。当时有90名画师在一起工作，他们各有各的画法和特点，给罗布斯达提供了宝贵的观摩学习的机会。当时对于罗布斯达这样的年轻画师来说，能参加这种大型工程是千载难逢的学习机会。为了能够临摹老画师的佛像本尊大威德金刚愤怒相等绘画难度很高的佛像，罗布斯达就把寺院里的清油刷在普通白纸上，增加纸张的透明度，然后把最难画的佛像头部描出来，拿回家晚上再练，这些纸张就成为他最宝贵的参考资料。

扎什伦布寺五世至九世班禅大师合葬灵塔殿的壁画绘制工程完工后，为了能够继续提高绘画水平，罗布斯达的爷爷就带他去拜噶钦·洛桑平措为师。因为当时在灵塔殿绘制壁画时，罗布斯达的基本功比较扎实，大师比较认可，就答应了。此后，罗布斯达就一直跟随噶钦·洛桑平措学习，当噶钦·洛桑平措冬天回拉萨后，罗布斯达就在扎什伦布寺跟随噶钦·阿顿学习，主要学习勾线、晕染的方法，局部细节的处理等技巧。学习的重点是如何提高绘画技法特别是勾线处理技巧。点睛和白描是画唐卡时最重要的部分，点睛时的先后顺序、佛像和人物表情的处理，年龄悬殊的人物如何用线条来体现，唐卡中经书的特点如何表现等，两位大师都有自己秘不示人的绝技，罗布斯达就把精力全部放在学习这些画龙点睛的细节上。

1993年，由噶钦·洛桑平措、噶钦·阿顿、格桑三位大师负责，在参加壁画绘制工程的唐卡画师中评选“乌琼”，一共选了4人，两名僧人、两名俗人，还选出3名老师作为“乌钦”，然后将入选者报到日喀则地委行署和西藏自治区班禅大师灵塔修建办公室备案，罗布斯达、罗布、丹增、平措多杰4人入选“乌琼”。

（三）经过历练和深造，终成名家

罗布斯达早期参加五世至九世班禅灵塔殿壁画绘制工程时积累了丰富的工作经验，掌握了绘制壁画的流程，也具备了一定的统筹协调能力，开始独立承担工程。1994年罗布斯达主持绘制了色拉寺的藏巴康赞大殿，那年他才24岁。罗布斯达带领了一些年龄相仿的画师，住进色拉寺，主要画阿底峡大师的传记。罗布斯达承担了所有的白描工作，其他人上色、勾线，大概用了一年时间。

罗布斯达在色拉寺绘制壁画的时候认识了西藏大学的藏文老师嘉措，他以前是色拉寺的僧人，有空时就会来色拉寺看罗布斯达这些年轻人画壁画，有一天嘉措老师突然对画师们说：“你们都年轻，绘画技术也特别好，但这些还不够，如果能去大学学习文化知识的话，以后一定会有大发展。”当时罗布斯达就心动了，回到日喀则之后，他就向刚坚公司请假三年，要去西藏大学学习。但因为他当时是刚坚公司绘画组的负责人，公司不同意，他就辞职去拉萨找嘉措老师。嘉措老师把自己在西藏大学上课时休息的房子借给罗布斯达，让他以旁听生的身份学习，主要学习藏族文化、藏族历史，有时候也到艺术学院去听课，就这样过了三年。当时没有经济收入，家人反对，罗布斯达就用自己的积蓄，一日三餐就吃糌粑，嘉措老师有时会给他一些餐票，让他去学校餐厅改善生活。罗布斯达有个叫曾智的僧人朋友当时正好在色拉寺学习，经济上比较宽裕，每周六晚上都会从色拉寺来西藏大学请罗布斯达吃饭，讨论问题。在他们的支持下，罗布斯达终于顺利完成了学习任务，使自己的综合素质得到极大的提升。

西藏三大重点文物保护维修工程于2002年6月26日正式开工，总投资为33330万元人民币，其中，布达拉宫维修工程投资17930万元，罗布林卡为6740万元、萨迦寺8660万元。布达拉宫的壁画维修工作是由敦煌研究院来做的，坛城殿里有一块比A4纸大一点的壁画，不知道画的是什么内容，布达拉宫有一个叫丹增的僧人，出家前曾经是罗布斯达的学生，很热爱绘画，敦煌研究院就请他去补缺失的壁画内容。他看了以后也不知道该补什么内容，于是就请罗布斯达去看看，罗布斯达见图案下面有藏文解说，仔细研读后，发现周围的壁画讲的都是五世达赖喇嘛的故事，于是就回家翻看五世达赖喇嘛的传记，认为缺失的壁画应该是五世达赖喇嘛本尊休息时所见的那些神圣事物。用了4天时间，罗布斯达和丹增一起复原了壁画，做到了和周边的壁画完全对接。

在壁画修复方面，布达拉宫管理处的同志吸收了罗布斯达提出的将现有壁画临摹在唐卡上进行保存的建议，坛城殿的壁画都是七世达赖喇嘛格桑嘉措时期绘制的，壁画的内容特别丰富，精细程度可谓巧夺天工。临摹工作从2005年开始，罗布斯达在临摹壁画的时候，还研读了七世达赖喇嘛的传记，查看大量经书，一共用了8年的时间，2014年画完了所有绘画，2015年补充了后续的文字（图3–4）。从2016年7月开始，这些唐卡在布达拉宫展出了两个月，被布达拉宫永久收藏。这项工作的完成，为罗布斯达赢得了良好的社会声誉。

图 3-4　罗布斯达在布达拉宫临摹壁画

（四）勇挑重担，创建唐卡画院

进入21世纪后，面临鱼龙混杂的拉萨唐卡市场，罗布斯达不愿只做一名普通的唐卡画师，而是坚守传统，熬过唐卡行业的低潮期，以一己之力创办了唐卡画院（图3–5），并且积极与政府文化部门合作，为勉萨派打造出一个传播艺术的高层次平台，成为勉萨派兴盛的“中流砥柱”。

图 3-5　西藏唐卡画院

为了改善生活条件，罗布斯达在2000年的时候成立了“堆觉百吉藏族美术室”，因为那时唐卡的价格不高、游客少，所以收入不多，平时还要去寺院画壁画，才能维持生活。那时学习唐卡绘画的学生改行的很多，是整个唐卡行业最低迷的时期。

2005年，国家开始保护非物质文化遗产，但申报非物质文化遗产项目时，要追根溯源，说清楚三代以上的师承关系，罗布斯达进行研究后发现，后藏画派“藏吉”可以追溯到勉萨画派，2009年就以勉萨画派的名字进行了申报。与勉唐画派、钦则画派和噶玛嘎赤三大画派相比，勉萨派是西藏最年轻的一个画派，创立于17世纪，已经传了十三代，主要以精细著称，特别注重佛像、山水风景、动物、服饰等内容的修饰，追古·曲英嘉措大师是勉萨派的代表性人物，曾担任四世班禅大师的专职画师，获得“乌钦”称号，他的绘画水平在整个后藏地区是最高的。曲英嘉措大师不是一个普通的唐卡画师，他还精通佛教显宗、密宗，是一位有大成就的佛学大师。曲英嘉措大师不仅受四世班禅大师的器重，也深受五世达赖喇嘛的青睐，在扩建布达拉宫时，五世达赖喇嘛邀请他从日喀则到拉萨，绘制白宫里重要大殿的壁画，当时关于人类起源的壁画都是由曲英嘉措大师画的，现在还能看到一些，因为曲英嘉措大师在创作时有在作品后面留诗的习惯，所以很好辨认。就勉冲·平康家族来说，罗布斯达的曾祖父土多是第一代，爷爷达瓦顿珠是第二代，舅舅巴桑杰古是第三代，罗布斯达是第四代传人。因为在申报非物质文化遗产的时候需要有一个牵头单位，于是罗布斯达就创办了勉萨派唐卡艺术发展中心，从那时起，国家和自治区的一些大型活动都会邀请他，2009年他参加了在苏州举办的"吉祥哈达"西藏文化艺术展，2010年先后参加了在北京举办的"巧夺天工"中国非物质文化遗产百名工艺美术大师技艺大展、在山东举办的首届中国非物质文化遗产博览会、在拉萨举办的首届"指尖神韵"勉萨派唐卡艺术作品展。2011年勉萨派唐卡入选国家级非物质文化遗产代表性项目名录（图3-6），罗布斯达又参加了在北京举办的"薪火相传"中国非物质文化遗产传承人师徒同台展演，并于当年举办了藏族唐卡（勉萨派）传承人罗布斯达个人唐卡作品展。经过两年的运营，勉萨派唐卡在国内产生了一定的影响力后，罗布斯达开始筹建西藏唐卡画院，目的在于搭建一个有利于推广西藏唐卡文化的更高平台。经过一年多的审批，2012年1月6号正式拿到批文，属于民办非企业社会组织，当时注册资金是33万元，几乎耗尽了他的全部积蓄。

图3-6　唐卡画院获得的各级非物质文化遗产称号

西藏唐卡画院的成立，给罗布斯达搭建起了一个实体平台，为学生创造了一个舒适的学习环境，也有了可以集中展示作品的场所。

个案1：20岁的DZTJ①家里是开茶馆的，他从小不喜欢读书，但对画画有浓厚的兴趣，读了小学三年级后辍学，一直在拉萨市少年宫学画画。2009年时，母亲带他到药王山拜罗布斯达为师，开始学习绘画唐卡，成为当时初级班中最小的学员，由罗布斯达和大弟子贡觉杰共同教他，贡觉杰教他白描，罗布斯达进行点拨，因为DZTJ从小没有学过藏文，所以贡觉杰还要教他藏文。他学得特别辛苦，先后学习了制作碳笔、做画布、做画笔、背诵《度量经》、使用度量尺、画本尊、画山、水、树等，光白描就学了4年，学会着色半年后，进入了高级班，现在已经在着色上花了4年多时间，还想再学一年，他从18岁开始

① 为尊重报道人的隐私权，根据一些报道人的意愿对其姓名进行了必要的处理，后文如无特殊说明，亦属同一情况。

从画院领工资，能够养活自己，希望通过自己的努力，在30岁时成为一个有名的画师。

个案2：26岁的CR是罗布斯达的侄子，从14岁时到拉萨跟随罗布斯达学习唐卡，已经学习了12年，因为小时候在老家帮爷爷磨制颜料，也观摩唐卡，耳濡目染的时间长了，所以学习唐卡时进步很快。但是因为没有上过学，所以到拉萨后在大哥贡觉杰的安排下，专门去学习了藏文，自己下功夫背诵经书，到图书馆去看历史书，增长知识。现在又在报班学习汉语。2013年参加了西藏的唐卡比赛，获得第三名。2015年参加西藏唐卡艺术博览会，创作的白度母唐卡得了一等奖，但作品没有出售，而是放在展厅里展览。他希望能够通过自己的努力成为一名西藏工艺美术大师。

建了唐卡画院后，罗布斯达便向西藏自治区文化厅申请项目，帮助文化厅组织唐卡艺术博览会，为画师的交流创造条件，不断有媒体、国内外参观团前来参观、学习，对提升唐卡画师的名气和社会地位都有很大的推动作用。一般西藏自治区文化厅组织非物质文化遗产传承人到区外参加展览，只要有唐卡类别的代表就会让唐卡画院派人参加。2012年，唐卡画院先后组织人员参加了全国非物质文化遗产生产性保护成果大展、浙江（义乌）中国非物质文化遗产博览会，罗布斯达带上一些唐卡的成品和半成品，在展览地现场作画，介绍和宣传唐卡文化，可以说很好地发挥了传播唐卡艺术的作用。现在，唐卡画院已经成为传承西藏唐卡艺术的重要民间力量。（图3-7）

图 3-7　罗布斯达绘制的唐卡作品

（五）坚守传统，传承非物质文化遗产

罗布斯达秉承唐卡绘画“以祖为师”的传统，并不只将唐卡绘画视为一门技艺，而是作为一种文化来传承。他严格按照最传统的方法来训练唐卡画院的学生，力求培养精通唐卡绘画及其附属技艺的全能型学生。他还因地制宜地申请了与之相关的非物质文化遗产项目，使优秀的唐卡作品能够传世。（图3–8）

图 3-8　罗布斯达在指导学生

使用天然矿石颜料是唐卡和壁画色彩鲜艳、经久不变的主要原因（图3–9）。为了追求经济利益，现在市场上出现的新式颜料很多，但是有职业道德的画师一般是不用这些颜料的。除了颜料以外，壁画墙面的处理也很重要，但是现在会这些传统技艺的艺人越来越少了，为了使这些技艺能够传承下去，西藏唐卡画院申报了一项名为壁画绘制技艺的非物质文化遗产项目，其中就包括墙壁处理技艺。

图 3-9　颜料

罗布斯达认为，要当一名唐卡画师并不容易，必须要学会全套手艺。为了保留传统技艺，他专门培养了制作画笔的学徒。西藏唐卡画院使用的画笔都是自己做的，现在八廓街出售唐卡的店铺有近百家，唐卡画师人数众多，但基本上看不到传统的画笔。画笔制作技艺失传了，唐卡文化就会变得残缺不全，于是西藏唐卡画院就将唐卡画笔制作技艺申报了自治区级非物质文化遗产代表性项目名录，还培养了两个传承人：一个是40岁的米玛，一个是20多岁的达瓦，都是日喀则人，专门在日喀则养猫、剪毛，给唐卡画院制作画笔　（图3-10）。为了宣传唐卡文化，罗布斯达专门制作了一批画笔，在西藏藏博会上以成本价出售，社会反响很好。此外，他还教学生们烧制白描时使用的炭笔。

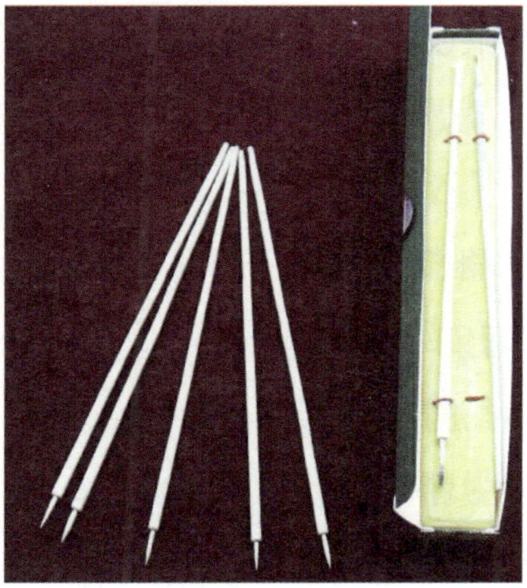

图 3-10　画笔

因为在西藏大学学习时，学习和掌握了论文写作的方法，罗布斯达就结合梳理勉萨派历史时的心得，写了一些藏文论文，在《西藏研究》（藏文版）上先后发表了《藏族传统壁画绘制方法概述》（2009）、《勉萨派绘画源流考》（2012）、《藏族画笔制作技艺研究》（2015）等文章，在《西藏大学学报》（藏文版）上发表了《勉萨画派创始人追古·曲英嘉措大师诞生地及其绘画艺术研究》（2015），还有一篇题为《谈唐卡艺术的传承与未来发展》的文章被《第二届中国唐卡艺术节高端论坛论文精选集》（2015）收录，主要对唐卡和壁画的绘制过程、各种仪式进行了论述。

从勉冲·罗布斯达的成长经历来看，民间的传统培养模式使其掌握了唐卡绘画技艺，成为一名唐卡画师，而三年的大学教育则开拓了他的眼界，提高了他的文化素养，使其掌握了从事唐卡学术研究的方法，更顺畅地与唐卡行业以外的社会各界人士沟通交流，进而面向更多的人推广、弘扬唐卡文化。从这个意义上来说，三年的大学教育是其获得成功不可或缺的重要因素。

三、女性唐卡传承人的出现

历史上，唐卡画师都是以男性为主，但在唐卡行业中流传着关于女画师的传说，只是无法进行考证。21世纪以来，西藏唐卡行业中逐渐出现了女学徒，近几年人数还在不断增加，甚至有区外美术专业毕业的女大学生专门到西藏拜师学艺。

个案3：23岁的CG来自日喀则，因为家庭贫困，为了有一技之长，就来到西藏唐卡画院学习。经过五年多的学习，已经掌握了打磨画布、制作碳笔、配色等技能，学会了白描、着色和勾线等技术，只是在点睛方面还需要老师指点。

个案4：25岁的NZ是拉萨市达孜县人，在唐卡画院学习了七年多的时间，已经全面掌握了唐卡绘制技艺，现在可以独自作画了。因为女性心思缜密、性格安静，所以在绘画时对细节的处理要比男同学好。她擅长画度母像，已经出售了好几幅唐卡。

除了藏族年轻女性愿意学习唐卡外，也有汉族女性专程来西藏学习唐卡，并且顺利出师。

个案5：四川大学美术学院的女生YZZ大学毕业后，2012年来到西藏学习唐卡绘画，因为没有藏文基础，先花了两年半时间学习藏文，学会藏文后，开始背诵《量度经》、学习唐卡制作技术，因为有比较系统的绘画基础，所以学得比较快，到2016年年初就学成出师。

总的来说，与男性学徒相比，现在西藏学习唐卡绘画的女性在人数上还是偏少。我们在调查中发现，很多老画师对女性学徒都特别包容，认为除了生孩子会耽误几年时间外，做一名女性唐卡画师还是一个不错的职业，家人也会比较支持。可以看出，随着西藏经济社会的发展和进步，对女性学习唐卡的限制也正在逐渐消失。

第三节　唐卡传承人培养的新途径

目前，西藏唐卡传承人的培养仍然是以民间培养为主、高校培养为辅。一些中途辍学的农牧区青少年在家人的安排下进入唐卡画师开办的民间学校学习，学得一技之长养家糊口，一些成长起来的优秀画师又开店收徒，继而不断吸收新生力量进入到唐卡绘画技艺的传承队伍。通过高考的学生则可以进入西藏大学或拉萨师范高等专科学校学习，成为“学院派”中的一员。但是这些大学生毕业后都会参加公务员考试，希望成为一名公职人员。因此，就现阶段而言，唐卡绘画技艺的传承任务仍依赖于民间力量，而不是高校。

就民间传人培养情况而言，信息时代的到来也对师父的教授方式造成了挑战，学徒遇到好的唐卡作品就用手机拍照保存，也在网上下载优秀的唐卡作品，根据自己的兴趣爱好进行临摹，这使学徒的个性化发展得到充分发挥，不再潜心于跟随师父学习一派画法，成为专才，有的学徒也开始尝试创作脱离宗教题材的新型唐卡。但学徒的这一做法仅能从视觉上感知唐卡风格、设计等方面的相关内容，并不能掌握与之相关的绘画技法。唐卡作为一种借助于手和笔来完成的民间艺术，学徒只能通过自己的手娴熟地用笔表现出自己所想表现的特定内容。因此，学徒提升自身唐卡技艺水准的便捷路径只能是忠实地反复临摹前辈大师的经典作品，并在这一过程中由师父将自己的实践心得、心法传递给学徒，学徒再融入自己的理解，并在唐卡作品中表现出来，这是培养优秀传承人的基本规律。否则，无论有的人唐卡理论功底多么深厚、收集多少派别的唐卡图案，都不等同于其实际掌握了唐卡绘画技艺。

借鉴已经取得成功的案例，我们认为可以采用以下方式培养唐卡传承人：

一、采取民间教育与大学教育互为补充的培养模式

唐卡属于非物质文化遗产中的传统手工艺，体现出藏文化体系中的认知系统、知识系统和技艺系统，唐卡传承人的培养目标是训练能够传承唐卡绘画技艺的人，其核心在于“能画”。学徒跟随师父，经过较长时间的专注和反复练习，掌握与唐卡绘画有关的全套知识，这是成为唐卡画师的前提。而大学教育则是一种以普遍知识和专业理论教育相结合的教育模式，唐卡绘画只是藏族美术专业学生诸多课程中的一门必修课，且以教授唐卡的普遍性知识为主，学生还要兼顾其他课程的学习，投入到一门课程上的时间是有限的。大学阶段的学习，学生只是了解了唐卡绘画的基本知识，而没有掌握“能画”的技艺。所以，大学生的学习主动性不如民间唐卡学徒，这是由学校唐卡教育的不足所致。

民间教育在当代也存在一定的不足，那就是传承人只是“能画”、达

到了工匠的水平，但与外界交流和沟通的能力有限，很难将自己的绘画技艺完整地展现给世人，更不能对唐卡的内容进行深度阐述。而现有的国家政策为解决这一问题提供了思路。自2015年起，文化部依托高等艺术院校、综合性大学和研究机构，全面实施“中国非物质文化遗产传承人群研修培训计划”，分别针对高水平的传统工艺传承人、中青年传承人、学徒等群体，开展研修、研习和普及培训等不同层次的培训，帮助非物质文化遗产项目持有者、从业者等传承人群加强基础、开阔眼界、增加学养，提高文化自信和可持续发展能力。[①]西藏唐卡传承人已经在青海民族大学、西藏大学等高校参加过类似的培训班。“中国非物质文化遗产传承人群研修培训计划”给他们提供了一次与大学亲密接触的机会，他们能够在大学里与授课老师交流切磋，学习到文化知识。但也存在培训时间太短、同行间不能充分交流的不足。

对于唐卡传承人的培养来说，首先要接受民间教育，达到“能画”的水平，然后再择优送到大学进行重点培养。最近几年，国家给西藏下拨了大量奖补资金，可以充分利用这些经费开展唐卡传承人培训工作。参照勉冲·罗布斯达的成功经验，从民间唐卡学校中选拔品学兼优的年轻画师到相关高校进修，系统学习中国美术史、西方美术史、藏学概论等文化课程，经过2~3年的学习，提高其文化素养、拓展其知识面，使其成为既能画、又善学的复合型人才，为西藏唐卡走向世界培养高端人才。

二、发挥高校的智力优势，利用科研优势助力唐卡传承人培养

非物质文化遗产的核心在人，但光凭唐卡画师只能实现技艺的传承，而不能使其文化思想得到延续，应该在西藏大学对唐卡和画师现

① 王学思.提振精气神 激发新活力——盘点2016非遗保护关键词[N].中国文化报，2017-1-11（8）.

有科学研究的基础上，与涉及唐卡研究的中国艺术研究院、中央民族大学、西南大学、首都师范大学、青海民族大学、西北民族大学、中央美术学院等高校和科研院所进行学术交流与合作，开展更高层次的学术研究，同时对西藏唐卡的传承人口述史进行调查，对民间唐卡学校进行长期性追踪研究，建立唐卡传承人资源数据库，对唐卡传承人培养模式进行系统研究，为唐卡传承人拓展学术视野提供智力层面的系统支持，使唐卡传承人在与高校科研人员的互动中，能以另一视角剖析唐卡的美学形态。在这个过程中，科研人员将优秀唐卡传承人的成长经历、绘画技巧、心得体会等记载下来，总结其绘画理论，为年轻的唐卡画师和学徒提供参考资料。通过上述种种做法，达到唐卡传承人与高校科研人员协同发展、互惠合作的目的，让唐卡更好地融入现代人的日常生活。从高校学生培养的角度来说，也可以以“非物质文化遗产”进校园的形式，邀请众多年轻的唐卡传承人进入校园，通过各种展示和交流活动，提升唐卡专业的大学生和研究生对唐卡的认知水平和绘画水平，以吸引更多年轻人从事唐卡学术研究。

三、成立由著名唐卡学校领衔的西藏唐卡行会，规范唐卡传承人的培养方式，将生产性保护与唐卡传承人的职业前途相结合

在西藏的旅游纪念品中，唐卡因为其独特的文化内涵成为游客的首选旅游纪念品。西藏唐卡在与旅游业的不断融合中，开始从神圣的宗教用品转向世俗的旅游纪念品，改变了以往单纯供藏传佛教寺院和信徒使用的局面，以艺术品、旅游纪念品、收藏品的多种面目出现，被更多的游客和商人追捧，市场前景十分广阔，巨大的市场需求吸引了众多西藏民众加入到唐卡的文化生产过程中来。截至2016年底，西藏唐卡艺术从业人员已超过3000人，从事唐卡产业的人数超过万人，唐卡年销售额首次突破亿元，形成了以拉萨为中心，日喀则、昌都为

支撑的唐卡市场。唐卡画师也出现了向拉萨集中的现象，“西藏唐卡艺人群体已经处于一个高度集中化和城市化的发展阶段。”[①]在这样的快速发展过程中，手绘唐卡质量参差不齐，市场上还出现了大量尼泊尔唐卡、纸质唐卡、印刷唐卡和水粉唐卡，在经济利益的驱使下，西藏唐卡市场的经营无序化状态较为突出。为解决这一问题，西藏自治区出台了唐卡分类地方标准，按照材质和制作方法、内容和题材、风格和流派，对西藏唐卡进行了分类。[②]但西藏自治区相关政府部门对唐卡传承人的培养方式尚未进行规范，传承人培养处于自行发展的状态。而来自游客和唐卡收藏者出高价购买唐卡的市场行为用真金白银颠覆了唐卡传承人的既有培养模式，使很多学徒走上了过度追求经济效益的短平快的学习之路，导致唐卡传承人的技艺水准参差不齐、制作出的唐卡作品良莠不齐。简言之，西藏唐卡虽有因旅游消费有了巨大的商业市场，但也给唐卡传承人的培养造成威胁。

我们认为，在国家对西藏“两屏四地”的发展战略定位中，唐卡作为西藏的重要文化名片之一，是中华民族特色文化保护的重要体现物，属于西藏市场化程度较高的非物质文化遗产，现在和将来较长一段时间内都会处于供不应求的状态，可以参考国家关于非物质文化遗产生产性保护的相关规定进行规范化保护。作为西藏非物质文化遗产中保护较好的项目，唐卡已占据一定的市场，完全具备生产性保护的条件。而现实的问题是急需成立唐卡行会，集聚民间力量，“通过制定行规、整合行业内部秩序，通过严格的行规会法，规范人们的竞争行为，避免各种不正当竞争，维持商业秩序的稳定，同时对外调节各行业及同行业内不同行帮间社会矛盾的功能。”[③]青海唐卡画师已经成

① 李健.西藏的唐卡艺人：职业行为变迁与多元平衡策略[M].北京：社会科学文献出版社，2016. p119.

② 尕玛多吉、李键.西藏出台《唐卡分类》地方标准[J].光明日报，2016-6-21（9）.

③ 苑利.为什么需要“工匠精神”？[J].文史知识，2016（9）p8.

立了唐卡保护协会，制定了相关章程，限定了画师对唐卡原料的使用范围，维护了按照传统技艺绘制唐卡的画师的切身利益。

目前，西藏现有的四家国家级非物质文化遗产生产性保护示范基地中，涉及唐卡绘画的有拉萨市城关区古艺建筑美术公司、西藏唐卡画院两家单位，后者是一家非企业性的社会组织，以绘制、出售唐卡为主，成功实践了文化部提出的“项目+传承人+基地”模式，培养了一批年轻画师，绘制和收藏了大量精品唐卡，在唐卡行业中享有良好声誉。可以借鉴青海省唐卡行业的有效做法，充分发挥唐卡行业引领作用，成立各类唐卡民间学校和作坊广泛参与的西藏唐卡行会，选出行业内认可的唐卡企业出任会长职位，发挥化解矛盾纠纷，维护行业稳定，淡化政府干预的行政色彩，突出民间事民间办原则，维护会员单位的合法权益。通过唐卡传承人的内部协商，出台唐卡传承人培养方案指导手册，从唐卡技艺掌握能力、设计能力和市场经营能力，以及从业伦理方面出台完整的行业规范标准，供各唐卡民间学校参考使用，培养出既有精湛技艺又有良好市场经营能力的唐卡传承人。

四、加强对女性唐卡传承人的培养和扶持力度

2016年6月，联合国教科文组织召开《保护非物质文化遗产公约》第六次缔约国大会，在《实施〈保护非物质文化遗产公约〉业务指南》中补充了非物质文化遗产传承与性别、就业方面的议题，指出民众如果能以非物质文化遗产为职业，是适应传承者实际生活的有尊严的就业形式。[①]我们要充分考虑到女性学徒的体会，认识到女性唐卡传承人可能赋予唐卡新的创新的可能性，通过唐卡传递出的价值观和家庭的期望，加强对女性唐卡传承人的扶持力度，将唐卡绘画技艺视为

① 联合国教科文组织亚太地区非物质文化遗产国家培训中心. 2003年〈保护非物质文化遗产公约〉基本文件（2016年版）[Z].2016. p78.

实现性别平等的有效途径，使更多人理解在唐卡的特定表达中性别角色的多样性。使女性通过学习唐卡绘画获得自食其力的工作，使其增加自己和家庭的经济收入，提高生活水平，更好地实现性别平等。

在市场经济条件下，与其他涉藏工作重点省相比，西藏唐卡的优势已不复存在。加强对西藏唐卡传承人的培养和扶持力度，必须坚守传统培养模式，充分发挥现有国家级非物质文化遗产项目代表性传承人的作用，用好国家政策，将民间传统培养模式与学校教育相结合，发挥唐卡传承人的主体性作用，以包容的心态看待文化创新。只有这样，才能确保西藏唐卡的生命力更加旺盛和不断传承。

第四章 藏刀传承的两种路径对比研究

历史上，刀在西藏民众的生产生活中曾经扮演着重要角色，既是重要的防身武器，也是不可缺少的餐具，逐渐形成了藏刀这一具有民族特色的刀具。千百年来，西藏民众创造出了佩带腰刀的习俗并传承至今。由于市场需求，西藏各地都有铸刀之俗，其中又以拉孜藏刀、易贡藏刀的铸造工艺最为著名，深受人们推崇。现在，这些藏刀的实用性正在不断减退，而审美性逐渐增加，演化成了名贵的民族工艺品，并且不再局限于为西藏民众服务，而是走出西藏、甚至走出国门，成为人们的收藏品。面对这种现象，制作藏刀的非物质文化遗产传承人群体也发生了分化，呈现出了不同的传承路径。

第一节 易贡藏刀的创意性重构

生产性保护是我国非物质文化遗产保护实践中所采用的一种重要方式。为促进非物质文化遗产生产性保护的发展，文化部在2012年下发的《文化部关于加强非物质文化遗产生产性保护的指导性意见》中对非物质文化遗产生产性保护进行了定义：非物质文化遗产生产性保护是指在具有生产性质的实践过程中，以保持非物质文化遗产的真实性、整体性和传承性为核心，以有效传承非物质文化遗产技艺为前提，借助生产、流通、销售等手段，将非物质文化遗产及其资源转化为文化产品的保护方式。目前，这一保护方式主要是在传统技艺、传统美术和传统医药药物炮制类非物质文化遗产领域实施。[①]而易贡藏刀的传承正好符合非物质文化遗产保护的生产路径特征。

一、易贡藏刀的历史和铸造工艺

易贡乡位于波密县西北方，距离县城130公里，与易贡茶场、易贡国家地质公园相连。易贡河谷海拔最低1900米，最高2300米，年均气温11.4℃，年降水量960～1100毫米，由于受雅鲁藏布江水汽通道的影响，易贡的风光具有典型的亚热带特点，森林密布，山清水秀，四季如春。境内地质活动十分活跃，地形地貌千奇百怪。下辖贡仲村、格通村、沙玛村、通加村、江拉村等5个行政村，有人口2242人。易贡乡矿产资源丰富，主要矿藏有铁矿、金矿、银矿、铅矿、铝矿等，这为易贡藏刀的铸造提供了物质基础。

文化是动态的、不断发展变化的，处于一个不断生产和再生产的过程中，通过不断的“再生产”维持自身平衡，使社会得以延续。易贡乡出产的藏刀名为“易贡波治加玛”，因为刀身中央有三道细长的彩虹图案贯穿始终，所以又称“虹刀”，为波密县易贡乡独产。

历史上，易贡藏刀以刀身细长著称，长度在100厘米左右，因为刀太长，别在腰里单手无法拔出，就在刀把上系上牛皮绳连在手腕上，拔刀时先将刀从刀鞘中拔飞出去，而后用牛皮绳拉回到手中握紧。后来根据贴身近战的需要，为便于挥舞，将刀刃的尺寸定为“三拃三指”（藏语为“炮松柔松”），长度约70厘米，这是艺人们在长期铸刀实践和使用者的反馈中总结出来的最佳尺寸，整个刀呈现出轻便、锋利无比、不易生锈、波纹永在的特点（图4-1）。易贡藏刀根据刀的

① 文化部关于加强非物质文化遗产生产性保护的指导意见[EB/OL].http：//59.252.212.6/auto255/201202/t20120214_28183.html.2012-2-2.

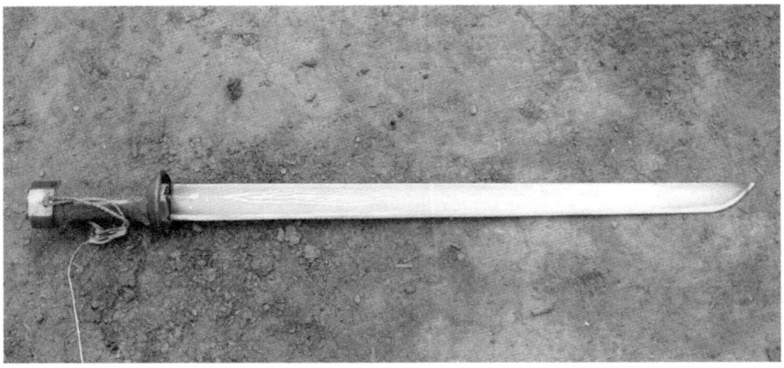

图 4-1　易贡藏刀

锋利程度可以分为三类：能够吹毛断发的刀叫作“利刃”；只需一刀就能把犏牛和驮鞍同时砍断的刀叫作“牛鞍同断”；传说有人出一百只羊的价格还舍不得卖的刀叫作“百只羊”。[①]历史上，易贡藏刀是专供波密地区上层人士使用的，普通人无权使用，被视为身份和地位的象征。藏族民众认为易贡藏刀往往与好运气和财富联系在一起，年代久远的易贡藏刀能起到辟邪的作用。随着社会经济的发展，现在一些富裕家庭都会购买易贡藏刀摆放在家中的显眼位置，用这种曾经负载历史特权的刀具来衬托自己的美好生活。

谈到易贡藏刀的来历，易贡乡没有人知道易贡藏刀的制作技艺由谁所创，即使易贡乡拉嘎村的老艺人也不清楚。现在，易贡乡共有中青年两代铸刀艺人15名，除一家人在自己家里设有作坊，两兄弟联手铸刀外，其他人都在乡政府修建的公房中各自打造藏刀。

（一）铸刀原料的来源

历史上，易贡藏刀的原料主要由易贡的“娘日加”“怕敢色布加”和工布的“扎桑邦加”不同的三种铁料铸造而成，人们通常称之为“藏铁”。在林芝流传的歌谣《三种铁铸的宝刀》唱道：“战神比众神好，盔甲比堡垒坚。战神从白色的堡垒，来了！来了！战神来了！我手中一把刀，阿森、亚森、古森三。易贡地的父亲铁一，萨绒地的母铁二，谷地方的兜铁三，三种铁铸把宝刀。刀挥向天空时，蓝

① 根据在易贡乡对藏刀制作工艺的现场调查、对铸刀艺人的集体访谈整理而成。

色天空像布一样劈开；刀横挥出去时，岩石山像切玛般撒下来；把刀收回来时，那林山好像刮胡须一般；刀向地上挥时，把地像切肉般的削起来。”充分说明人们对易贡藏刀的喜爱。

（二）冶炼铁料的过程

易贡藏刀所用的三种铁料中，“怕敢色布加”被称为“公铁”，用于锻造刀背，刀的利钝取决于公铁；“娘日加”被称为“母铁”，用于锻造刀刃，刀的柔韧性取决于母铁；“扎桑邦加”比两者都要坚硬，用在公铁和母铁的连接处，确保刀遇到猛烈撞击时不会碎裂。

易贡藏刀在冶炼过程中要求艺人非常仔细，确保造型独特。首先将这三种铁料分别冶炼成长方形的薄片，然后把两边尖头勾起，打造成“n”字形，并在上面做出特殊标记，进行排序，确保铁料薄片从里到外的排列顺序，然后用大火冶炼，再锻造成半圆形或“n”字形。之后再将厚重的钢板铁料锻造成半圆形或“n”字形，对三种铁料进行包裹后锻造。在这个过程中，一定要非常仔细，反复锻造，直到三种铁料融为一体（图4–2）。这个过程一般需要4个小时才能完成。

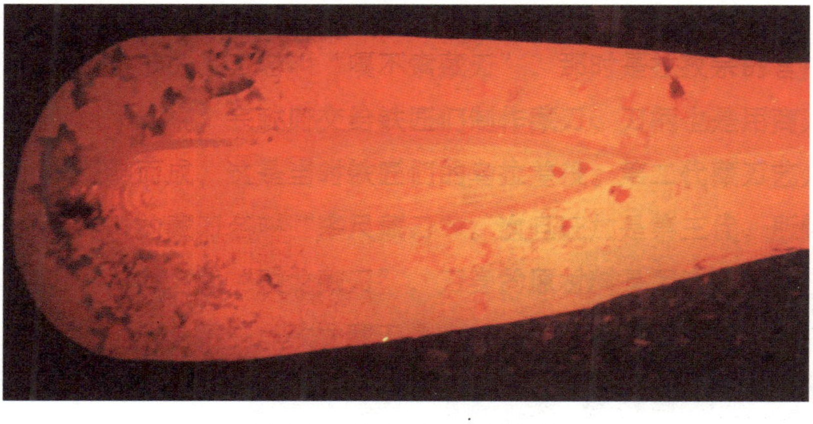

图 4-2　融合到一起的铁料

（三）打造刀型、磨砺刀刃

所有铁料经过冶炼糅合到一起之后，就将铁料锻造成长方形的刀型（图4-3），再根据刀背和刀刃的不同方向进行“指搓”，分完以后，对刀面进行力度均衡地锤打，打出刀刃。然后再检验刀的直度，这个过程大概需要两个小时。接下来就是磨刀，分为四步：第一步为粗砺，在粗砂磨刀石上磨；第二步为刮铁，用“铁臂”刮刀的两面；第三步为细砺，在细砺石上磨；第四步为磨砺，用“铁臂”磨刀口。

图 4-3　锻造刀型

接着是“磨钢”工艺，即把除了刀刃以外的整个刀身都用易贡藏布里的湿泥包好，然后用温火烧烤，并放在竹桶水里淬火，这样会使刀刃锋利、刀身更加挺拔。然后继续对刀身进行打磨，这个过程大概需要一个多小时。

（四）虹解

也被称为直解（图4-4），是铸造易贡藏刀时最出彩的一道工序。传统的直解法是先把红盐稀释到水里，然后涂抹刀身，用草袋将涂好红盐的刀包裹放置7天。泡好之后插到木

图 4-4　虹解

墩上，倒立去干，再擦拭干净。这样的直解工序要反复3~4次，可以使刀的色彩和光泽永不褪色，即使长久泡在水里也不会生锈。

（五）装饰（图4-5）

最后一道工序是使用硬质木料制作刀柄和刀鞘，并用珍珠鱼皮裹紧刀柄，刀鞘外壳用牛皮鞣制缝合，既能确保刀鞘不受外部的损坏，又能发挥美化装饰作用。刀鞘上端用牛皮绳紧扎缠绕，人们佩带时串有吊绳，方便携带。

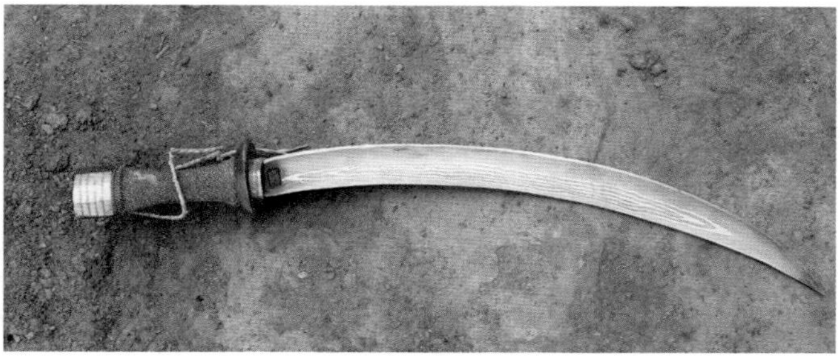
图 4-5　装饰好的易贡藏刀

二、易贡藏刀制作技艺的创意性重构

现在易贡乡的绝大多数艺人在易贡乡政府修建的公房中铸造藏刀，每一个房间中都有炉灶、烟囱和机器设备，也有极个别实力雄厚的工匠在自己家里的厂房中生产藏刀。这些艺人并不是单纯以铸刀为生，他们的主要身份还是农民，农忙时从事农业劳动，农闲时制作藏刀，保持着传统的生活方式。虽然生活平静单调，但铸刀艺人们仍然感受到科技不断进步、经济快速发展、生活极大方便的现代化浪潮，在外力作用下产生应激性反应，对易贡藏刀的形制、功能和工艺不断进行着富有创意的重构。

（一）易贡藏刀形制的多元化

易贡乡地理位置偏僻，从波密县城出发一路向西，过通麦大桥后，向西北方向前行，经过易贡茶场，到达易贡错，绕湖一个小时，过孔德桥，才能到达易贡乡。虽然从通麦大桥到易贡乡只有不足40公里，但是道路崎岖，行车不易。因为路途遥远，除了去观赏易贡地质公园的游客以外，很少有外人到这里，易贡藏刀艺人长期在一种静谧的状态中生活，这也使得易贡藏刀的锻造在相当长的时间里都保持着传统工艺，两名铸刀艺人组合每年只能打造20把藏刀，使易贡藏刀的产量保持在较低的水平，也造成了易贡藏刀长期供不应求。

农闲期间，易贡乡民众最重要的休闲娱乐方式就是看电视，这种看似平常的消遣方式却在21世纪对易贡藏刀的发展产生了重大影响。2004年，中央电视台热播历史剧《成吉思汗》，剧中蒙古骑兵策马弯刀的雄姿激起铸刀艺人的豪情，他们认为蒙古弯刀非常漂亮，可以表现游牧民族的英雄豪气，于是就开始尝试打造弯刀，很快弯刀就打造出来了，但是却没有易贡藏刀上惯有的彩虹纹路，艺人们经过近两年的不断尝试，终于实验成功，打造出了刀刃长度在80厘米的弯刀（图4–6）。因为造型新颖别致，配上精美的刀鞘，一经推出，易贡乡铸刀艺人们创造出的易贡式弯刀的销量很快超过了传统的长刀。[①]

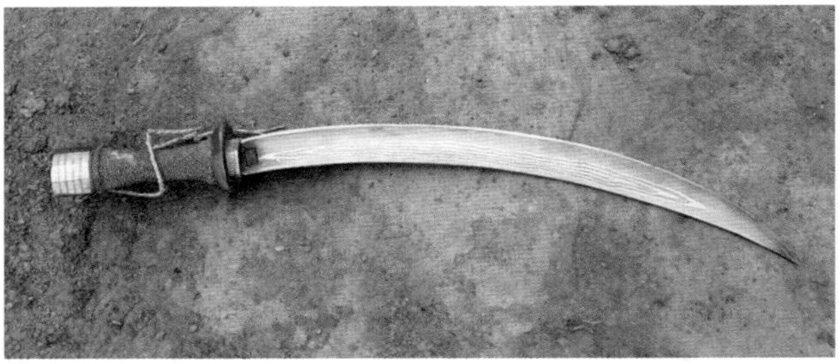

图 4-6　易贡弯刀

除了形制较大的刀具外，铸刀艺人也打造了一些小巧的匕首供家人吃肉时使用，配上黑色的硬塑料刀柄和银制刀鞘，显得古朴大方，既满足了生活所需，也可以作为装饰品使用（图4–7）。随着旅游业的发展，这种匕首在无意中引起了游客的注意，甚至被高价买走。于是艺人们又根据市场需求创造出了长度在15~40厘米的匕首。现在易贡藏刀的刀型已经由传统的长刀拓展为弯刀、匕首和长刀等3种，改变了以前只有直刀的单一形制。

① 根据对易贡乡铸刀艺人的集体访谈整理而成。

图 4-7　易贡匕首

在易贡藏刀形制多元化的过程中体现出藏族民众对一代天骄成吉思汗的崇敬之情，有道是“宝刀赠英雄、红粉送佳人”。宝刀作为冷兵器时代的代表，一直与英雄保持着一种天然的联系，满怀英雄主义情结的男人们则在对英雄的想象和怀念中追求精神上的自由。正是这种精神上无拘无束的享受感和满足感促使铸刀艺人在电视剧的影响下对藏刀的形制进行了创造性的改变，以此向英雄致敬。这不但没有破坏藏刀的本真性，而且附载着铸刀艺人对英雄豪杰的缅怀之情。这种超越了时空、地域和民族界限的情感给易贡藏刀增添了全新的丰富的人文内涵。

（二）易贡藏刀的艺术品化

历史上，易贡藏刀一直以锋利和使用称手著称，这是刀具在传统农牧业社会实用性的体现。现在，随着社会发展和民众生活水平的提高，刀具在民众生产生活中的使用频率大大降低，这使易贡藏刀的实用性受到很大限制，艺术性则进一步彰显，更多是以家居装饰品的形式出现，这也促使易贡藏刀艺人更加重视刀鞘、刀柄和垂穗外部装饰的美观，至于刀的锋利与否则没有人过于关注或进行验证。以前，易贡藏刀不以刀的长短定价，长刀短刀一个价，因为无论生产长刀或短刀，所用工艺都是一样的；但是在市场化背景下，客人询价时都认为刀的价格与刀的长短成正比，刀越长，价格越高，而且不断给铸刀艺人强化这种定价观念，迫使铸刀艺人最终接受了这种定价观念。现在，70厘米的常规刀的价格为2000元左右，弯刀的价格为2500元左右，最短的30厘米的匕首的价格为1300元。有一些福建的客户还觉得常规的易贡藏刀不够长，缺少霸气，特别定制长度超过130厘米的超级长刀，这种刀具的价格极高，每把价格在10000元左右（图4-8）。艺术品制作的过程较之日常生活产品的生产，最突出的特点是其制作、创作过程中的手工技艺主导性。[①]易贡藏刀的艺术品化在近几年表现得更加突出，使其更加适合现代社会人们的观赏需要，无形中也强化了其手工制作的特点，反映出非物质文化遗产的特有本色。

图 4-8　易贡长刀

（三）易贡藏刀的工艺更新

我们在调查中发现，现在艺人们制作易贡藏刀时仍然使用的是传统技艺，纯手工加工而成，只是因为传统矿石采炼不易，在原料上使用了钢板等新材料。制作工具也更加先进，鼓风机代替了牛皮风袋、无烟煤代替了木炭，使用钢材切割机切分钢板，淬火用的水也不再用高山雪水，而是使用易贡藏布河水，制作过程更加快捷，产量也大增，体现出铸刀艺人的创造力、智慧和能力。

① 刘德龙.坚守与变通——关于非物质文化遗产生产性保护中的几个关系[J].民俗研究，2013（1）.

随着易贡藏刀走向市场，由于其良好的口碑，所以价格一路飙升，超级长刀更是以“西藏名刀”的形式出现。随着产量越来越高，易贡藏刀的质量却在下降，不如以往锋利，[①]但是因为其实用性特点逐渐萎缩，人们更加关注其艺术性，所以并没有影响其销路。

我们认为，易贡藏刀因为使用当地出产的特殊铁矿，而在原材料上具有独特性；因为“虹解”技巧而具有制作工艺上的独特性；因为在直刀基础上衍生出弯刀、匕首等形制而具有造型上的独特性；因为易贡藏刀刀身上的虹纹颇具审美价值，表现出民族文化之美，形成了藏族特有的审美意识；根据刀的锋利程度对刀的鉴赏和命名，而具有经验上的独特性。这都是易贡藏刀作为非物质文化遗产的核心价值所在，是易贡铸刀艺人智慧和创造力的结晶，体现出了非物质文化遗产传承人的文化创造力和想象力。

三、易贡藏刀对手工艺类非物质文化遗产生产性保护的示范性意义

（一）形成了极富表演性质的文化场域

易贡藏刀产地偏僻，但却是“酒香不怕巷子深”，成为西藏非物质文化遗产生产性保护的典范，政府部门在其中发挥了非常重要的作用。在过去，铸刀艺人都是散居村中，谁家要打刀，就去请艺人到自己家中来，并负责艺人的饭食。2007年，易贡藏刀入选西藏自治区第二批区级非物质文化遗产代表性项目名录后，波密县政府加大了资金投入力度。2011年，波密县旅游局出资400万在易贡乡拉嘎村兴建了一排公房，[②]为艺人们提供了铸刀场所，在公房中形成了以易贡藏刀文化为中心的文化场域。在十余间一字排开的公房中，墙壁上悬挂着成品

① 根据对波密县文广局干部SLDJ（男，51岁，藏族）的访谈整理而成。
② 根据对波密县文广局干部MM（男，藏族，48岁）的访谈整理而成。

藏刀、古老的牛皮鼓风袋（图4-9），地上的木墩上竖立着半成品藏刀，地面上到处是铁料，钢铁构成了公房中的主角，一个带着吸风烟囱的火炉、迎面扑来的热浪、赤裸着上身的艺人、四处飞溅的火星、铁锤敲打钢铁的叮当声、鼓风机的轰鸣声和淬火的滋滋声交织在一起，

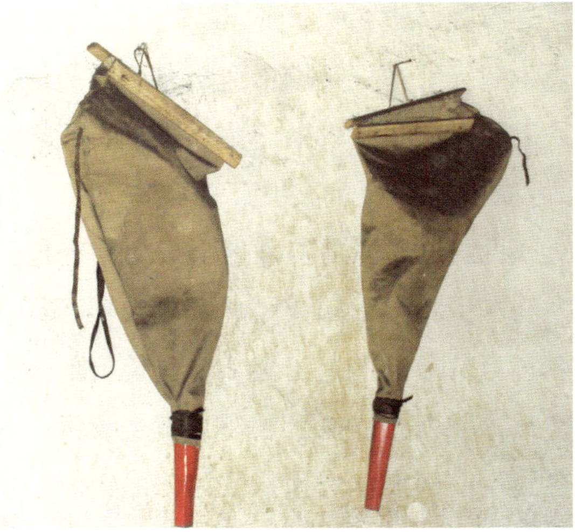

图 4-9 牛皮鼓风袋

奏响了一首关于铁与火的华丽篇章，给前来参观的客人以原始、粗犷之美的巨大冲击，让他们欣赏到前所未有的视觉盛宴。如果赶上饭点，客人还能品尝到带有浓郁地方特色的鸡蛋烙饼、炒野菜、骨把肉等，在吃肉时亲自检验藏刀的锋利程度。“非物质文化遗产是文化，更是生活，是人们生活样式的动态延续，能够适应新的文化生态环境条件并获得人们的文化认同是它能够生存下去的必要条件。”[①]游客亲眼目睹了易贡藏刀的全部制作过程，感受到了铸刀艺人的生活，在当下“手工优于机器”的价值观导向下，易贡藏刀全程手工制作的流程体现出与机器工业时代迥异的文化价值，使游客感受到它的真实、古朴、高贵，认为具有较高的收藏价值，而愿意高价购买。政府部门给外来者提供了一个集中观赏易贡藏刀文化展演的场所，这一举措产生了很好的效果。

① 胡惠林、王媛.非物质文化遗产保护：从“生产性保护”转向“生活性保护”[J].艺术百家，2013（4）p22.

（二）市场调节作用实现了易贡藏刀传承人的有序接力

20世纪末，易贡乡拉嘎村的57户民众中，只有4名铸刀艺人。进入21世纪以后，随着藏刀价格的攀升，这些铸刀艺人大都发家致富，有的艺人的年收入达到了40多万元，有一户铸刀艺人还在2011年购买了越野车。面对巨大的市场需求和巨大的经济诱惑，易贡乡的年轻人也不再外出务工，而是加入到铸刀艺人的行列中。年轻人从学徒做起，潜心学习易贡藏刀的制作技艺，与老艺人相比，年轻人的学习周期大为缩短，一些心灵手巧的年轻人用5年的时间就可以掌握打造易贡藏刀的核心技艺，一对师徒组合一年可以生产近70把藏刀。年轻艺人还根据市场对工艺品的需求，将易贡藏刀分为区内销售和区外销售两种，区内销售的藏刀保持原汁原味，在销往区外的刀面上则创造性地篆刻了文字和花纹，包括汉文、藏文、吉祥图案等，增强了易贡藏刀的观赏性，使刀身显得更加漂亮。年轻人还利用互联网承接订单、销售各种工艺纪念品刀具，不断扩大市场份额，这使易贡藏刀的传承实现了青出于蓝而胜于蓝。

（三）促成了以易贡藏刀为核心的藏文化传播

易贡藏刀在历史上是身份和地位的象征，附载着很多传说和故事，这一表征到了现在不但没有随着时间的推移而消退，反而被富裕以后的民众竞相追求，易贡藏刀也从贵族奢侈品转化为大众消费品。藏刀上面的彩虹纹路作为吉祥的象征成为易贡藏刀独一无二的特点和最大的卖点，它本身就是一种文化，为强化易贡藏刀的独特性，铸刀艺人还创造出了分别在刀身两侧用藏文和汉文书写的“易贡”二字作为商标来标明刀的身份（图4-10）。这

图 4-10　易贡藏刀标志

些带有商标的易贡藏刀进入市场后，以刀为媒，将不同地域、不同民族的人联系在一起，大家在赏刀的同时，将易贡藏刀的历史传说、制作程序、艺人生平等一并带入陌生的人类群体，使人们用口耳相传的形式转述着有关易贡藏刀的历史记忆，也吸引着更多的人到易贡旅游参观。

非物质文化遗产的生产性保护应该贴近生活，使其重新成为民众日常生活舒适化、审美化的实际需要，而日常生活中民众的生活需求和审美情趣左右了非物质文化遗产的生命力。[①]易贡藏刀作为西藏手工技艺类非物质文化遗产项目，之所以能够顺利实现生产性保护，除了铸刀艺人持之以恒的技艺创新精神外，关键在于它所具有的实体价值和历史记忆超越了地域和族别的界限，唤起了人们共同的思想意识和审美情趣，引发了人们的共鸣，催生出了一个很大的文化市场，使易贡藏刀满足了人们在舒适生活中追求审美化的实际需要。而刀的消费群体不断平民化和游客化的趋势，更是发挥了推动作用。但是，无论易贡藏刀的消费群体如何变化，非物质文化遗产保护的是附载在艺人身上的核心技艺，只要非物质文化遗产传承人能够适应现代化浪潮并不断创新，易贡藏刀制作技艺就能传承下去。

第二节 拉孜藏刀的传承

拉孜县位于西藏自治区西南部、日喀则市中部，东距日喀则市150公里，经日喀则至拉萨276公里。全县东西长约69公里，南北宽98公里，总面积4505平方公里。拉孜县下辖9乡2镇，共105个自然村。拉孜藏刀制作技艺于2007年入选西藏自治区级第二批非物质文化遗产代表

① 陈勤建.定位分层、核心传承、创意重构——非物质文化遗产生产性保护的若干思考[J] 辽宁大学学报，2013（6）P8.

性项目名录，2008年入选第二批国家级非物质文化遗产代表性项目名录。拉孜藏刀的传承地就在被当地人称为“老拉孜”的老县城所在地拉孜镇（图4-10）。

图 4-10　拉孜镇（多吉占堆提供）

一、拉孜藏刀的来历

传说拉孜藏刀的起源与唐东杰布有关。唐东杰布（1385—1464）既是创造藏戏的戏神、也是修建桥梁的铁木工匠的“祖师”，是藏族人民心目中智者的化身。他为了给人们提供渡河的方便，就立志修桥，经过广收门徒、考察矿山炼铁、弘扬佛法、教化民众，终于在明宣德五年（1430年）修建了西藏第一座铁索桥——曲水铁索桥。为了能够募集修桥资金，唐东杰布邀请了七位来自山南琼结县白纳家的俊俏聪明、能歌善舞的女子，组成了西藏的第一个藏戏剧团——雅砻扎西雪巴剧团，四处表演募集资金，实现了自己的愿望。唐东杰布一生一共修建了58座铁索桥，60座木桥、渡口和码头木船。[①]拉孜藏刀艺人传说，唐东杰布来到拉孜时，需要在老拉孜河建铁索桥，就在当地挑选了四户人家帮他打铁，这些人后来就成为铁匠，锻造出了拉孜藏刀。1904年江孜保卫战时，藏军需要藏刀和弓箭，当时的官员下令让拉孜藏刀艺人锻造了大量的藏刀和弓箭，为抗击英国侵略者做出了贡献。

拉孜藏刀加工业具有鲜明的民族特色和独特的传统工艺，钢质优良、造型简洁、坚韧实用，既可作生活用具，又可以防身及做装饰之用。拉孜藏刀刀锋锋利，图案雕刻细腻，配有刀鞘。刀鞘由白银或黄铜制成，雕刻龙凤虎狮和锦华等图案，工艺十分复杂。在旧西藏铁匠艺人地位低下，铸造工艺难以有效传承，掌握拉孜藏刀铸造技艺的艺人极少，传承到现在，仅剩4户29人在从事藏刀生产，年产销藏刀300多把，因需求量大而产量极小，往往需要提前预订。

二、拉孜藏刀的制作过程

拉孜藏刀（图4–11）的制作过程一共有制胚、焊接、加固、定边、刻花、上色、刀刃锻造、打磨、抛光等十二道工序。主要的制作流程有：

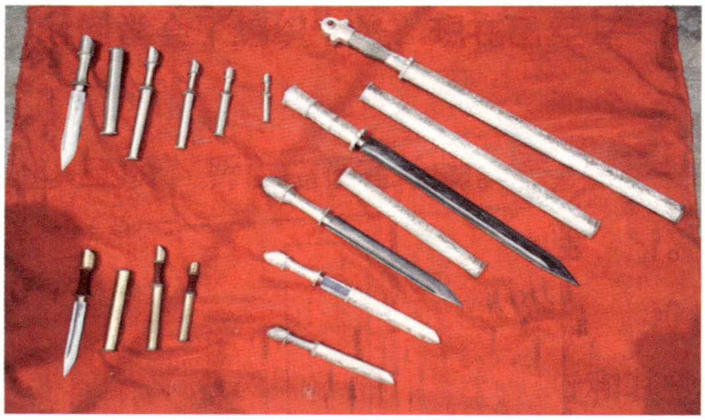

图 4-11　拉孜藏刀成品

（一）选料

藏刀的材料是根据不同的生产需求确定的。历史上，拉孜藏刀艺人锻造刀身用的铁都来自于“绒”这个地方，价格非常高，当时交通不便，全靠人力或畜力背驮回来。西藏和平解放以后，藏刀艺人发现汽车钢板的硬度非常强，是制作藏刀的上好原料，就开始尝试着用汽车钢板锻造藏刀。20世纪

① 高登峰.杰出的藏族建筑师[D].南京工业大学硕士论文，2012.p20.

80年代时，锻造藏刀的铁多使用军用卡车的钢板，现在则多使用大型货车的钢板。拉孜藏刀的刀柄部位要用木头镶嵌，只能用从吉隆口岸进口的一种叫作“多玛”树的木头，一段40厘米长的木头需要花费15~20元人民币。刀套子里面用来夹刀身的木头是从亚东进口的松树，这种木头的主要特点是材质柔软，便于塑形。而黏合木头的胶水是从尼泊尔进口的，一斤60元人民币。刀柄和刀套的银质外壳使用的是名叫“布东”的银子，需要和“比扎”、铜、“噶样”等颜料勾兑后才能使用。而冶炼时烧火用的煤炭，只使用新疆产的煤炭，具有烟灰少、火力大的特点。

（二）锻造刀身、刀鞘和刀柄

工匠将买回来的钢铁放在炉火中反复烧炼后，开始锻造刀身，用大锤和小锤不断敲打钢铁（图4-12），直到钢铁呈现出刀身和刀柄的模样，然后打磨刀刃，回炉煅烧后继续敲打，反复打磨四次，最后使刀身洁净光亮。然后再打制刀鞘，刀鞘分为藏银刀鞘、铜刀鞘和银刀鞘三种。无论是打制哪种刀鞘，密封开合处都是一个具有挑战的技术问题，藏银和银质刀鞘一般用溶化的工业盐来浇灌开合处进行冷却熔合，铜制刀鞘的开合处一般要用熔化的黄铜水浇灌，并冷却熔合。冷却后再将熔合口不光滑、不规则的多余熔合物用刀刮去。刀柄的开合处也要使用同样的处理方法。一般刀柄需要打制成尖形模样。

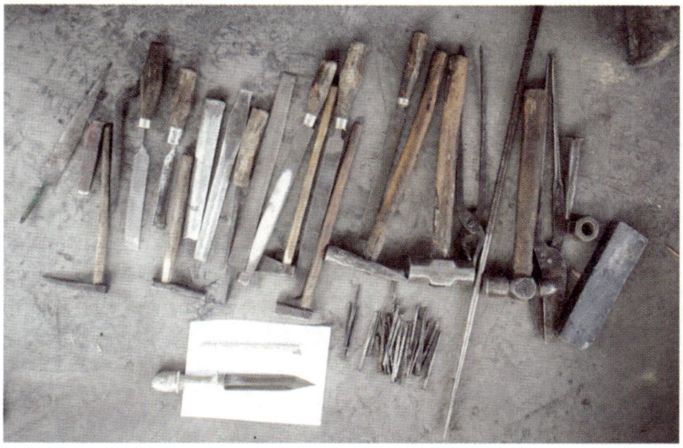

图 4-12　锻造藏刀的工具

（三）雕花

先用铅笔在打制成形的刀鞘和刀柄上绘出花纹图案，然后再根据图案，用刻刀在刀鞘或刀把上沿线刻画，大多数内容为龙凤呈祥，所刻之花大多为莲花瓣，也可以根据客户的需求雕刻其他图案或花纹。刀鞘口处的花纹则需要使用两毫米的铜线或银线，环绕刀鞘口一周，用熔化的铜水或银水固定好铜线或银线的两头，再用刻刀将铜线或银线用力挤压出一个个小豁口，这些小豁口一定要在刀鞘口呈现出规则的形状，才能起到美观的作用。有时，刀把的两端也会用铜线或银线去装饰。

（四）组合、装饰

拉孜藏刀的装饰非常讲究，要求材料一致，铜质藏刀刀鞘、刀把上的装饰物及小配件都必须是铜料打制，银质的刀把、刀鞘也必须通身都是银料打制。用铜水或工业盐来黏合刀柄和刀身上用来系绳子的环圈。在刀柄壳内塞入硬木支撑刀柄，发挥固定刀柄的作用。在刀鞘两边塞入长短合适的长木片，滴入胶水进行固定，藏刀的刀鞘和刀柄装饰好以后，就要用砂纸将刀身和刀柄不光滑的地方打磨光滑，使其看起来更加美观。

（五）开刃

刀柄开刃：只有刀身开刃后，才意味着打造藏刀真正完成。但有的时候，根据客户的需要，刀身是不开刃的。如果需要开刃，就要把刀口处用力打至最薄，然后再用磨刀石反复锤磨，直至刀口锋利无比，才算开刃成功。

以前打制藏刀时，一般都是一个款式，所以选材上不会耗费大量精力，只需批量选品质比较好的藏银或铜即可。现在打制的藏刀基本都是定制，款式和尺寸都是客户说了算，所以在选材上就要多考虑所选材料的多少和材料的分级价位。

锻造一把长刀，一般需要两个人花费10天时间才能完成。

三、拉孜藏刀的传承情况

现在，拉孜藏刀的传承比较分散，主要形成了两个分支：一支是由拉孜镇的普达瓦及其后代和弟子传承，另一支是由柳乡孜龙村的次旦旺加及其后代传承。

（一）拉孜藏刀的授徒传承

普达瓦家世世代代都以打造拉孜藏刀为生，传说先祖汤姆确多拉巴制作的藏刀非常锋利，必须用牛皮包裹三层，才能避免割伤人。普达瓦家族有明确传承谱系的为六代人，第一代多杰平珠，第二代多杰旺杰，第三代白玛多杰，第四代多杰，第五代多杰加布，普达瓦是第六代。普达瓦从15岁开始学习藏刀制作技艺，一方面是因为家里穷，没钱供他上学，另一方面是家族需要传承人。

历史上，普达瓦家族的藏刀制作技艺一直以父子相传为主。到普达瓦手里，他觉得制作拉孜藏刀的工匠太少，如果再不进行改革，拉孜藏刀制作技艺就有消失的危险，于是就通过广收徒弟的方式来扩大传承人队伍。但由于制作藏刀是一项艰苦的工作，很多人都不愿意学，一般都是沾亲带故的人来学习的比较多。因为都是亲戚关系，所以徒弟们不需要行拜师礼，学习期间，师父也不会给徒弟们发工资。

截至目前，他一共收了9个徒弟，分别是孜龙村47岁的旺杰，现在在孜龙村以锻造藏刀为生；35岁的谢通门人多拉，现在在通门乡以锻造藏刀为生，也制作各种铁质农具；31岁的萨迦人次仁顿珠，现在在萨迦县以制作银质生活用品为生；38岁的拉孜镇人旦增、34岁的拉孜镇人欧珠、31岁的拉孜镇人伦珠，三人现在都在阿里以制作屋顶的铁框为生；最后就是他的儿子，32岁的多吉占堆，现在和他一起锻造藏刀。伦珠、欧珠和旦增三人夏天都去阿里打工，制作铁框，只有在冬天时才回到拉孜镇，到普达瓦家的作坊里学习制作藏刀，已经连续学习了5个冬天，基本上学会了打制刀身的技艺，也可以把刀鞘打制成规定的形状，但还不会在刀鞘上雕画。

个案1：今年38岁的洛追是拉孜县芒康乡人，普达瓦的亲戚，和多吉占堆平辈，跟随普达瓦学了两年后，就掌握了制作藏刀的方法。除了学习藏刀制作技艺外，洛追还学会了腰扣制作技艺。2014年出师后，就回到家乡，主要以制作腰扣为生，也制作藏刀。

普达瓦的儿子多吉占堆小时候不愿意学习藏刀制作技艺，14岁小学毕业后去社会上闯荡了好几年，给别人打工。为了家族手艺的传承，在父亲的坚决要求下，他回到家里，18岁开始跟随父亲学习制作藏刀。他学习藏刀制作技艺是从打铁开始的，大概学了近两年的时间，能够熟练地将铁块锻造成刀身，可以制作刀鞘、刀柄的外壳。然后在父亲的安排下，拜老拉孜镇擅长绘制唐卡的同乡学习刻花技艺，跟随师父学了三年之后顺利出师，回家后尝试在刀鞘和刀柄上雕刻花纹。由于这种雕刻工艺与唐卡绘画存在很大差异，前者是在立体的金属上雕刻，而后者是在平面的画布上绘画，所以前者的难度要远远大于后者。多吉占堆不断在铜片和银片上试验，花费了一年左右的时间，才逐步掌握了金属雕刻技艺。在24岁那一年，多吉占堆终于独立制作出了第一把完整的银质藏刀。现在，在与父亲合作的情况下，打制出一把80厘米长的银质藏刀大概需要21天时间，10厘米长的需要2~3天时间。如果一个人单独制作，80厘米长的银质藏刀需要花费一个月，10厘米长的银质藏刀至少也需要5天。从24岁开始到现在，他已经制作了大约四百把各式藏刀。

因为拉孜藏刀做工精美，制作起来比较慢，所以普达瓦父子一年只能生产120把大小不一的藏刀。拉孜藏刀的价格因为长度和装饰的不同而有所不同，如果长度在80厘米，带有银质刀鞘和花纹的价格为每把18000元；长度为30厘米，带有银质刀鞘和花纹的价格为每把1200元，不带银质刀鞘的价格为800元；长度为10厘米，带有银质刀鞘和花纹的价格为每把600~700元，不带银质刀鞘的价格为250元，只带刀鞘、没有任何装饰的价格为100元。父子俩每月能有14000~16000元的毛收入。

普达瓦平时除了锻造藏刀以外，还要给寺院打造佛像，尤其擅长制作大威德金刚的35种手持法器，还制作农牧民生产生活中使用的各种用具。拉孜县的佛教寺院会请他和徒弟制作一些佛教用品，并支付一定的费用，一般是给他一天200元工费，一天给徒弟100元工费。

拉孜藏刀制作艺人也有一些世代相传的禁忌，如不允许别人跨越他们的80多种锻造工具、冶炼灶和打铁铺板"吾朵"等。

在销售方面，由于拉孜藏刀名气很大，所以艺人们从来没有外出推销藏刀，而是客户慕名前来定制或购买。由于制作缓慢，所以一般都需要预定才能买到。拉孜藏刀的刀形主要是直刀，有时也会应牧民的需要制作一些弯刀。

（二）孜龙藏刀的家族传承

次旦旺加是拉孜县柳乡孜龙村人，他的铸刀技术是从外公家里学来的，他们家族的藏刀制作技艺已经传承了四代人，第一代藏刀艺人是丹增，所铸造的藏刀名叫"嘎不索藏刀"，那时是拉孜宗的官商从噶伦堡买回来铁棍，宗政府交给铁匠们制作藏刀，刀柄也是用商人提供的铜丝缠绕而成，这是当时铁匠们的乌拉差役。第二代藏刀艺人是普拉，所铸造的藏刀名叫"多尺藏刀"。次旦旺加是第三代，所铸造的藏刀以地方命名为"孜龙藏刀"，刀身的原材料是用汽车钢板制作而成，刀柄也改为钢制。孜龙藏刀最大的特点是刀身有磁性，可以充当火镰。现在，在传承方面，孜龙藏刀只传给自己的孩子，绝不外传。他37岁的大儿子尼玛旺拉和29岁的小儿子次旦扎西已经学会了藏刀制作技艺。1992年，12岁的尼玛旺拉开始跟随父亲学习，用了5年的时间，掌握了全部制作技艺；2004年，16岁的次旦扎西才开始和哥哥一起学习，现在已经是制刀高手了。次旦旺加一家人凭借孜龙藏刀，一年约有15万元的现金收入。

目前，在拉孜藏刀的传承中，普达瓦家族人多力量大，而次旦旺加家族则人少力量弱。此外，比较著名的铸刀艺人还有普布、琼巴拉等。

（三）拉孜藏刀制作技艺的传承人角色

严格来说，拉孜藏刀制作艺人并不是专门以制作藏刀为生的手工业者，而是不脱离农牧业生产的农牧民，农忙时还要从事农牧业生产，平时利用劳作间隙制作藏刀，只在冬天农闲时才会集中3个月的时间制作藏刀。此外，拉孜藏刀制作艺人作为铁匠，并不是只制作藏刀，还会制作一些农牧业生产中需要的劳动工具，出售给周围的农牧民。从这个意义上来说，藏刀只是制作艺人能够制作的众多铁器中的一种，而不是全部，这与历史上西藏自给自足的农牧业生产方式密切相关。随着商品经济的发展，绝大多数农牧业生产的劳动工具都能在市场上买到，而藏刀作为藏族男子服饰的重要配饰，其实用性逐步降低，而观赏性不断提高，其做工也越来越精致，价格也变得高昂，逐渐从日常用品演化为重要的工艺品。面对这种情况，制作艺人适应市场需求，将制作铁器的重点放在了藏刀上，逐渐缩小了其他铁器的生产规模。尽管如此，手工制作的拉孜藏刀产量仍然偏低，不能满足巨大的市场需求，这刺激了制作艺人的工作热情，使拉孜藏刀制作技艺得到了很好的传承。

拉孜藏刀在西藏的名气之所以这么大，一方面是因为做工精良，另一方面则得益于十世班禅大师的直接关心。20世纪80年代，十世班禅大师到拉孜县视察时，专门观看了普达瓦家制作的拉孜藏刀，当时工匠们要行跪拜礼，但被班禅大师阻止，说：“我跟你们都是人，你们没有必要向我跪拜，我很欣赏你们的工艺，为本民族的传统文化增添了一份光彩。希望你们能把这门手艺传承下去，继续发扬传统的藏刀技术，这样不仅使自己的脸面和铺面闪耀光彩，更是对这个民族做了很大的贡献。”班禅大师还和工匠们握手，让大家非常感动。班禅大师的造访，让拉孜藏刀声名鹊起，从那时起，工匠们就下定决心，虽然锻造藏刀不是很赚钱，但愿意继续锻造拉孜藏刀，打造出传统的民族工艺品，把它推向全世界。[①]经过三十多年的传承，这个故事已经与拉孜藏刀合而为一，成为拉孜藏刀宝贵的无形文化遗产，也使拉孜藏刀的价格水涨船高。虽然拉孜藏刀的价格并不是所有农牧民群众都有能力购买，但很多西藏民众特别是后藏民众有一定的经济能力后都愿意购买一把拉孜藏刀进行佩戴或收藏，拉孜藏刀的名气和口碑也影响到了外国游客，经常有外国友人慕名前来寻找普达瓦和次旦旺加等著名的铸刀艺人购买藏刀，使拉孜藏刀成为拉孜县最著名的旅游纪念品。

如上所述，因为拉孜藏刀采用纯手工制作，产量较低，不能满足市场需求，但是拉孜藏刀又是拉孜县重要的旅游品牌，这就产生了很大的供需矛盾。拉孜藏刀艺人不愿意脱离农牧业生产，而是按照传统生计方式生活，虽然有人愿意出高价将这些艺人聘请到拉孜县城专门从事藏刀生产，但都被艺人们拒绝了。从这个意义上来说，虽然艺人们看到了从事藏刀制作所带来的巨大经济利益，但是他们却不愿意为了赚钱而抛弃自己世代相传的生计方式，不愿意离开家乡，成为一名纯粹的以制作拉孜藏刀为生的手工业者，仍然按照传统手工艺制作拉孜藏刀，沿着自己的生活轨迹生存。这份在金钱面前的淡定和对传统文化的坚守正是非物质文化遗产传承所必需的精神动力，确保了拉孜藏刀的不断传承。

① 根据对拉孜藏刀制作艺人普达瓦（男，57岁，藏族，拉孜县拉孜镇人）的访谈资料整理而成。

第三节 村寨传承与家族传承比较

通过上面的叙述，我们发现，易贡藏刀的传承以村寨传承为主，而拉孜藏刀的传承则是以家族传承为主，两种不同的传承方式体现出不同地区的藏刀制作艺人在文化追求上的差异，也从侧面反映出藏刀制作艺人对所处社会的适应能力，代表着西藏非物质文化遗产传承的不同路径。

一、两种藏刀制作工艺的比较

对比易贡藏刀与拉孜藏刀的制作工艺，我们发现，易贡藏刀制作工艺属于本土性制作，易贡藏刀使用易贡的“娘日加”“怕敢色布加”和工布的“扎桑邦加”三种铁料铸造而成，淬火用的水也是用“优日”山上流下的泉水，而不是使用其他的水，而在制作过程中还要使用易贡藏布里的湿泥进行包裹和烧烤。可以说，在铸刀原料上，易贡藏刀在很大程度上实现了自给自足。而拉孜镇没有生产藏刀的铁矿石，铸刀的原料全部依赖于外地，铁、木头、银和铜都是从外地购买后运回来，成本很高。这就造成了易贡藏刀能够大批量生产，而拉孜藏刀只能进行个体生产的结果。就原料的变化而言，易贡藏刀艺人与拉孜藏刀艺人都不约而同地选用了现代的汽车钢板作为铸刀的原材料，而舍弃了以往自己铸铁和从外地购买钢铁的传统，使藏刀的硬度、韧性和光洁度都大大增加。在制作藏刀的工具上，易贡藏刀使用了现代化的切割机来切割钢板，而拉孜藏刀则还是使用传统的煅烧法来处理钢板。就藏刀的形制而言，易贡藏刀实现了推陈出新，既保留了传统的长度为70厘米的经典直刀“三拃三指”（藏语为“炮松柔松”），又创造性地生产出了长度为130厘米的超级长刀和80厘米的弯刀，实现了形制上的创新。拉孜藏刀仍然延续着直刀传统，也根据牧民的要求创造出了弯刀，在藏刀的组合上进行了改造，打破了制作单把藏刀的惯例，制作出了长短不一的一套5把的藏刀组合。在制作工艺上，易贡藏刀抛弃了传统的铸刀规制，彻底实现了现代化制作。而拉孜藏刀则仍然按照传统方式按部就班地制作藏刀，只是改变了以往不对刀鞘进行装饰的传统，创造出了雕刻白银刀鞘的新工艺，增加了拉孜藏刀的美观度。

二、两种藏刀制作技艺的艺人群体比较

根据我们的调查，易贡藏刀和拉孜藏刀的制作艺人群体都是不脱离农牧业生产的农牧民，生产藏刀是藏刀制作艺人的主要副业，但随着时代的发展，藏刀制作在易贡藏刀制作艺人生计方式中的分量在稳步增加，而农牧业生产的分量在降低，到了收割庄稼的时间，易贡藏刀制作艺人会花钱雇人，在家庭主妇的带领下进行收割，而男人们则专心铸刀。这使得易贡乡一年四季炉火不灭，即使在天气最炎热的8月份，制作艺人依然在藏刀作坊里生产。而拉孜藏刀制作艺人在农忙季节则歇业一段时间，秋收完成后再恢复藏刀制作工作。

在传承方式上，易贡藏刀走的是村寨传承的道路，拉嘎村的藏刀制作艺人广泛收授门徒，只要是易贡乡的年轻人愿意学的，都可以来拜师学艺，突出了传承的地缘性特点。而拉孜藏刀秉承家族传承之道，师徒间大都有亲戚关系，突出了传承的血缘性特点。这两种传承方式的差异使易贡藏刀的制作艺人可以在较短时间内实现人数上的扩充，而拉孜藏刀制作艺人的人数仍然维持在较少的层面。面对市场需求的增加时，易贡藏刀制作艺人有能力抓住机会，制作出更多的藏刀供给市场，而拉孜藏刀制作艺人则没有人力生产出足够的藏刀来满足市场需求，这在一定程度上限制了拉孜藏刀的发展。从年龄结构上来

说，易贡藏刀的制作艺人群体相对年轻，即使是师父的年龄也在55岁以下，而拉孜藏刀的制作艺人群体年龄相对老化，师父的年龄都在60岁以上。年龄上的优势使易贡藏刀制作艺人更能把握市场潮流，适时调整生产规模，获得较为丰厚的经济收益，极大地改善了制作艺人的生产生活条件，从而吸引更多的青少年主动学习易贡藏刀制作技艺，使其能够顺利实现代际传承。拉孜藏刀制作技艺的家族式传承方式限制了制作艺人群体的发展，使其只能走高端化和精品化发展之路，抵御传承风险的能力较弱。

从非物质文化遗产保护主体的比较上来看，波密县易贡乡基层政府非常重视易贡藏刀的生产，投资建设厂房供制作艺人免费使用，促进了易贡藏刀的规模化生产和经营。而拉孜藏刀制作艺人则仍然保持着分散生产经营的状态，政府投入相对不足，这也在一定程度上限制了拉孜藏刀制作技艺的发展。

三、两种藏刀制作技艺的发展前景比较

从目前来看，易贡藏刀在市场经济中获得了成功，而拉孜藏刀则没有大的发展。但是我们也发现，为了满足市场需求，易贡藏刀艺人加快了制作藏刀的速度，在一定程度上降低了易贡藏刀的质量标准，波密县本地人也认为现在的易贡藏刀的质量和五年前的易贡藏刀没法相比。虽然在现代社会，易贡藏刀的实用性已经基本上丧失，而观赏性成为易贡藏刀的最主要特性，但如果就此发展下去，会让年轻艺人以为现在质量低劣的易贡藏刀就是传统的易贡藏刀，从而弄假成真，只保留住传统藏刀的形，而失去了传统藏刀的魂，会使易贡藏刀的传统制作技艺失去生存的土壤，最终导致易贡藏刀制作工艺中核心技艺的消失。拉孜藏刀制作艺人一直坚守传统铸刀文化，保留了拉孜藏刀制作的核心技艺，但是由于产量太低，长期处于供不应求的状态，一

方面影响了拉孜县的经济收入，另一方面也影响了制作艺人们的经济收入，如果不改变沿袭至今的家族传承方式，仍然保留个体经营的传统，长此以往，巨大的市场需求得不到满足，会出现大量打着拉孜藏刀售卖的假藏刀，从而影响拉孜藏刀的声誉，最终也会对制作艺人的生产生活带来不利影响。

因此，我们认为政府应充分发挥保护主体的作用，结合易贡藏刀和拉孜藏刀的各自长处，取长补短，适时引导藏刀制作艺人规避风险，使其能够在市场经济浪潮中实现良性发展。

第五章　西藏非物质文化遗产生产性保护传习基地研究

正如我们在绪论中所论述的那样，生产性保护是非物质文化遗产保护的重要途径，西藏紧跟国家步伐，积极开展申报工作，取得了显著成效。目前，西藏拥有国家认定的非物质文化遗产生产性保护示范基地有西藏自治区藏药厂、江孜卡垫厂、西藏唐卡画院、拉萨城关区古艺建筑有限公司等四家，自治区级非物质文化遗产生产性保护示范基地12家，带动了西藏医药类、手工技艺类和美术类非物质文化遗产的发展。但在发展过程中，这些非物质文化遗产生产性保护示范基地的发展却各不相同，其中原因值得深思。下面我们以国家级非物质文化遗产生产性保护示范基地——江孜卡垫厂、自治区级非物质文化遗产生产性保护示范基地——日喀则市扎西吉彩金银铜器加工厂和民间卡垫作坊为例进行探讨。

第一节　国家级非物质文化遗产生产性保护示范基地——江孜卡垫厂

一、江孜卡垫的形成与发展

江孜卡垫，俗称“藏绒”，意思是“覆在上面的垫子”，是藏族民众家中必备的生活用品，可供人坐或躺。卡垫制作具有悠久的历史，是从“仲丝”发展演化而来的。早在11世纪，吐蕃赞普的后代杂布三兄弟统治年楚河流域时，在年楚河中游的旺丹一带就有生产一种名叫“旺丹仲丝”的手工业产品。当时，旺丹仲丝作为年楚河中游地区三种独特手工业产品之一，在集市上与其他地区的产品进行交换或交易。在后来相当长的一段时期内，年楚河中游地区一直都是西藏仲丝生产的中心。有学者认为，萨迦政权建立之前，卡垫从其发祥地岗巴嘎西传入江孜，这一时期的江孜人口稠密、地少人多，不少居民便以编织卡垫为生。时间长了，出现了专业卡垫生产者和从事卡垫生意的商人。[①]到萨迦时期，仲丝得到了较大的发展，并形成了简单的几何图案，江孜民众利用岗巴嘎西的岗仲和白朗旺丹仲丝的生产技术，通过创新，逐步将传统仲丝向现代仲丝过渡，并形成了独具江孜特色的仲丝。

17世纪中期，即五世达赖喇嘛时期，江孜仲丝生产步入了成熟阶段，江孜也成了西藏仲丝生产的中心。十三世达赖喇嘛时期，江孜仲丝生产已发展到全盛阶段，江孜城区半数以上的居民都从事仲丝生产，还成立了行会组织，仲丝生产开始向有组织、有管理的集体生产方式转变。20世纪30年代，在江孜贵族嘎雪巴·曲吉尼玛的倡导和组织下，江孜民众吸收了区外省份刺绣的花叶图案，并结合仲丝生产工艺特点，创造出五种类似区外省份“刺绣花”的“二龙戏珠”“彩云飞龙”“青龙彩凤”“花鸟”等新图案样式，使江孜仲丝生产的绣花技术发展到一个新的水平。后来，在买卖过程中，因为仲丝叫起来不顺口，外地商人不容易记住，为了销售更加方便，人们便将仲丝更名为藏毯。

① 扎呷.西藏传统民族手工艺研究[M].北京：中国藏学出版社，2005.p99.

1904年以前江孜的藏毯生产还未从农牧业生产中完全分离出来，民众编织藏毯的最主要目的还是满足家庭所需。抗英战争结束后，英国在江孜设立了商务代表处，开辟商场，英国商人、印度商人和尼泊尔商人来到江孜，带动了藏毯的商品化，使江孜藏毯涌入国际市场。在此期间，英国商人也曾在江孜开办藏毯编织工艺小型工厂和小工艺学校。

西藏和平解放以后，在党和政府的关心和支持下，江孜藏毯得到较快发展，形成了卡垫、马垫、坐垫、地毯、椅垫、枕垫、挂毯、柱套等主打产品，并沿袭至今。1954年，为进一步扩大江孜卡垫[①]的生产规模和范围，中共江孜分工委向江孜从事卡垫生产的家庭发放了十多万元人民币的无息贷款，壮大了生产规模、改善了生产条件、加强了生产合作、提高了生产效益，使江孜卡垫生产得到了快速发展，编织的挂毯和地毯成为享誉国内外的精品，江孜地毯与波斯地毯、土耳其地毯并称为世界三大地毯。

二、江孜卡垫厂的发展情况

江孜卡垫厂[②]（图5-1）建于1973年，最初是以老艺人为主成立的江孜卡垫生产合作社，1977年改建为县办集体企业——江孜卡垫厂。江孜卡垫厂的成立加快了江孜卡垫行业的发展步伐，一共为西藏各个卡垫厂培养了360多名技术人员。目前，江孜卡垫厂有职工85人，其中青年占总人数的80%，全厂面积1.48万平方米，固定资产336万元，年产值255万元。2016年卡垫厂生产销售率为100%，其产品销售总额为270万元，纯利润为250万元，上缴税款5.6万元，人均年收入27000元。

① 虽然卡垫和藏毯在制作工艺的复杂程度、价格和用途上有所差别，但是江孜民间并不对其进行区分，一般都统称为卡垫。因此，我们在行文过程中沿用了这一传统。

② 现在，江孜卡垫厂已经更名为江孜地毯厂，但人们习惯沿用“江孜卡垫厂”的称呼，因此，本书保留了这一名称。

图 5-1　江孜卡垫厂大门

经过44年的努力，江孜卡垫厂已经发展成为拥有职工上百人、具备独立生产和研发能力、有完整组织结构体系的卡垫生产企业。在继承古代江孜卡垫技艺的基础上，根据新时代的要求，经过不断探索、实践和创新、改进，制作了具有民族风格、地方特色和时代感的卡垫。江孜卡垫厂生产的45平方米的“布达拉宫”、1987年生产的20平方米的“白居寺”、2009年生产的西藏佛教宁玛教的“莲花生大师像”等卡垫，都是举世无双的手工艺产品，具有很高的艺术价值和收藏价值。

江孜卡垫厂拥有自己的品牌——“宗山牌”系列产品（图5–2），包括地毯、卡垫、挂毯、壁毯、靠垫、坐毯、靠背等一百多种。产品在继承和发扬民族传统卡垫图案的基础上，不断根据国内外用户需求和市场变化进行创新。它的织法十分别致，结构紧密精致，经久耐用，而且色泽鲜艳，图案新颖，有着浓厚的民族风格和地方色彩。其独特的藏式穿法和扣法、别具一格的民族风格、丰富多彩的花色品种，深受国内外顾客青睐，除了内销外，还出口到欧洲、美洲、日本、印度和尼泊尔等国家和地区，在国际上也享有盛誉。宗山牌卡垫产品曾在国内获得无数荣誉。1980年荣获国务院轻工业部全国轻工业产品优质奖；1984年获中国工艺美术“百花奖”；1985—1988年连续四年获全国轻工业少数民族用品优质产品奖；1997年在全国少数民族24种产品参展时获得第七名，卡垫厂还被评为生产藏毯先进单位；2002年被西藏自治区列为全区首批著名商标；2005年荣获西藏自治区“名牌产品”称号；2006年荣获“中国名牌产品”称号；2006年，江孜卡垫厂荣获西藏自治区质量信誉“AAA级企业”称号，同年卡垫编织技艺入选国家级非物质文化遗产代表性项目名录，边多入选国家级非物质文化遗产项目代表性传承人，拉平入选自治区级非物质文化遗产项目代表性传承人。2011年11月，江孜地毯厂被确定为西藏区内两个国家级非物质文化遗产传承者培训基地之一。①

图 5-2　江孜卡垫产品

① 根据日喀则市文化局提供的资料整理而成。

三、江孜卡垫的编织过程和产品特点

（一）江孜卡垫的编织过程

江孜卡垫厂的产品分为卡垫、地毯和挂毯三种。卡垫一般以长方形为多，长160厘米、宽80厘米，近年也出现了正方形的卡垫，长宽都是80厘米。销售时，都是按对销售。地毯和挂毯多为企事业单位和富裕人家使用。制作卡垫的主要工具为织机和梳毛板、纺车、纺线锤、缠线车、铁条等小器具。江孜卡垫的编织过程主要有八道工序：

第一道是购买藏北羊毛。每年8月份，藏北地区就进入剪羊毛的季节，这时江孜卡垫厂的采购人员就会前去购买上好的羊毛，作为原料。一般要挑选毛色纯正、手感柔软光滑的羊毛。

第二道工序是清洗羊毛。用水将购买来的羊毛进行反复清洗，用木棒反复捣捶，直至没有灰土。

第三道工序是纺织。先用两块钉有铁钉的梳毛板上下搓动（图5-3），将羊毛搓成蓬松的羊毛卷，然后再用木制捻车将羊毛捻成毛线（图5-4），再用纺车进行纺织。将羊毛织成毛线这道工序直接关系到原材料的质量，要动用大量的人力。

图 5-3　搓羊毛的妇女

图 5-4　纺线的妇女

第四道工序是染色。制作卡垫使用的颜色有黑色、白色、红色、黄色、绿色、棕色、深红、紫红、粉红、金黄、橘黄、浅黄、深蓝、浅蓝、墨绿、浅绿等十多种颜色，在江孜卡垫的编织过程中，使用最多的颜料是深红色、蓝色和黑色。历史上，主要用西藏当地的植物、矿物颜料染色（图5-5），“采用西藏土产的几种基本色及配色后形成的各种颜色，亦用尼泊尔和印度进口颜料补充西藏土产染料种类之不足。”①例如，藏语称为“壤”的浅蓝色是用产自工布地区的核桃皮为原料加工而成的，也使用蓝靛染成各种蓝色；藏语称为“帮参”的咖啡色和称为“曲草”的浅黄色都是用从岩石山上采集的植物制作而成；蓝色是用仁布县出产的一种叫“挺”的矿石粉末制作而成；用茜草制成的颜料可以染成各种红色；黄色是用藏语称为“秋落”的植物大黄制作而成，叶子可以染成浅黄，根可以染成深黄或者铁锈红色，也使用玉簪花染成各种黄色；绿色则需要用黄色和蓝色进行勾兑；加入酸性泥巴则起到防止褪色的作用。现在，由于制作染料耗时费力，所以人们多使用化学染料，即从印度、尼泊尔等邻国进口的称为“山德兰”的瑞士颜料和尼泊尔的“椳”颜料。染色时需要使用大量铁盆，用火将盆中的水烧开，将各色颜料分别放入水中熬制，然后将羊毛线放入大盆中浸泡，再将上色的羊毛线捞出。

图 5-5　矿物、植物染料

① 扎呷.西藏传统民族手工艺研究[M].北京：中国藏学出版社，2005.p105.

第五道工序是晾干，将染好颜色的羊毛放在阴凉处阴干（图5-6）。

第六道工序是编织。两人一组盘腿坐在织架前的垫子上进行编织。江孜卡垫的编织工艺非常复杂，传统卡垫织机是一种斜靠在墙上操作的小型木制机台，它的结构比较简单，由两根方形立身柱、上下梁形成一个基本框架，另有木楔，高度固定喙，固定喙上的支撑木等。现在钢制的织机已经完全取代了传统织机，使用钢制螺旋式或油液压升降器，非常方便。卡垫的第一扣结是拴在前后两棵单经上的反手“8”字扣，第二扣是套在右面第二组经线（从左至右的第三、四棵经）上的一个“U”字扣和半个“8”字扣，从第三个扣开始，就都成了正手“8字”扣。它的结扣单位是相邻的两组经线。如第三个扣是把毛纱头从第二组经线的左下方领入越过第三组经线，即第五、第六棵经，然后再从第五、第六棵经的左下方递出来，这个扣便算结成了。第四个扣是从第三组经线左方领入，越过第四组经线，从这组经的右边领入，左边递出即成。如此依次反复，从经面的左边向右做下去，直到绕结完一道为止。然后划扣，剪茺毛，继续织作下一道。起绒高度（即卡垫的厚度）约等于绒线杆半个圆周的长度。卡垫除换线时的第一扣外，其他扣都是以一组经线为半个结扣单位，所以变绞对于绝大部分扣结的本身无关，变绞的目的只是为了过纬，所以卡垫无所谓抽，拉绞。一般说来，夫妻二人心有灵犀，配合默契，共同编织的卡垫最为美观（图5-6）。

图 5-6　在钢制织机上工作的夫妇

第七道工序是

裁剪（图5-7）。由经验丰富的老艺人独自完成，用特制的大剪刀对卡垫进行修剪，剪去不平整的地方，使图案栩栩如生。

第八道工序是清洗成品，用水将编织好的卡垫清洗干净。①

图 5-7 修剪藏毯的艺人

（二）江孜卡垫的特点

江孜卡垫按用途不同分为方垫、靠背等品种。在近千年的发展过程中，江孜卡垫形成了图案新颖、色泽鲜艳、永不褪色、美观大方、品种多样、雍容华贵等特点。艺人们根据西藏的民间传说，创造出了“如来佛像”“莲花生大师像”“双龙戏珠”图案；根据现实生活创造出了“草原新貌”“珠穆朗玛峰”“布达拉宫”“冈底斯山”“龙凤花”“大雁”“凤凰展翅”等自然、动植物图案，显示出了艺人们的高超技艺。在染色方面，既使用西藏传统矿物和植物颜料，也根据客户要求使用国际上通用的瑞士山德兰染料，在染色过程中还添加了防蛀剂。江孜卡垫所用的毛线、棉线、经纬线多采用优质棉线，也适当使用仿古毛线，绒毛均选用毛质粗硬、弹性强、光泽度好的优质纯羊毛或纯牦牛毛。江孜卡垫生产在洗毛、纺纱、染色、编织、剪花、设计等方面都有一套成熟的技术。特别是江孜卡垫的穿杆结扣法，在世界地毯制作技术中都是独创，其织法、色彩和纹样都鲜明地体现了民族和地方特色。

① 根据对江孜卡垫厂非物质文化遗产传承人的集体访谈整理而成。

四、江孜卡垫制作技艺传承人

（一）江孜卡垫编织技艺的开拓者——边多

在江孜卡垫厂的发展过程中，61岁的边多付出了自己的青春年华，也见证了江孜卡垫的发展。边多的母亲名叫阿洁，卡垫编织技艺非常高超，经常到“加日交”这个地方的早市上出售自己编织的卡垫，因为当时家里没有土地，全凭母亲和兄妹一起制作卡垫，用换来的钱维持全家的生活。边多9岁时，被母亲送到了一所私塾里读书，一共读了5年，为了生存，边多14岁就从私塾中出来，跟随母亲学习编织卡垫，学会了从染晒毛线到梳毛纺线的所有手艺。1973年，江孜改变了原来分散生产地毯的方式，广泛召集民间能工巧匠建立了江孜地毯厂，边多担任了组长、绘图策划员，提供技术监督服务。他为了提高自身的技术能力，虚心向老一辈的能工巧匠边巴拉姆请教，认真学习和吸纳现代先进技术，把传统的编织技术和现代先进技术相结合，提高了编织藏式地毯的技术和创新能力，他策划和设计、编织的《布达拉宫》（图5-8）、《万里长城》《南京长江大桥》《牧区新景色》

图 5-8　江孜挂毯

《毛主席》等挂毯作品得到了社会各界的好评，使江孜地毯厂声名鹊起。为了发展江孜地毯，边多以西藏传统地毯图案为基础推陈出新，一共策划和设计了100多种不同的地毯图案，满足了国内外消费者的需求。1997年边多策划和设计编织的《释迦牟尼》挂毯在全国少数民族手工业产品比赛中荣获第七名。2006年8月边多荣获“西藏自治区首届技术能手”称号，2009年6月被文化部授予国家级“非物质文化遗产项目代表性传承人”称号，2015年8月荣获西藏自治区“工艺美术大师”称号。

（二）广收门徒的老艺人巴桑

56岁的巴桑是江孜地毯厂有名的编织艺人，已经带出了10名徒弟，是江孜卡垫厂元老级人物。由于卡垫编织非常复杂，需要耐心、毅力和细心，所以巴桑带的徒弟平均要学习8~9年才能学会，一般都是挑选12岁左右的孩子做学徒，如果年龄超过16岁，教起来就很费事。学徒要先从梳羊毛、纺毛线、染色、倒线、洗毯等学起，培养学徒的观感和手感，等对卡垫编织的整个过程比较了解以后，才开始学习手工编织技艺，先学习看图案，再学习配色，最后是上线，一般是师父起头，编织好一部分后，徒弟再顺着师父编好的图案继续往下编，师父要在一旁看着，每当徒弟编到需要变化图案的地方，师父就要提醒徒弟，还要检查徒弟编织得是否牢固、线条是否紧凑，否则就会出现脱线现象（图5-9）。

图 5-9　经验丰富的老艺人

（三）从事卡垫羊毛原料加工的女性群体

卡垫原料羊毛运进工厂后，要经过多个环节的加工，这些环节主要由女性群体完成。56岁的仓决已经在江孜卡垫厂工作了37年，是厂里的老员工，她的主要工作是纺织羊毛线。因为处理羊毛是卡垫生产过程中最基础的工作，所以需要大量工人。以中年妇女为主，她们有40多人，构成了厂里人数最多的工人群体，分为三组，第一组妇女使用一面钉有铁刷皮的一对有柄木板，放上清洗干净的羊毛后上下搓动，刷成蓬松的羊毛卷；第二组妇女再用大大小小的纺车将羊毛卷捻成毛线；第三组妇女用手将染色晾干的各色毛线盘成球状，供编织车间的工人们使用。在车间里，她们一边工作一边听着收音机播放的音乐，显得非常快乐和满足。

五、江孜卡垫厂传承卡垫技艺的优势

（一）员工的“在地化”

虽然江孜卡垫厂距离江孜县城有一定的距离，但交通不太便利却恰恰是它的优势，从非物质文化遗产保护的角度来说，这种“在地化”保护也符合传承人的切身利益。因为卡垫厂建在乡下，周围的村庄和人口能够为它提供足够、合格的劳动力，特别是女性劳动力。这些劳动力早上在家里吃完早饭以后来厂里上班，中午就吃从家里带来的午餐，下午下班就返回家里，还能从事一些农业生产活动。不离开家就能获得现金收入，这是长期以来江孜卡垫厂吸引劳动力的重要原因。

（二）国家政策、资金的支持

另一个原因是江孜卡垫厂自建厂以来一直得到了国家的支持，国家在江孜卡垫厂的发展过程中投入了大量资金用来建设厂房、更新机器设备、培养人才，改变了江孜地毯产品生产效率低、成本高、包装粗糙的情况。江孜卡垫厂也适时调整产业结构，按照市场需求进行生产，并吸收借鉴国内其他少数民族和国外的工艺技术，不断尝试改良产品、研发新产品，增强了特色产品的市场竞争力，实现了半机械化、规模化生产的目标。国家还赋予江孜卡垫厂各种优惠政策，使其拥有了各种资源。江孜卡垫编织技艺入选国家级非物质文化遗产代表性项目名录，江孜卡垫厂也成为国家级非物质文化遗产生产性保护示范基地，增加了产品的附加值。这些因素聚集在一起，使江孜卡垫厂拥有了其他民营卡垫厂无可比拟的优势，使其能够一直保持业界龙头地位。

因为有了国家的支持，江孜卡垫厂有了足够的资金用于帮助困难工人。近年来，该厂为3名困难工人解决了医疗费用35000元；为2名困难工人子女解决了大学学杂费45000元。由于3名工人住房条件差，急需改善，该厂为其提供了25000元费用。江孜卡垫厂对需要帮助的工人及家庭，尽力给予帮扶或者创造各种有利条件和方便，使工人们感受到了大家庭的温暖，对工厂的认同感增强，保证了卡垫厂有足够的劳动力，能够一直发展下去。

六、江孜卡垫厂传承卡垫技艺面临的困难

目前，江孜卡垫厂面临的主要困难是传承人的老龄化问题，以厂长边多为代表的60岁左右的老艺人占到了江孜卡垫厂总人数的1/3强，他们由于体力有限，只能承担纺织羊毛毛线、修剪藏毯绒毛等工作。而从事编织藏毯和卡垫这些高强度工作的传承人群体的年龄多在30~40岁之间，徒弟层次的年轻传承人群体则以女性为主，男性极少。

第二节　民间卡垫作坊的发展[①]

在日喀则市，除了江孜卡垫厂以外，民间还分布着大量卡垫作

① 该节材料来自于2017–2018年的田野调查。

坊。这些卡垫作坊虽然规模大小不一，但是具有灵活多样的特点，主要面向中低端市场，弥补了江孜卡垫厂产品在数量上的不足，支撑着巨大的卡垫市场，满足了西藏和涉藏工作重点省的需求。

旺丹卡垫是日喀则众多卡垫中仅次于江孜卡垫的著名卡垫。关于旺丹卡垫的起源，有两个传说：第一个传说认为旺丹卡垫距今有一千多年的历史，是白朗县旺丹顿觉寺上师加央塔巴坚赞同六位修行者在经堂里念诵经文时，一个正方形卡垫从天而降，上师视为吉祥之兆，于是以此卡垫为标本，开创了编织卡垫的历史。第二个传说认为旺丹卡垫距今有500多年的历史，有一名仙女曾在白朗县编织出了一条名为“章卡卡康玛”的卡垫，被当时帕拉康的住持送给了五世达赖喇嘛，得到他的称赞，赢得了名气，于是被冠名为“旺丹卡垫”。旺丹卡垫的主要产品有卡垫、毛毯、藏式被子等，深受广大民众的喜爱。因为旺丹卡垫做工精良，花色品种独特，旧西藏噶厦政府曾在此地实行独特的卡垫税，以卡垫来充当税收。2013年，旺丹卡垫编织技艺入选西藏自治区级非物质文化遗产代表性项目名录。

一、白朗县旺丹乡曲麦村卡垫合作社

白朗县具有“卡垫之乡”的美誉，是卡垫的又一个重要生产地。旺丹乡距离白朗县城36公里，为半农半牧区，人们以种植青稞、小麦、油菜，放牧牦牛、山羊和绵羊为生。

59岁的达贵是旺丹卡垫合作社的负责人（图5–10），他喜欢编织卡垫，15岁时拜旺丹乡普夏尔村人次旺为师，那时师父已经74岁，他学习了3个月就能独立编织卡垫了。根据自己的爱好和对藏民族文化的热爱，达贵于2006年成立了曲麦乡卡垫合作社，有13个农户参加，其中1人负责磨制矿物和植物颜料，1人负责染色，1人负责洗羊毛，5人纺线，4人编织，他负责销售和联络。他们生产的卡垫结实、美观，主

要有万字符、金银十字图案（图5-11），融入了藏传佛教文化内涵。在他们的努力下，旺丹乡卡垫编织业，重回市场，并实现了有序发展。2006年和2008年，达贵连续获得了白朗县委和县政府颁发的“优秀民族手工业者”的证书（图5-12）。现在，合作社一共有30多名工人，都是贫困人家的孩子，其中有12人是达贵的徒弟，他18岁的孙子也在跟随他学习，过几年，达贵准备把卡垫作坊交给孙子，让他继承和发展合作社，弘扬旺丹卡垫编织技艺。

图 5-10　后排居中者为达贵

图 5-11　旺丹卡垫合作社的羊毛色板

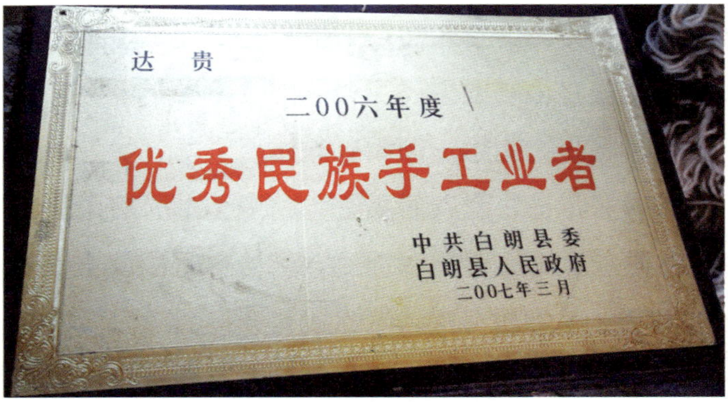

图 5-12　达贵获得的荣誉

旺丹卡垫合作社对工人是包吃不包住，工人工作时间分为夏季和冬季，夏季从早上8点工作到下午7点半，中午吃饭午休1个小时；冬季从早上9点工作到下午7点，中午也是吃饭休息1个小时。技术人员一天80元工钱，普通工人一天50元工钱，徒弟学满一年后才给工资，年终奖是技术人员每人1000元，普通人员每人500元，逢年过节期间还发放大米、面粉、砖茶、生活用具等慰问品。因为管理人性化，所以工人们的积极性很高，产量也比较大，一年能编织农牧民卡垫200对，每对价格2600～2800元；毛毯170对，每对价格700元；方形卡垫400对，每对800元。此外，还要给康区的寺院编织法会上使用的长卡垫，一米的价格为700元，年收入40多万元。

个案1：30岁的拉珍是卡麦乡曲麦村人，以前家庭比较贫困，跟随母亲学会了织氆氇和编织卡垫，现在她编织卡垫一年下来可以挣14000多元，既可以增加家庭收入，还可以顺便照顾家人。

目前，旺丹卡垫合作社面临的最大困难是缺少员工，流动资金紧张。此外，让达贵感到遗憾的是，旺丹卡垫编织技艺没有入选县级非物质文化遗产名录。

二、白朗县旺丹卡垫公司

白朗县旺丹卡垫公司（图5-13）成立于2009年，2011年在县城租了5间房子从事生产，2013年得到西藏自治区70万元的项目资金，又自筹资金180万元，修建了一栋面积为749平方米的两层楼房。之后申请到西藏自治区20万元扶贫款，购买了机器织机，开始走上半机械化的生产道路。

图 5-13　旺丹卡垫公司

旺丹卡垫公司采取现代化企业的管理方式进行运营，公司设有厂长

1名、副厂长1名、会计1名，分工明确，厂长负责外联外销，副厂长负责管理公司内部运营，会计负责财务管理。现在公司一共有60多名员工，采取“公司+合作社+农户”的方式进行生产，县城里的驻厂工人有35名，其中编织工20人，纺线工8人，染色工3名，清洗工2人，后勤工2人。乡村的农艺结合员工有30名，几乎全部都是白朗县旺丹乡人，这些工人在自己家里把公司的羊毛纺成线，公司再以每斤12元的价格收购。在对工人的管理上，公司给县城里的常住工包吃包住，乡村的员工则在自家劳动。公司按劳计酬，师父级别的工人一个月的收入为4000元以上，普通工人一个月的收入为3000元以上，学徒第一年没有工资，第二年可以领到一个月1000元的工资，一直到出师为止，这个过程大概需要3年时间。年底时会根据工人的工作效率和出勤率核算，发放1000~5000元不等的奖金。逢年过节，公司还会给工人们发放数百元慰问金。

旺丹卡垫公司的工人制作地毯的工序是：第一步是购买上好的羊毛，然后将羊毛用凉水浸泡一个晚上，第二天用手揉捏清洗后，捞出来铺在干净的水泥地上，用80厘米长的细木棍捶打一百下，再放入凉水中清洗一次，捞出后再用木棍捶打一百下，然后放在太阳下晒干。第二步是将清洗过的羊毛梳理整齐。第三步是将梳理整齐的羊毛纺织成线。第四步是将纺织成线的羊毛染色，把对好的颜料水倒入大锅中，等水快开时，放入羊毛线进行染色，1~2个小时后就能染好颜色。第五步是晾晒上好色的毛线，根据毛线的需求情况来决定是晒干或阴干，如果急需毛线时，就会在太阳下晒干,如果供应不紧张时，就会进行阴干，这样晾出来的毛线，能保持毛线的柔软度，再将其缠成线球（图5-14）。第六步是把线球均匀摆放在卡垫编织机下，开始织毯，以前的机器是木制方形编织机，如今都使用钢筋掐子配套方形编织机（图5-15）。使用三种不同的穿梭毛线木具（统称为吾撸），还有木槌、剪刀、铁链等工具。第七步是将织好的毯子表面的绒毛剪齐，毯子的柔软程度会达到传统卡垫的要求，具有编织精致、柔软度佳、毛线配备好等特点，坐上去非常舒服（图5-16）。

图 5-14　缠毛线的妇女

图 5-15　正在用机器编织卡垫的艺人

图 5-16　旺丹卡垫公司的产品

旺丹卡垫公司的羊毛主要是从白朗县旺丹乡、东喜乡，岗巴县，亚东县吉如乡和那曲地区采购而来，羊毛的价格为一斤10~13元、那曲的羊毛为一斤7元。一般会和拉萨盛达公司合作，请他们帮忙将采购而来的羊毛制成毛线，有时候供货紧张时也会自己组织人手制作羊毛线，最好的羊毛线一斤35元，成本很高。旺丹卡垫公司主要生产卡垫和毛毯，2014年公司一共编织了500对卡垫、529对毛毯、80对藏式农牧民背包和3对藏被。这些产品的价格是根据羊毛的质量、加工的细致程度和色彩的艳丽程度来决定的。一对一等卡垫的价格为3500元、二等卡垫为3200元、三等卡垫为3000元，一对毛毯的价格为450元，一对藏式背包的价格为500元，一对藏被的价格为1500元，寺院法会大堂卡垫的价格为一米750元。当年收入为150万元，其中纯收入为40万元。2015年，旺丹卡垫公司又投入资金300多万元，在秋麦、桑巴、夏麦等地建立了合作社，吸收60多名农牧民参加，扩大了农艺结合工人的数量。

即使是这样管理，仍然不能将旺丹卡垫公司的工人从农牧民转变为手工业者，因为工人们还要从事自己的农牧业生产，所以每年藏历四月种庄稼和藏历八月收庄稼时，公司的出货量就会大大减少。每到这个时间点，公司就需要雇用大量临时工，按天计酬，每天工资为70元，以此来弥补工人数量的不足。

59岁的达平是旺丹卡垫公司的厂长（图5-17），14岁时拜白朗县格布乡的罗杰为师，学习卡垫制作技艺，4年以后出师。他不满足只是给别人打工，一心想建立自己的企业，就开设了自己的卡垫作坊，先后招收了十多名徒弟。在经营卡垫的过程中，达平发现人们对自己制作的卡垫认可度不高，销量也不太好，于是就暂时关闭了卡垫作坊。2002年开始带着徒弟游走四方，免费为人们编织卡垫，希望以此

图 5-17　右面为西藏自治区级非物质文化遗产代表性传承人达平

来扩大卡垫工艺的影响力。当时，旺丹乡政府也很支持达平的这种做法，为他成立了一个宣传队，并提供了资金支持。达平带领徒弟们到过拉萨、昌都和日喀则的大部分地区，只要有人邀请他们去做卡垫，无论多远，达平都会带队过去，只要客户包吃包住就行，虽然不要钱，但完工以后，客户都会支付一定的酬劳表示感谢。直到2008年，达平才结束了这种游走工作，在自己家里开设了作坊。因为编织的卡垫结实耐用、美观大方，他的名声很快传播到西藏各地，甚至连青海和四川等涉藏工作重点省的人们都知道了达平编织的旺丹卡垫。旺丹卡垫的订购量越来越大，小作坊已经远远不能满足生产需求，所以达平就成立了旺丹卡垫公司。

达平把自己当年的所有徒弟都叫到旺丹卡垫公司上班，这些徒弟构成了公司的骨干力量。在他的经营下，旺丹卡垫公司的产品供不应求，一般客户都需要在半年后才能拿到货。寺院是旺丹卡垫公司的最大客户，江孜县的白居寺一次就定制了一条200多米长、75厘米宽的卡垫，价值26万多元。昌都的一所寺院在2015年定制了一条长度为300米的卡垫，要求一年后交货，这也是目前旺丹卡垫公司最大的订单。

三、旺丹卡垫公司的业务传承

旺丹卡垫公司非常重视人才的培养，延续了历史上传承下来的师父带徒弟传统，并给予当师父的工人很大的自主权。师父在带学徒期间，可以向公司申请承包业务量，由自己和学徒共同完成，但学徒的工作量都会被算到师父头上，学徒是得不到相应的工钱的。这项规定也遭到了很多学徒的反对，一些学徒甚至以离开公司为借口，要求厂长改变这项传统的师带徒规定，但公司没有妥协。后来，随着学徒人数的减少，公司最终改变了师带徒的计酬传统，学徒在公司里学习一年后就可领到每月近2000元的工资。

个案1：34岁的顿巴是旺丹乡乌月村人，初中文化程度，家里有16亩土地，靠种植青稞、土豆、大豆、小麦等粮食作物每年有近3万元的收入，妻子仓决在家里料理家务、种庄稼和照顾3个女儿。顿巴来旺丹卡垫公司已经有7年时间了，15岁他就跟随厂长达平学艺，经过3年的时间，学会了编织卡垫技艺。师父请他过来帮忙教授徒弟，他就离开妻儿来到县城工作了。截至目前，他已经为公司带出了30多名徒弟，每教会一名徒弟，公司就会给他发放2000元奖金。他认为，现在的孩子都读过书，比以前的人悟性高，一教就会，大概一年时间就能学会卡垫编织技艺。在酬劳方面，公司给他的手工钱也很高，一对卡垫1200元，他每月至少能够独立编织4对卡垫，每年下来能有6万多元的收入。

个案2：19岁的达珍是白朗县格登村人，初中毕业后就来到旺丹卡垫公司学习卡垫编织技艺，现在已经工作了两年时间。她用7个月的时间学会了纺线，然后又用了1年时间学会了编织卡垫，现在已经是一名技术熟练的工人了。工人工资实行计件付酬，每编织好一张卡垫，公司就会给一张卡垫的钱，不会拖欠工资，所以她很有干劲。

历史上，织毯和编织卡垫都是由男人来完成，不允许女性参与。但是进入21世纪以后，这种重男轻女的传承方式发生了改变。从2004年起，随着本地外出务工热潮的兴起，很多男性青年到拉萨市和其他市县打工，卡垫制作行业出现了男性工人短缺的情况，从而使卡垫制作出现了难以为继的局面。为了补充足够的劳动力，女性开始被允许学习卡垫编织技艺。经过十多年的发展，现在女性编织工人要远远多于男性工人。只有到了冬天，外出打工的小伙子们回来后，很多人都会来公司里做短期编织工作，男性编织工人的人数才会超过女性编织工人。

第三节　扎西吉彩金银铜器厂的没落

藏族铸造金、银、铜、铁有着悠久的历史。在聂赤赞普前期，藏族地区曾有过六代王朝，在第四代玛桑九兄弟时期，就已经出现了铁制武器。到吐蕃时期，铸造金、银、铜、铁的手工艺已形成了一定的规模。[①]千百年来，藏族民众偏爱金银等贵重金属，将其作为重要的装饰品和摆件。在西藏和藏族其他地区均有以金银铜器加工为中心的作坊，后藏日喀则的扎西吉彩就是其中之一。

一、扎西吉彩金银铜器厂的发展历程

位于日喀则市扎德西路18号的扎西吉彩金银铜器厂是一家从事生产、制作、经营民族手工艺产品的民营企业。为了满足扎什伦布寺的发展需求，七世班禅丹白尼玛（1782—1853年）以扎西吉彩地方原先的工匠为基础，在“禄定”（现扎西吉彩南边）创建了一个专门从事金银铜器加工和制作的金银铜器作坊，专门为扎什伦布寺加工宗教用品。在寺院的支持下，扎西吉彩很快就发展成为一个颇具规模的金银铜匠集中的村子。为了提高工匠的技艺，扎什伦布寺还扩建了作坊的场地，专门从尼泊尔邀请金属工艺大师来给工匠们传授技艺。经过数十年的发展，扎西吉彩金银铜器作坊涌现出了很多人才，成为西藏最著名的金银铜器加工地，生产的工艺品不但满足了扎什伦布寺的需求，制作的佛像、马鞍、生活用品还作为贡品，供清朝皇宫御用。

1960年，扎西吉彩金银铜器作坊成立了若干个工匠互助组，工匠们自由组合，化整为零开展工作，业务开展得更加灵活，扩大了服务

① 扎呷.西藏传统民族手工艺研究[M].北京：中国藏学出版社，2005.p56.

面，增强了为社会服务的能力。改革开放以后，在国家一系列优惠政策的支持下，扎西吉彩工匠互助组发展迅速。为了使企业做大做强，大家商量后决定以工匠个人入股的形式组建企业，走上了集体化道路。1980年，扎西吉彩工匠互助组更名为扎西吉彩金银铜器社。为了适应社会发展，进一步明确企业经营人员的责、权、利，请示上级部门后，扎西吉彩金银铜社更名为扎西吉彩金银铜器厂。扎西吉彩金银铜器厂曾经组织工匠参加修建扎什伦布寺班禅灵塔金顶工程，受到十世班禅大师的称赞。也参加了山南桑耶寺、拉萨甘丹寺、江孜白曲寺等西藏寺院和甘肃拉卜楞寺、青海塔尔寺等寺院的维修工程。工匠们高超的技艺得到了广大宗教人士及民众的赞誉。

目前扎西吉彩金银铜器厂有18名工人，其中管理者3人，专业技术人员10人，注册资金180万元，固定资产80万元，厂房面积1966平方米。扎西吉彩金银铜器厂生产民族特需用品、宗教用品、古建筑装饰品和旅游产品等四大类产品，涵盖藏族生产生活中所需的金银铜质用品和宗教所需佛像、供器、建筑装饰品。产品具有浓郁的民族风格和地方特色，曾在国内多次获奖。1984年，银雕茶盘茶架获得中国工艺美术品百花奖优秀创作设计二等奖；1985年，该厂的银包木碗被轻工业部评为全国少数民族用品优质产品；1995年，该厂生产的银包木碗获得亚太国际博览会银奖（图5–18）。从“八五”到“十一五”期间，扎西吉彩金银铜器厂连续被国家列为全国少数民族特需用品定点生产厂家。2009年，扎西吉彩金银锻铜制作技艺被列入西藏第三批自治区级非物质文化遗产代表性项目名录，2011年，被列入第二批国家级非物质文化遗产扩展项目名录；2011年，扎西吉彩金银铜器厂被命名为西藏首批自治区级非物质文化遗产传习基地（图5–19）。这些称号为扎西吉彩金银铜器厂赢得了良好的社会声誉。

图 5-18　亚太国际博览会银奖证书

图 5-19　自治区级非物质文化遗产传习基地标牌

二、扎西吉彩金银锻铜制作技艺的传承

金银铜器加工是一件非常辛苦的工作，一年四季离不开火，烟熏火燎，工匠整天灰头土脸，为了生存，工匠们的手艺世代相传，也形成了一套严格的规定。

（一）“棍棒下面出高徒”的拜师习惯

扎西吉彩金银铜器厂的工匠们认为要想学到真本领，师父必须要严格要求徒弟，但亲人间不好管理，所以形成了“亲人不教”的传统，即使父母亲从事金银铜器加工，也不会教自己的孩子，而是带他拜其他工匠为师，拜师时一般拿一条哈达、一块酥油、一包茶叶就可以了。工匠的工具非常多，除了铁锤、铁锭、铁架、炉子、牛皮风箱外，各种大大小小的铁錾子就有50多种（图5-20），学徒要在给师父打下手的过程中熟悉这些工具的用途，如果使用

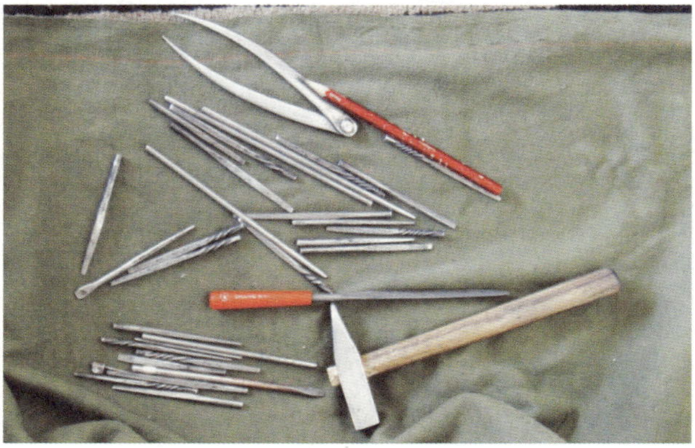

图 5-20　制作金银铜器的工具

得不合适，就会被师父打一顿，正是担心被打，学徒们才逐渐去除了身上的顽劣之性，变得沉稳，能够安心坐在炉火旁工作。工匠们认为制作金银铜器的过程也是自我修行的过程。

（二）打杂、使用模具

制作金银铜器时要先使用模具倒出大概的形状，然后再进行定型。因为金银铜器都是比较贵重的金属，每融化一次都会有损耗，为了降低成本，工匠们要想办法杜绝浪费，这就要求学徒学艺时非常仔细，得先学会烧火，掌握炉火的火候，然后再将金属块放在容器中烧融，用铁夹子夹住容器边缘，将金属溶液均匀地倒入模具中，等待溶液冷却。在这个过程中，学徒要能够熟练记住各种各样的模具名字和作用，还要掌握夹子的使用技巧，要保持手腕的力度，不能将金属溶液洒在外面（图5-21）。

图 5-21　正在熔银的学徒

（三）敲打、雕刻和定型

学徒要在师父的带领下修饰从模具中取出的坯子，将其放在铁架子上不断用铁锤敲打，一边旋转一边敲击，直至坯子呈现出规范的形状（图5-22）。这个过程非常枯燥，需要不断磨炼学徒的性子，使其变得沉稳、安静。学徒先学习打制比较厚的小型器具，一般从制作银碗开始，用白铜制作好碗胚以后，再用刻刀沾上药水，将氧化的白铜表面处理干净，再镀上白银，才能使银碗变得银光闪闪。等学徒掌握了一定的制作技巧后，才能打制较薄的大型器具，比如大型银壶和银盘。大型器具的肚子和边子最难把握，一不小心就会打穿或者打裂。接下来学徒就要学习雕刻花纹的精细工作，先用铅笔画出图案（图5-23），然后使用各种各样的铁錾子在器具上雕刻出形态各异的花纹，这是培养学徒创造力的过程，学徒从师父那里学习各种传统花纹的雕刻方法，为以后自己的创新打好基础。最后，学徒要学习加热定型，要控制好火的温度，使器具更加完美。

图 5-22　制作银器

图 5-23　正在银器坯子上绘图的学徒

按照传统的培养方法，要将一名学徒培养出师至少需要三年的时间。现在，随着科学技术的发展，工匠们制作工具也日益现代化，开始使用乙炔焊枪、切割机等工具，在很大程度上减轻了工作强度。

个案1：53岁的拉琼是扎西吉彩金银铜器厂的厂长，也是国家级非物质文化遗产——扎西吉彩金银锻铜技艺的传承人。他是扎西吉彩本地人，家族世世代代从事金银铜器制作。1982年，他18岁时就开始学习金银器制作技艺，学了三年就出师了，算是学得比较快的。他最擅长制作银碗，先用小块的银打制，再用圆圈状的银条进行固定，然后用铜来拼接，最后是洗白。因为社会需求量比较大，很快就能够收拢资金。截至目前，他一共培养了20多名徒弟。现在厂里给学徒的条件是吃住免费，师父级的工人一个月有3000~5000元工资，学徒一个月800元工资。

个案2：61岁的达瓦次仁已经在扎西吉彩金银铜器厂工作了20多年。他当初是跟随自己的叔叔学的金银铜器加工手艺。他喜欢这门手艺，想要传承本民族的传统手工艺，但要做出一件完美的器具，一个人是达不到的。喝青稞酒的银碗12天只能做8只，每只能卖1000元钱；打制一对唐卡卷轴头的银装饰“唐宝”需要6天时间；打制一只镶嵌在木碗上的银底圈“协卜楔”需要4天时间；打制手持转经筒“玛尼拉廓”需要10天时间。虽然他有4个孩子，但都不愿意学习金银铜器制作手艺，等他自己做不动了，也就要休息了（图5–24）。

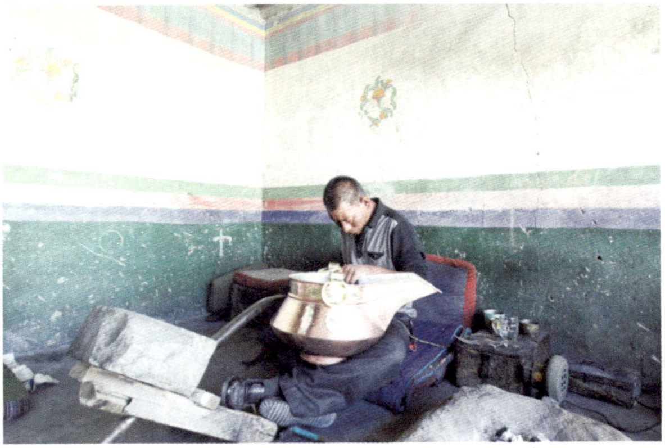

图 5–24　制作大型器具的达瓦次仁

个案3：36岁的边巴是扎西吉彩金银铜器厂的工人，他16岁时开始学艺，还去过拉萨、昌都以及四川的一些地方交流学习。由于制作银碗的利润比较高，所以他平时也喜欢多制作些银碗，一年能有10万元的现金收入。

三、扎西吉彩金银铜器厂的传承危机

扎西吉彩金银铜器厂对工人的作息有着严格的规定，冬季早上9点

上班，下午6点下班；夏季早上9：30上班，下午7：30下班；周六上午上班，下午和周日休息。

目前，后继无人是困扰扎西吉彩金银铜器厂的主要问题。扎西吉彩金银铜器厂的发展得益于扎什伦布寺的支持，制作大型宗教用品的技术是其能够生存的关键。2000年以前，扎西吉彩金银铜器厂生意兴隆，厂里既有手艺高超的师父，也有努力学习的徒弟。但随着扎什伦布寺维修工程告一段落，寺院不再订制大型宗教用品，使扎西吉彩金银铜器厂的业务量锐减。无奈之下，扎西吉彩金银铜器厂将订单的重点转移到普通民众身上，开始大量制作金银铜器生活用品，以此来缓解经济压力。但外地商人和本地商人在日喀则市开设的各类金店已经完全占据了日喀则的金银首饰市场，而且还开发出了民族特需金银用品，产品的制作工艺水平远远超过了扎西吉彩金银铜器厂，严重挤压了扎西吉彩金银铜器厂的生存空间。更为重要的是，随着市场经济意识深入人心，日喀则人也已经养成了到金店去购买金银首饰的习惯，扎西吉彩金银铜器厂的经营日渐困难。

虽然扎西吉彩金银铜器厂负责人对目前的处境有着清醒的认识，但却无力改变，这又加速了扎西吉彩金银铜器厂年富力强的技术人员的流失，一些技术人员不愿意放弃制作大型精致金银铜器的理想，觉得一直从事低价值产品的制作会限制自己的发展，于是纷纷离开，跳槽到拉萨市城关区古艺建筑美术公司去工作。还有一些出师不久的学徒急于自己当老板，凭借自己学得的手艺，回到老家给当地人制作实用性强的生活用品或给当地的小寺院制作宗教用品谋生。更重要的是厂里收不到合适的新徒弟，即使是工匠们的孩子也不愿意再像父辈一样生活，而是喜欢从事更加轻松体面的工作。现在，日喀则周边的人们已经不愿意将小孩送来扎西吉彩金银铜器厂学习一门手艺，而是让他们去打工。作为厂长的拉琼只能一方面托朋友帮忙招贫困人家的孩子当学徒，一方面亲自到日喀则市比较偏僻的康马县、昂仁县、仲巴县等地的农村走访，遇到家境特别困难的人家有十来岁的男孩子，就主动提出希望能带这些孩子到日喀则市学习金银铜器制作技艺。但即使这样，这些孩子的家长还嫌厂里给孩子的工资太少，要求涨到2000~3000元一个月才肯让孩子们继续留在厂里学习，最终只有极个别孩子留了下来。

可以说，扎西吉彩金银锻铜技艺出现的传承危机体现了非物质文化遗产艺随人走、人亡技灭的特点，也是时代发展的必然结果。

第四节 西藏非物质文化遗产生产性保护传习基地的实践经验反思

“在一个民族的科学技术的发展过程中，非物质文化遗产传承人，同时也是该民族科技成果的创造者和传承者。”[①]在不同的历史时期，西藏非物质文化遗产传承人通过吸收其他地区的优秀技艺技法，改进了自己的技术，实现了产品质量的飞跃。这说明，非物质文化遗产决不是自我封闭的产物，而是在不同文化彼此交流、借鉴的过程中不断发展的。只有非物质文化遗产传承人不断与外界接触和交流，才能逐渐增强除自身技艺能力之外的其他社会能力，为非物质文化遗产的传承发展争取到更多的社会资源。因此，不同文化间的借鉴和交流是非物质文化遗产顺利传承的必备条件。

生产性保护的实质是非物质文化遗产传承群体能依靠自身的能力生存，并将非物质文化遗产传承下去。现在，面向市场的西藏非物质文化遗产，除了要保证延续高水准的非物质文化遗产技艺外，还必须

① 苑利.非物质文化遗产传承人保护之忧[J].探索与争鸣，2007（7）p67.

要面对人员管理、资金流动、市场销售和同行竞争等一系列问题。上述这些适用于生产性保护的西藏非物质文化遗产有一个共同的特点，那就是都依托于进行规范化管理的工厂进行群体传承，舍弃了传统的松散管理模式，对工人的上下班时间进行了明确的规定，并且以经济奖励为杠杆，调动工人们的积极性，逐步具有了市场经济的气息。

一、集体化传承是江孜卡垫厂成功的关键

以江孜卡垫厂为传承单位的江孜卡垫编织技艺传承状况较好，究其原因，首先是由于制作卡垫的各个工艺环节都有优秀的传承人。这些传承人从学徒开始做起，经过长时间的练习，熟悉卡垫制作技艺的所有流程，在此基础上，又做到了各具所长。边多是一位在卡垫造型设计、主题创作和协调组织等方面能力都比较强的传承人，又具有一定的科学文化知识，他将原本分散的优秀卡垫传承人聚合在一起，建立起涵盖多种类产品的生产体系，这种优势决定了江孜卡垫厂在卡垫行业中竞争力比较强；巴桑作为一名技术优秀的师父，尽心尽力为江孜卡垫厂培养了大量年轻的传承人，这为江孜卡垫厂的持续发展储备了人才；而在羊毛原料加工环节的中年女性群体，她们细致的劳动保证了卡垫原料的质量和数量，也直接关系到卡垫成品的高质量。因为这些女性年龄偏大，家庭负担较重，已经不具备外出务工的条件，吸纳她们进入江孜卡垫厂工作，是卡垫厂解决当地民众就业的表现之一，很好地将卡垫厂的发展与当地民众的生活结合起来，这对于江孜卡垫制作技艺的延续会产生重大影响。

事实证明，一项面向市场的非物质文化遗产项目，如果单纯依赖于精湛的技艺，而不考虑市场需求，是不能使该项目顺利传承下去的，甚至传承人的生活都难以为继。邱春林曾对扬州漆器厂、扬州玉器厂进行研究后总结出了非物质文化遗产保护的扬州经验：“不能忽

视集体的力量，不能忽视团队的优势，尤其在那些技艺要求高，工序复杂的非物质文化遗产保护项目中，往往需要一个团队才能真正代表这个项目的技艺实质和核心价值；非物质文化遗产的‘活态’保存关键要落实在生产中，个体生产可以‘活态’传承，国有和集体所有制企业也可以实现‘活态’传承，‘扬州经验’告诉我们：国有和集体企业本身的社会责任感较强，有能力对物质和非物质的、有形和无形的文化遗产进行整体保护，并且它们内部可以形成宽松和持久的人才造血机制，从而大大降低传统技艺消亡的危险系数。”①

我们看到，江孜卡垫厂具有集体经济的企业性质，在保证卡垫技艺传承水准的基础上，江孜卡垫厂制作卡垫的工人、管理人员、产品销售人员发挥特长、各司其职、互相配合，形成了比较成熟的产业管理模式。面对市场和客户对卡垫消费需求的变化，能够及时从卡垫工艺、造型设计、原材料等多方面进行调整，生产出不同风格的卡垫产品，来应对不同消费者，可以说具备了一定的产品研发能力，使江孜卡垫厂具备了参与市场竞争的能力，获得了更大的生存空间。而江孜卡垫厂获得的各种荣誉，又进一步扩大了自己的知名度和信誉度，国家政策和资金的支持又为其提供了必要的社会保障，提高了江孜卡垫厂抵御风险的能力。可以说，通过自身的经营和政府的支持，江孜卡垫厂的各个产业环节运转良好，市场回报稳定，员工收入有保障，为卡垫制作技艺的传承构筑起良好的文化生态环境。

如前所述，由于市场需求的变化，江孜卡垫厂在羊毛染色方面抛弃了传统的植物、矿物颜料，转而使用了从外国进口的化工染料。因为江孜卡垫厂是集体化传承，所以这一做法肯定得到了绝大多数工人的认可，负责给羊毛染色的工人对此也没有提出异议，而是转化成使

---

① 邱春林、非遗保护的“扬州经验”［J］，求是理论网，http：//www.qstheory.cn/wz/gdian/201006/t20100601_31859.htm，2010-06-01.

用化工染料的生产者。我们认为，从非物质文化遗产保护的角度来说，这种做法是不值得提倡的，它改变了江孜卡垫制作技艺的一道重要工序，损害了这一技艺的完整，但是从江孜卡垫厂发展的角度来说，这种改变又是在市场经济条件下“客户就是上帝”的最好诠释。更重要的是，由于江孜卡垫厂在卡垫行业中的龙头地位，这一做法又被民间作坊效仿，而从根本上改变了江孜卡垫制作技艺中的传统染色技艺。长此以往，随着能够使用植物、矿物染料进行染色的工人的去世，这一技艺有可能面临失传的危险。所以，我们也不能一味推崇非物质文化遗产的集体化传承，而是要客观冷静地分析这一问题。

二、内源性调适是卡垫民间作坊发展的必由之路

在西藏白朗县活跃于市场的诸多卡垫民间作坊是农牧业自给经济与市场交换经济交替的产物。这些卡垫作坊均是由个人发起成立的，共同特点是他们既热爱和精通卡垫制作技艺，又有一定的商业头脑，有将卡垫制作技艺发扬光大的愿望。他们以各种形式将卡垫制作者集合起来组成作坊，开展生产和销售。与手工制作的特点相适应，卡垫制作需要大量专业工人，但白朗县卡垫作坊中大部分从事卡垫制作的人员并没有放弃自家的农业生产，不愿意成为单纯以卡垫制作技艺为生的手艺人，也就是说，这些工人只是把制作卡垫作为农闲时的副业。这样一来，在卡垫市场需求旺盛的情况下，白朗县旺丹乡曲麦村卡垫合作社和白朗县旺丹卡垫公司都会面临卡垫制作人员的季节性短缺问题。西藏经济的发展和城市规模的扩大，为人们提供了更多的就业机会，使年轻人的谋生方式更加多元化，农村中外出务工的人员逐渐增多，加剧了白朗县卡垫制作人员的短缺程度，造成很大的劳动力缺口。而卡垫民间作坊中女性传承人的出现，就成为解决燃眉之急的唯一方法，但女性的手工劳力强度、思维特征与男性相比有一定差

别，她们的加入，势必会对卡垫的造型及产品外观带来相应的改变，从而影响到卡垫制作技艺的传承。

从卡垫制作技艺的传承来看，旺丹卡垫公司最早采取了与西藏地广人稀的社会特点相适应的传承模式，作为师父的达平带领徒弟在西藏四处游走，起到推销手工卡垫的作用。这种模式在传统的农牧业社会中发挥了作用，实现了达平的理想，也培养出了一批徒弟，为以后成立旺丹卡垫公司储备了宝贵的人力资源。但是，这种传承模式现在受到了挑战。随着市场经济思维的渗透和徒弟群体自我意识的增强，打破了民间作坊由来已久的师徒传承规则，徒弟在学习阶段不愿意将自己的劳动所得算在师父头上、要求领取工资的行为，改变了卡垫的传统传承模式中徒弟对师父的依附关系，强化了作坊主与徒弟的雇佣关系，这种变化是基于学习卡垫制作的年轻人越来越少的社会背景下的产物。从师父的角度来说，一方面，师徒关系转变为同事关系，都为作坊主服务，师徒间情感上的依赖程度大大弱化；另一方面，徒弟的这种行为断绝了徒对师经济上的供奉关系，减少了师父的收入，打击了师父传授技艺的积极性，逼迫作坊主只能以教会一名徒弟就给师父发放奖金的方式进行激励。这一改变加大了作坊主的经济压力，影响了雇主与雇员间的关系，作坊主、师父和徒弟三者只能依靠金钱联系在一起，失去了感情纽带。这一改变也对民间作坊产生了巨大影响，逼迫作坊主为了生存而进行必要的调适。从非物质文化遗产传承的角度来看，作坊主、师父和徒弟各自核算收益的行为体现了经济利益的分享原则，能够强化卡垫的经济价值，实现激励卡垫制作人员的目的。

从中我们也可以看出，卡垫民间作坊并不能完全解决自身发展过程中遇到的问题，其生存和发展在很大程度上依赖于作为作坊主的“领头羊”的作用，他的能力往往决定了该作坊能否获得足够的社会资源，而资金和荣誉都需作坊主与社会各方进行有效沟通后才能获得。在这种情况下，作为非物质文化遗产项目代表性传承人的“领头人”必须具备较高的学习能力，必须学会获悉和利用各级政府出台的相关政策、制度和措施，在把握国家政策法律法规知识的基础上，与相关社会组织建立起比较顺畅的联系，才能使民间作坊获得进一步发展的机会。

三、失去市场是扎西吉彩金银铜器厂衰落的最根本原因

扎西吉彩金银铜器厂的逐渐没落从反面印证了我们对西藏卡垫制作技艺生产性保护发展进行分析后得出的观点：当一项非物质文化遗产的社会用途单一、传承人社会性能力较弱时，它很难抵御社会变迁所带来的危机。

“民众生活需求导向是非物质文化遗产保护工作中市场培育的一条路径，另一方面则是得想方设法努力营造适应非物质文化遗产生存发展的文化环境。”[①]扎西吉彩金银铜器厂的存在很大程度上依赖于藏传佛教寺庙对金银铜器的需求，但这种需求具有不可持续性。当扎西吉彩金银铜器厂所依赖的文化环境发生变化时，它作为一个专职化生产单位，不可能因为寺庙需求的持续减少而停止运行，而是必须要通过不断生产和销售金银铜器来维持传承人的生存。无奈之下，扎西吉彩金银铜器厂只能采用生产普通民众所需要的小型金银铜器来进行调适，但这部分市场早已经被经济实力雄厚的他者占领，无法插足；而核心技艺人员的流失，更使扎西吉彩金银铜器厂处于内外交困的恶性循环中。为了生存，扎西吉彩金银铜器厂的负责人在传承人的选择上只能被动地挑选家境困难的孩子，但这种做法又极有可能使社会对金

① 陈勤建.定位分层、核心传承、创意重构——非物质文化遗产生产性保护的若干思考[J].辽宁大学学报，2013（6）p7.

银铜器制作技艺的认知发生偏差，贬化传统的金银铜器制作技艺，即该技艺是没有活路的人才会去做的。

对传承人个体而言，扎西吉彩金银铜器厂技术骨干多流向拉萨市城关区古艺建筑美术公司（图5-34），这说明以宗教用途为主的西藏金银铜器制作技艺在现代社会仍大有用武之地。如果金银铜器制作技艺传承人在拉萨能继续以此为生，这就是非物质文化遗产技艺传承者面对危机所做出的自我调适的成功途径，我们应该尊重这种变化，而不是要求传承者一味坚守。

四、西藏各级非物质文化遗产名录之争

通过上面的叙述，我们可以看到，不论是国家级非物质文化遗产生产性保护示范基地，还是自治区级非物质文化遗产生产性保护示范基地，都面临着青年工人不足的困难，而民间手工作坊则面临流动资金短缺的困难。我们发现，成为国家级和自治区级非物质文化遗产生产性保护示范基地能够得到国家和自治区各级政府相关资金的支持，可以免受流动资金缺乏之苦，而民间手工作坊则只能在市场中求生存，要按照民间商业规则行动，一般客户都是以交定金的形式来预定货物，但是这些定金数量有限，只能等交货以后，客户才会付全款。而对于作坊主来说，他要给工人们以计件的方式支付报酬，每做出一件产品，就要支付一份酬劳，不能拖欠，这就需要大量的流动资金来支撑作坊的运行，资金回笼过程过慢就给作坊主造成了很大的压力。由于西藏地广人稀，市场经济并不发达，在社会资源有限的情况下，有无政府的支持，是各类非物质文化遗产能否获得必要的政策和资金支持的关键所在。因此，能否入选各级非物质文化遗产代表性项目名录、获得政府认可的非物质文化遗产传承人称号，直接关系到西藏非物质文化遗产的生存和发展，也关乎一些非物质文化遗产产品的销

售。因此，在西藏非物质文化遗产的保护过程中，作为保护主体的政府所发挥的作用对传承主体的影响是显而易见的。

虽然从学术的角度来说，我们认为非物质文化遗产之间没有高低之分，只要传承和享用该非物质文化遗产的群体认可它的存在，并不要求该非物质文化遗产具有普适性价值。但这只是一种理想状态。现实情况是，非物质文化遗产名录评定体系不可避免地造成了非物质文化遗产的层级化，县级、地市级、省级、国家级非物质文化遗产代表性项目名录和人类非物质文化遗产代表作名录呈现出金字塔式的逐层递进结构，所体现的不仅仅是名誉上的差别，更重要的是在保护级别、重视程度、获得的保护资源上都有着天壤之别。由于西藏的发展一直依赖于国家财政的转移支付，县级财政对县级非物质文化遗产的资金投入基本上可以忽略不计，地市级财政对地市级非物质文化遗产的资金投入也表现出拉萨市一家独大的局面，只有省级和国家级非物质文化遗产代表性项目才能得到固定、持续的资金扶持。这种非物质文化遗产事实上的不均衡保护状态刺激着非物质文化遗产传承人的神经，吸引着非物质文化遗产传承人加入到对各级非物质文化遗产代表性项目名录名额的争夺上。

从非物质文化遗产生产性保护基地的角度来看，一旦获得国家级和自治区级非物质文化遗产代表性项目名录认证，就不再需要自己做宣传，各级政府部门就会主动将其作为本地的龙头企业进行宣传，新闻媒体也会在政府部门的引导下对其不断进行宣传，使这些企业始终处于人们的视野中。这些无形的资源支撑着这些企业，使其具有其他民间作坊无法比拟的优势，但也会使这些企业产生墨守成规、不愿改革的惯性思维，造成了无法适应社会发展、后继无人的不利局面。对民间作坊而言，负责人能够从非物质文化遗产活态性传承的特点出发，将消费者视为自己的衣食父母，非常重视普通民众的口碑。因为其与民众间有着天然的紧密联系，在民间具有良好的群众基础，所以民间作坊的负责人会自然而然地认为自己才是非物质文化遗产的真正传承人，没有脱离生产第一线，而不是像被列入各级非物质文化遗产代表性项目名录的企业那样，厂长已经蜕变为商人，其生产技术早已退化，名不副实。所以，这些民间作坊的负责人对现存非物质文化遗产的名录体系并不满意，希望政府能够对非物质文化遗产名录体系进行动态化管理，或者扩大名录体系的规模，给予他们相应的文化地位，使他们能够获得非物质文化遗产项目代表性传承人的称号，以便民间作坊能够获得更高层次客户的认可，从而促进非物质文化遗产的传承。

在西藏，非物质文化遗产代表性项目名录和非物质文化遗产项目代表性传承人的称号已经成为一种稀有的文化资源，已经获得这些称号的企业和个人能够将国家和地方政府赋予他们的称号转化为无形的资本，获得社会的认可和人们的信任，从而增加非物质文化遗产产品的附加值，使其获得更多的经济利益。而没有这些称号的民间作坊和负责人则被屏蔽在非物质文化遗产圈之外，只能在市场中求生存。我们认为，单个非物质文化遗产民间作坊的体量虽小，但数量众多，覆盖面广，负责人熟悉市场规律，危机意识很强，具有很强的创新能力，其活力要远远强于现有的非物质文化遗产生产性保护示范基地，具有灵活性和顽强的生命力，它们是西藏非物质文化遗产能够持续传承的基础，支撑着非物质文化遗产生产性保护示范基地。

非物质文化遗产保护的目的是通过对非物质文化遗产传承进行有意识地干预，以实现传承人的文化自觉，使非物质文化遗产能够更好地传承下去并造福于一方民众。因此，针对非物质文化遗产项目传承人所面临的困境，西藏有关部门应及时给予有针对性的帮助和引导，必要时运用政府的力量，帮其培养企业发展所需要的设计、营销、公关等方面的人才，并提供资金支持，使那些有经济潜力的非物质文化遗产传承人能够克服遇到的困难，提高应对社会变迁的能力，顺利将非物质文化遗产传承下去。

第六章 西藏非物质文化遗产保护中的女性力量

西藏和平解放以后，妇女的社会地位不断提高，成为西藏社会发展的重要力量。根据西藏自治区妇女联合会最新统计，西藏自治区区级和地级党政领导班子中，女干部配备率达57.14%，县级党政领导班子中女干部配备率分别达到93.24%和91.89%；西藏女性就业人员70.7万人，占就业人员总数的37.1%；西藏女性高级专业技术人员1017人，占总数的35.43%。①在非物质文化遗产保护和传承方面，西藏女性也发挥着越来越重要的作用，特别是在手工技艺类非物质文化遗产保护方面具有传统优势，已经成为非物质文化遗产传承的主力军。

第一节 西藏手工技艺类非物质文化遗产的女性创业者

一、洛扎县民族手工业加工专业合作社的创建者——次仁卓嘎（图6-1）

（一）童年经商

1988年，次仁卓嘎出生在山南地区洛扎县的农牧民家庭，父母以种植青稞、小麦为生，家庭的经济条件很差，她读到小学二年级就不

① 在西藏看妇女地位变迁[EB/OL]，人民网，http：//politics.people.com.cn/n/2014/0310/c70731-24588745.html.2014-3-10.

得不辍学回家，帮助家里干活。为了减轻家里的负担，次仁卓嘎9岁时被父母送到在山南地区泽当镇工作的姨妈家里，照顾刚出生的表妹。在姨妈家，她的商业天赋第一次得到了发挥。姨妈家经济条件很好，

图 6-1　次仁卓嘎

院子里建有一座专供家人的蔬菜大棚，次仁卓嘎利用自己在家里劳动时积累的经验，精心打理蔬菜大棚，使大白菜、莲花白、葱、萝卜、土豆等蔬菜的产量不断提高，远远超出了自家所需。在征得姨妈的同意后，她就利用休息的时间，用自行车驮着蔬菜在泽当镇上沿街叫卖，赚取零花钱，泽当镇的大街小巷都留下了她的身影。这样的日子一过就是6年，为她积累了做生意的丰富经验。

（二）开店营业

2002年，表妹要上小学了，15岁的次仁卓嘎也长大成人，她不愿意回洛扎做一名农牧民，希望能在熟悉的泽当镇闯出一片天地。姨妈给了她3万元钱，算是给她的工资，她又从亲戚那里借到2万元，便开始了创业之路。因为在姨妈家里学会了炒菜做饭，她就在泽当镇开了一家名为“欢聚藏餐”的藏餐厅，主要出售藏面、甜茶、咖喱饭等，由于她做的饭菜干净可口、餐厅环境卫生很好，加上她泼辣能干、会招揽客人，所以到藏餐厅吃饭的人很多，生意很红火。虽然特别辛苦，每天下班后都累得不想动，但是她还是坚持了下来，也依靠这个小小的藏餐厅赚到了人生中的第一桶金。

虽然次仁卓嘎不能识文断字，但她却在和食客们打交道的过程中敏锐地捕捉到了西藏旅游业的发展信息，于是她将藏餐厅转让出去，在2004年投资18万元开了一家名为“印度商行”的旅游商店，经营来自樟木口岸的印度和尼泊尔百货，生意非常火爆。2006年7月1日，青藏铁路建成通车，西藏旅游业出现了井喷式发展，次仁卓嘎又一次抓住商机，新开张了名为“雅砻厨房”的旅游餐厅和进口食品超市。从此，她的生意进入快速盈利模式，旅游商店、进口食品超市和旅游餐厅一年的纯收入高达80多万元。

（三）创立“洛珠”牌氆氇藏包

在与国内外游客打交道的过程中，次仁卓嘎渐渐发现游客们变得越来越挑剔，对旅游商品的要求也越来越高，不再满足于购买千篇一律的商品。作为老板的她经常被游客问：“你这里有没有真正的民族手工业产品？在哪里能够买到？”她在被游客们的问题难住的同时，下意识地感觉到西藏存在缺少高端旅游商品的问题，觉得这是一个宝贵的商机，可以发挥西藏非物质文化遗产的优势，制作高端旅游商品。经过考察后，她发现老家洛扎县的农村妇女都会制作氆氇，是不是可以用氆氇，制作具有西藏特色的商品，来满足游客日益提高的审美需求。

想到就做，她不顾家人的阻拦，毅然将辛苦创办的三家店铺全部转让，于2013年11月30日投入了自己创业十年以来积攒的全部积蓄260多万元，开办了洛扎县洛扎镇嘎布民族手工业加工专业合作社。由于从小饱受贫困之苦，她也希望能帮助家乡的贫困妇女，在挑选工人时，首要标准就是家庭贫穷、吃苦耐劳、踏实肯干，当时招募到了33名农牧民妇女。虽然大家都是普通的家庭妇女，但是想赚钱改善自家生活的目标却是一致的，这个共同的目标把大家紧紧地连在了一起，构成了嘎布民族手工业加工专业合作社的人力基础。

对次仁卓嘎来说，虽然她具有经商的天赋，但是从事以非物质文化遗产为中心的商品生产却不是那么简单。合作社创立之初，次仁卓嘎奉行高大全路线，生产氆氇、包、帽子、衣服、藏靴等40多种西藏传统民族手工产品。但销售时好时坏，甚至一度出现滞销现象，只有用氆氇制成的藏包销量最好，这促使次仁卓嘎下决心舍弃了其他产品，投入40万元资金专门研发新式藏包，开始时浪费了大量原料，到2014年5月，终于打造出了“洛珠”牌藏包这一具有独立知识产权的拳头产品。

正如《萨迦格言》所说：“要完成一件大的事业，一定得依靠朋友帮助；火在燃烧森林的时间，一定得借助风的威力。”次仁卓嘎对自己缺少文化知识的事实有着清醒的认识，她专门聘请了见多识广的朋友其美负责销售。其美借助网络平台，大力宣传“洛珠”牌藏包纯手工制作的独特工艺，得到了客户的高度认可，彻底解决了销售难题。现在，嘎布民族手工业加工专业合作社的工人增加到了83人，除了负责发货和运输的3名男性外，其他都是18~45岁的妇女，每月能生产800多个包，但仍然供不应求。次仁卓嘎深知质量是企业的生命线，她严把质量关，使“洛珠”牌藏包在社会上获得了很好的口碑。

（四）出现的困难

为了将“洛珠”牌藏包推向市场，次仁卓嘎设计了商标，聘请藏族模特做广告，以加盟专卖店的形式进行推广。现在，“洛珠”牌藏包不但在山南泽当镇建有专卖店，而且在拉萨市、林芝市等地都设立了专卖店。但是在这个过程中也出现了供货不足、流动资金紧张的问题。为了解决这个问题，次仁卓嘎采取了扩大工厂规模、动员员工资金入股、争取政府帮扶的办法来解决问题。2017年7月，次仁卓嘎的工厂开始了搬迁扩建，将为更多的农牧区妇女提供工作岗位。

二、不识字的董事长：普赤

（一）学习氆氇制作技艺

在日喀则市有一个家喻户晓的手工技艺类非物质文化遗产品牌“阿玛啦”，这是1987年出生的氆氇编织艺人普赤创建的“阿妈啦手工业发展有限责任公司”的自主品牌，主要销售藏装、手袋、藏靴和围巾。她的商品的最大特色是完美地融合了藏族传统工艺和现代时尚元素，备受青年消费者的喜爱。

普赤是日喀则萨迦县扎西岗乡人（图6-2），家里一共有兄妹9人，她排行老四，因为小时候家里经济条件不好，所以没有上过学。她15岁时跟随母亲学习氆氇制作技艺，依靠自己的勤奋，加上母亲的悉心指导，她在一年半的时间她就掌握了全部技巧，可以独立制作氆氇，为家里增加经济收入。

图 6-2　普赤

（二）创立“西藏阿妈啦手工业发展有限公司”

21岁时，普赤跟随母亲到日喀则市出售织好的氆氇，在一个藏餐馆吃饭时，有一个高大英俊的男青年主动过来和她打招呼，还问她下次来日喀则市的时间，并与她约好到时在藏餐馆见面。过了半个月后，等她又一次卖完氆氇来到藏餐馆吃饭时，那个男青年已经等候在那里，在交往了一段时间后，两人确立了恋爱关系。两年后，23岁的普赤和旺拉结婚，开始了全新的人生之路。

由于丈夫家经济条件很好，普赤就在婆家的帮助下开始了自己的非物质文化遗产创业之路。2010年，她在日喀则市雪强路租了一间门面房，专门做传统藏装，因为她手艺高超、做工精细，回头客很多，生意格外地好。随着员工数量的增加，她决定创立自己的公司，2013年5月，普赤在喜格孜步行街创办了一家公司，自己担任董事长，请有文化的表妹普布吉巴出任总经理，员工中除了设计师欧珠是男人外，其他27人都是年龄在21~38岁之间的女性。因为公司是女人当家，所以起名为“西藏阿妈啦手工业发展有限公司”。她将产品的消费群体定位为年轻人，并根据市场需求对工人的职责进行了划分，挑选出4个具有创造力的工人专门制作奇特新颖的包，其他人则制作改良过的时尚藏袍，以满足不断扩大的藏装市场。

（三）创造出“阿玛啦”系列氆氇产品

由于普赤精通氆氇制作工艺，所以能够发挥自己的技术水平，将藏族文化元素和现代工艺相结合，创造性地生产出了很多别具一格的民族手工业产品，最成功的案例当属“阿妈啦围巾”。一直以来，西藏传统的羊毛制品比较粗糙、厚重，这与现代都市青年追求华丽、轻软的风格要求相去甚远。普赤决定改变这一局面，创造出“阿妈啦”的专属产品。她从阿里地区的日土县大量购买号称“软黄金”的羊绒，和欧珠一起设计具有藏族特色文化图案的草图，以去料委托加工的形式发到上海的棉纺厂生产定制围巾和披肩。因为这些产品一改以往藏式围巾和披肩的灰暗色调，以色彩鲜艳、做工精细、轻滑便携而著称，所以深受游客喜爱。她还在朋友的建议下，生产出了氆氇笔袋等新式产品。在每年6~8月间的旅游旺季，她的门店客人络绎不绝，一年的纯收入能达到30多万元。2015年，普赤在喜格孜步行街购买了一栋三层小楼，还在郊区新建一座厂房，吸收更多的农牧民妇女制作氆氇，以改善她们的生活质量。

现在，“阿玛啦”已经是日喀则氆氇产品的典型代表，其系列产品也成为日喀则家喻户晓的名牌产品，带动了一批青年人从事非物质文化遗产产品的生产。

三、非物质文化遗产的坚守者：雍措卓玛

（一）西藏自治区级非物质文化遗产代表性项目——森郭藏族服饰

改则县地处西藏自治区西北部，位于南羌塘高湖盆区，为高山河谷地带，全县平均海拔4700米，属高原亚寒带干旱季风型气候，干旱、多大风，昼夜温差大，日照时间长，年平均气温-0.2℃，境内分布有大量冰川、河流（均为内流河）、湖泊、温泉和丰富的地下水。总面积13.56万平方公里，是阿里地区面积最大的一个纯牧业县，拥有草场面积1亿亩，总人口2.5万。

历史上，西藏阿里地区改则县的藏族分为森郭、改则和邦巴三个部落，其中，森郭服饰入选西藏自治区级非物质文化遗产代表性项目名录。森郭服饰的传统花色有七种颜色。相传格萨尔王的妻子森江卓姆的七户随从来到了麻米一带繁衍生息，他们的后裔逐渐演化成了森郭部落，是最早活动在改则境内的部落。森江卓姆去世以后，天上出现了彩虹，人们认为她升天了，所以就用彩虹的七种颜色做衣服来纪念她，从此产生了森郭服饰。森郭服饰由圆形高帽、披风和袍子三部分组成，衣服主要用氆氇制成。为了能够抵御严寒，帽子和披风内衬都缀有羊毛，比较厚重，帽子上绣有太阳、月亮、星星和坛城的图案，衣服的主要颜色有红色、黄色、橙色、绿色、青色、蓝色、紫色等，非常鲜艳。

（二）森郭服饰的传承

43岁的雍措卓玛（图6–3）是改则部落的一名藏族女性，从16岁开始跟随母亲学习改则服饰的制作工艺，学了5年时间，到21岁时才可以独立制作改则服饰，她也在那一年嫁给森郭部落的罗拉为妻。罗拉

是西藏自治区级非物质文化遗产代表性项目——森郭服饰的代表性传承人，雍措卓玛又在婆家人的教导下，用了6年时间学会了森郭服饰制作技艺，成为当地著名的非物质文化遗产传承人。现在，她正在给二女儿索南普赤教授改则服饰和森郭服饰的制作技艺，女儿要用两年的时间学习拿针线，再花两年时间学习裁剪、花一年时间练习布料搭配、花一年时间练习揉羊皮。等熟悉羊皮的特性后，才能在羊皮上绣花。从易到难，逐渐掌握“松那”（车锁）、“加纳较热”（盘长）、“江麻”（树叶和火山）、“卡杂”（穗子）、“恰卡”（串珠纹）等30多种花色的绣法，最后学一年量体裁衣，才可以出师。（图6–4）

图 6-3 从左到右第三人为雍措卓玛

图 6-4 森郭服饰上的绣花

雍措卓玛嫁给罗拉以后，依靠制作森郭服饰和改则服饰，过上了富裕的生活。由于夫妇二人的手艺好，在整个改则县都非常有名，找他们定做传统藏装的客户很多。

（三）创办森郭扶贫民族服饰工艺传承公司

进入21世纪后，随着阿里民众生活水平的不断提高，人们对盛装的要求也越来越高，订单已经远远超出了雍措卓玛和丈夫罗拉可以承受的工作量。于是，她们在2009年投资16万元成立了改则县森郭服饰文化传承有限公司（图6-5）。初步实现了批量生产的目标。因为服装原料全部用羊皮、羊毛和氆氇制成，做工精美，体现出人与自然的和谐之美，于2013年森郭服饰入选西藏自治区级非物质文化遗产代表性项目名录，获得了政府的扶持经费。还扩建了厂房，工人数量也从最初的4人扩充到现在的13人，主要采取先订货再制作的传统方式进行销售，2014年一共出售了400套服饰，纯收入14万元。2015年销售量翻倍，已经出售了900多套森郭藏装。由于森郭服饰是改则县唯一一项自治区级非物质文化遗产代表性项目，所以，当地政府投入了十多万元资金，于2014年修建了一座森郭服饰展览馆。

图 6-5　改则县森郭服饰文化传承有限公司（罗拉提供）

四、大学生创业的典范：七林追玛

除了西藏本土的藏族女性外，在西藏非物质文化遗产的传承和创新过程中，还活跃着一批来自其他藏族地区的藏族女性。这些创业者有一个共同的特点，那就是普遍接受过高等教育，人生阅历非常丰富。28岁的七林追玛就是她们中的杰出代表。这位来自云南迪庆藏族自治州香格里拉县的藏族姑娘，2009年毕业于云南民族大学旅游管理专业，辗转昆明和北京等地，最终在拉萨创办了西藏绛白文化传播有限责任公司，实现了自己的创业梦。

（一）艰苦的成长之路

幼时家庭的贫困给七林追玛留下了刻骨铭心的记忆。她小学四年级时住校需要交128元钱，但是母亲身上只有10元钱，四处找人借钱，最终还是没能凑够。无奈之下，父母只好把她寄养给富裕的人家，让她利用课余时间给人家洗碗、洗衣、打扫卫生，用自己的劳动来还钱。这段寄人篱下的经历养成了七林追玛要强、固执、不服输的性格。考上云南民族大学后，从大学二年级开始，她就再没有向家里要过一分钱，靠勤工俭学赚够了学费和生活费。当然，好心人的帮助也是不可缺少的，高中阶段举行手拉手活动时她认识的一个名叫张媛的昆明笔友，在吃、穿、用等方面都给予了她很大的帮助。

（二）创立绛白公司

大学毕业后，七林追玛先后在昆明的知足者旅游用品有限公司、“兵工厂”专卖场做专职销售。一年以后，在家人的不断催促下，她回到家乡做了一年的公务员，觉得生活太过平淡，于是在2011年7月2日远赴北京，在日月林卡旅游策划有限责任公司从事藏族地区定制旅游工作，主要给公关公司、汽车品牌做体验式旅行策划。通过不懈努力，她在两年的时间里从杂务工一路升到产品部经理，又转为市场部经理，月收入过万。同事间的激烈竞争，周围环境的不断逼迫，激发出她的无穷斗志，她认为在这段工作经历中自身的能力提升最快。2014年，26岁的七林追玛觉得应该趁着自己尚未结婚，再做一件自己想做的事情，她想起小时候母亲经常问她："你看到布达拉宫了吗？看到西藏了吗？看到拉萨了吗？"在她的潜意识里，一定要去拉萨和布达拉宫看看，在西藏生活一段时间。虽然在日月林卡旅游策划有限责任公司工作期间，七林追玛也曾多次带客人来西藏，但感觉自己只是过客，从来没有真正感受过拉萨这个城市，也没有融入过这个城市。

2014年8月20日，七林追玛到拉萨后做的第一件事情就是学习，参加了拉萨市人社局主办的SYB（START YOUR BUSINESS）创业培训班。岱沁老师在培训班上所讲的创业理念激发了七林追玛的创业热情，使她成为40多名同学中唯一创业成功的大学生。当她为公司的名字而发愁时，有一天她走过广场，仰望布达拉宫，映入她眼帘的是白宫和红宫，她下意识地想到了一个词"红白"，经过查阅资料和思考，最终将公司取名为"绛白"。公司相继推出了氆氇与皮草混搭的藏式手包、藏式钥匙扣、雨伞、丝巾等带有非物质文化遗产元素的旅游纪念品。七林追玛负责前期的产品理念和草图勾画，合伙人陈陌阳负责后期设计，最后交给供应商生产。藏靴、藏窗、白塔样式的钥匙扣和冰箱贴在广州生产，曼荼罗藏式雨伞由深圳的供应商制作，山羊绒丝巾则在北京加工生产，外包装全部来自上海，最后由七林追玛在拉萨完成组装后，利用网络进行销售，受到了市场的追捧，为"大众创新、万众创业"做出了贡献。

五、西藏非物质文化遗产传承中的女性角色

我们在上面叙述的四位女性都创立了代表各自地区的手工技艺类非物质文化遗产品牌产品，获得了西藏自治区政府的支持。在2015年

中国西藏旅游文化国际博览会上，这些女性都在各自地区组织的非物质文化遗产产品比赛中脱颖而出，获得了藏博会上的展位，展示各自的非物质文化遗产产品。藏博会的展览地点设在占地12000平方米的西藏会展中心二号馆，被划分为文化、旅游、商务、藏医藏药、七地（市）等众多功能区。在山南地区的展厅中央，错落有致的立体展台被一条蓝底黄花的巨幅氆氇制品一分为二，格外引人注目，在它的四周均匀地摆放着以氆氇和皮革为主要原料的各种背包、挎包和手袋，或色彩斑斓、样式新奇，或做工精巧，像一朵朵绽放的格桑花，拨动着人们的神经，勾起人们强烈的购买欲望，但遍布四周的隔离线和非卖品的标示却让人产生可望而不可即的失落感，这就是次仁卓嘎的西藏洛扎县民族手工业加工专业合作社的专属展台。在日喀则展厅，日喀则商品展示比赛的银奖奖牌格外醒目，除了五颜六色的氆氇藏包和围巾外，能够装手机的简约化氆氇手袋最受人们的欢迎。在阿里地区的展厅，中间墙壁上一幅托林寺金刚舞女壁画的复制品格外引人注目，在它的两侧悬挂着全套的改则藏装和普兰藏装，吸引着人们驻足观看、合影留念。雍措卓玛制作的传统藏族服饰样式独特、做工细致，极具收藏价值，吸引了区内外一些博物馆的注意，收获大量订单，这为雍措卓玛的产品提供了能够进入高雅殿堂的机会。

我们发现，西藏本土的藏族女性非物质文化遗产创业者有一个共同的特点：就是文化程度低，很早就开始在社会上闯荡，熟悉本民族本地区文化，精通藏民族特有的传统手工技艺，弥补了她们不能识文断字的不足，她们制作出来的非物质文化遗产产品具有民族性和地域性的特点，也能根据市场和时代的需要进行大胆创新，使这些非物质文化遗产产品被国内外游客所接受和喜爱，成就了她们的事业。更重要的是，她们创立的公司吸纳了大量掌握手工技艺类非物质文化遗产的农牧民妇女，使这些妇女所拥有的手工技艺有了用武之地，带来了经济效益，增加了农牧民家庭的现金收入，改善了她们的生活状况，也提高了西藏农牧民妇女的社会地位，促进了西藏非物质文化遗产的传承。

与上面三位西藏本土藏族女性相比，大学生七林追玛的创业是对西藏非物质文化遗产精神的升华。虽然她只是在制作加工小商品，但是她利用自己学到的文化知识，将西藏非物质文化遗产的元素融入现代生活中。此外，与上面三位西藏本土藏族女性的公司所生产的产品相比，她的产品价格很低，能够满足不同层次的消费者，这是她的优势所在。

可以说，西藏的藏族女性用细腻的眼光观察着西藏社会的变化，以自己的勤劳和智慧奠定了自己的商业领头羊地位，也带领一批藏族女性搭上了快速发展的商业列车，分享着西藏社会发展的丰硕成果，显示出新时期藏族女性的无穷魅力，使西藏的半边天更加高远祥和。

第二节　嘎东藏靴厂的女性管理者

一、嘎东藏靴的渊源

根据民间传说，日喀则人到野外砍伐荆棘时才会穿藏靴，来保护脚。嘎东藏靴，其名称意为“嘎东地区生产的靴子”，传说是吐蕃历代赞普都喜爱的靴子，后来也成为噶厦地方政府和上层贵族僧侣的靴子，具有制作精美、费时费力、生产量小、价格昂贵等特点。公元565年，嘎东参卓林寺与扎什伦布寺往来频繁，合作创办了藏靴厂，从不丹、印度和祖国内地引进原材料，制作出了高档藏靴，其中以掐若靴和贾青靴最为有名，深受后藏各界人士的喜爱。后来，扎什伦布寺请来造靴高手普顿大师，他改良和创造出了十二种藏靴，并培养了一批弟子，使其成为嘎东藏靴的代表性工匠，开启了嘎东藏靴的新纪元。2013年，嘎东藏靴制作技艺入选西藏自治区第四批非物质文化遗产代表性项目名录。

二、嘎东镇藏靴厂

嘎东镇位于白朗县北部，面积368平方公里，有980户、7700多人，生产方式以农业为主、牧业为辅。耕地面积为1080.5公顷，农作物主要有青稞、小麦、油菜、豌豆等。牧业主要饲养牦牛、绵羊、山羊等。盛产贝母、雪莲花、车前草、土黄连、当归等。

图 6-6 从右向左第四人（身着藏装者）为巴桑卓玛

嘎东藏靴厂位于嘎东镇马义村。41岁的巴桑卓玛是嘎东镇藏靴厂的管理者（图6-6）。她的丈夫巴桑次仁精通藏靴制作技艺，从小跟随父亲学习藏靴制作技艺，1989年出师后，开始遍访名师，1991年遇到普顿大师的单传弟子米玛大师，便拜师学艺，经过近两年的刻苦学习，掌握了嘎东传统藏靴的制作要诀，制作的藏靴深受人们喜爱。1994年，他又去拉萨皮革厂学习，掌握了新的制作工艺。回到嘎东镇后，巴桑次仁与巴桑卓玛结婚，两人以制作藏靴为生，巴桑次仁夫妇刚开始建立藏靴作坊时，只邀请到自己的师父米玛，后来师父又凭借自己良好的人际关系，请来了5位师父来此工作。在随后的日子里，两人用积攒的资金买了手扶拖拉机、卡车和客车，巴桑次仁跑运输，巴桑卓玛则带领工人制作藏靴。有了一定的资金后，2012年，夫妻二人注册成立了白朗县嘎东镇兴旺传统服饰农民专业合作社，但民间人士仍然习惯称呼它为嘎东藏靴厂。2013年年底，夫妻二人获得了白朗县扶贫款25万元，购买了8台电动缝纫机、10台锁边机、6台皮靴缝纫机，又以妻子巴桑卓玛的名义成立了嘎东镇妇女卓玛传统民族服饰编织厂（图6–7）。经过几年的建设，2015年年底，巴桑卓玛夫妻拥有了总面积为2000平方米的工厂。现在，嘎东藏靴厂有54名工人，其中有8位师父、9名徒弟、37名普通工人，主要从事藏靴、藏装、背包等多种非物质文化遗产产品的生产（图6–8）。

图 6-7　白朗县嘎东镇妇女卓玛传统民族服饰编织厂

图 6-8　藏靴和藏装产品

就销售情况而言，嘎东藏靴厂最大的客户是扎什伦布寺，双方建立了良好的合作关系，扎什伦布寺每次都会预定100~200双藏靴，2015年一次性预定了每双价格为2000元的藏靴400双，这是嘎东藏靴厂自成立以来最大的一笔订单，交货时并不是一次性交货，而是做好一批就送过去一批，扎什伦布寺就会结算一次，一直到送完400双为止。除了扎什伦布寺外，日喀则的其他寺院也会在嘎东藏靴厂预定藏靴。此外客户会通过电话预约的方式订货，这些散客构成了嘎东藏靴厂的另一个重要客户群。嘎东藏靴厂还会给日喀则市的一些旅游纪念品商店供货。随着西藏旅游业的发展，国内外游客购买藏靴的人也逐渐多了起来，有的慕名而来直接买走，有的则通过与嘎东藏靴厂有业务关系的旅游纪念品商店预定。按照目前的情况，嘎东藏靴厂一个月能够生产300双藏靴，但每到藏历新年前夕，来厂里定做藏靴的散户就会较平时多出很多，厂里的工人会加班加点做，以满足客户的需求。

2015年，嘎东藏靴厂在广州白云区石井镇开设工厂专门制作藏靴靴底，大大减轻了工人们的工作量，也使藏靴产量大为提高。因为生意太好，为了更好地经营，嘎东藏靴厂聘请32岁的尼玛欧珠来协助管理工厂，他懂得销售，汉语流利，办事精明稳妥，将嘎东藏靴厂管理得井井有条。

2013年，嘎东藏靴入选西藏自治区级非物质文化遗产代表性项目名录后，厂里经常组织人员参加非物质文化遗产展览会，时间一般在藏历6月18日–26日，由西藏自治区群艺馆负责住宿，藏靴厂给每人每天发放80元餐食补助。

三、嘎东藏靴制作技艺的传承

嘎东藏靴由靴底、靴面两部分组成，牛皮纯手工制作，藏靴底子的皮子是以每斤40多元的价格从拉萨皮革厂买来的，藏靴面子上的皮子是从杭州以每尺35元的价格购买的。嘎东藏靴厂刚成立时，每个工人都是独自完成藏靴的制作，熟练工人要3天才能制作一双藏靴。2014年藏靴厂实行改革，进行流水式作业，将工人分为6组，靴底组9人，负责制作靴底；鞋筒组7人，负责制作靴子的套筒；织布组12人，负责制作氆氇；纺线组8人，负责制作靴线；靴样组7人，负责制作靴子的图案；绣花组6人，负责给靴面绣花；打杂工5人。每一组的人员只负责本组制作程序的一道工序，至少4人才能保证制靴工作的顺利运转。在制作藏靴的过程中，难度最大的是制作靴底，因为靴底全靠手工纳，持针的姿势一定要正确，否则就会刺破手指或手心，手指一旦受伤，就会影响穿针引线，降低工作效率，藏靴靴底的针线纹路必须清晰，如果靴底的走线纹路不规整，即使靴面多么华丽，也会直接影响到靴子的价格。靴子做好以后就要在靴面上绣花，现在已经改为机器绣花，更加快捷。

嘎东藏靴鞋筒上的花纹流传下来的共有十六种传统样式，可分为十二种基本样式和四种变动样式。但现在的藏靴花纹制作为了追赶潮流，也慢慢发生了变化，除了采用以前传下来的十六种花纹外，也开始吸收一些外来的花纹样式。一般情况下，批量订制的藏靴的花纹样式是统一的、固定的，其他散户订制藏靴时可根据自己的喜好，从现有的花纹样式中挑选自己喜欢的花纹样式来装饰鞋筒。

藏靴厂工人们夏天的上班时间是从上午8：30至晚上8：30，中午休息一个小时；冬天的上班时间是从上午9：30至晚上7：30，中午休息一个小时。工人们的工资是按天计算，男工人的工资要高于女工人，女工人每天的工资在70~100元之间，男工人的工资在100~125元之间。师父的工资为每天200元，徒弟的工资则根据工作年限的长短来决定，第一年为每天50元，第二年为每天70元，第三年为每天100元。年终时根据工作量发放每人2000~5000元不等的奖金。这些工人都是不脱离生产的农牧民，藏历2~3月要让他们回去种地，藏历7月中旬~8月中旬要让他们回家收割庄稼。每逢农忙季节，厂里能够保证正常出工的工人只有15人，这两个月的藏靴产量是全年中最低的。

个案1：38岁的尼玛吉巴是嘎东镇人，已经在藏靴厂工作了三年时间，主要从事用羊毛制作缝鞋线的工作，缝鞋线一定要制作牢固，否则就会使藏靴开帮，所以她只做这一个工作，每月工资为2000元，如果一个月下来不缺勤的话，还可以得到600元全勤奖。

个案2：37岁的片多是嘎东镇人，在藏靴厂工作了两年多时间，主要是制作藏靴底。这是一个非常费力的工作，要一层一层纳鞋底，制作比较慢，每月只能拿到2000多元的工资。

个案3：62岁的吉祖是嘎东镇的老艺人，从14岁就跟随师父学习制作藏靴，17岁出师后开始自己制作藏靴。嘎东藏靴厂成立时，请他过来当师父，每月支付工资5000元。由于他的制鞋技术过硬，藏靴厂就把培养年轻学徒的工作交给了他，每带出一个学徒，藏靴厂就会给他1500元奖金。因为现在制作藏靴时使用的都是半成品材料，所以带学徒的时间一般为两年，吉祖一共为藏靴厂培养了10个学徒，都在厂里从事不同工种的制鞋工作。他带学徒的唯一标准是能吃苦，如果学徒不能忍受制鞋工作的枯燥无味和工作强度，他就会辞掉这名学徒，让其另寻师父。吉祖的大儿子尼玛在小学毕业后跟随他学了近9年的制靴技术，虽然能够独自制作漂亮的藏靴，但觉得做靴子太费时间，就改学制作藏装的手艺了，现在在拉萨工作。其他两个儿子也不愿意跟他学做藏靴。

个案4：22岁的多吉是嘎东镇巴雪村人，妻子名叫卓玛，家里有66亩田地，每年种植青稞可以获得4万多元的收入。他初中毕业后就在叔叔的带领下，来嘎东藏靴厂学习制作藏靴，已经工作了4年多时间。他刚来时，从制作靴筒学起，一个月后学有所成，然后又跟着另外一名师父学习制作靴底，学习半年后开始学习缝制靴筒和靴底等工作，直到3年后独自制作出了第一双藏靴，现在每月可制作出4双僧人所穿的藏靴或者12双普通藏靴，每月可以领到3300元工资。由于工作效率高，每月还能领到700元奖金。

现在，嘎东藏靴厂除了生产藏靴外，还能制作金鼎花帽、氆氇藏装等民族服饰和旅游纪念品。2013年经济收入为60多万元，2014年经济收入为80多万元，2015年则突破了100万元。作为嘎东藏靴厂的实际管理者，巴桑卓玛对工人的管理非常严厉。正是在她的严格管理下，嘎东藏靴厂才从一个家庭作坊发展为具有现代化气息的工厂。她希望孩子们能够继承这份工作，2015年，她派18岁的二儿子尼玛平措和其他六名员工到广州学习机器制作藏靴靴底的技术，让16岁的三儿子达瓦次仁学习财会专业，为孩子们以后到家族企业发展做准备。现在，嘎东藏靴厂已经开始使用机器倒模的靴底，大大提高了藏靴的生产效率。

四、嘎东藏靴厂面临的困难

目前，困扰嘎东藏靴厂最大的问题是人才的外流，一些年轻人觉得在厂里工作不自由，学会手艺后就会三三两两地出走，自己开店。在嘎东藏靴厂学成出走的学徒中，有5人在日喀则市开设藏靴制作店铺，有4人在嘎东镇开设藏靴制作作坊，都没有离开日喀则市。其中，最出色的学徒是巴桑罗布，只用了一年多时间就学会了藏靴制作的所有技艺，制作的藏靴质量上乘，因为不满足每天只拿70元工资，所以在2015年初和另一名工人达娃罗布一起离开了嘎东藏靴厂，在村口自己开了家藏靴作坊亚朗藏靴制造厂。

五、嘎东藏靴制作工艺创新的思考

我们发现，手工制作藏靴需要大量劳动力，可以提供很多的就业机会，一些从事原料加工的工种，女性工人甚至可以终生从业，具有增加嘎东镇群众现金收入的现实意义，从根本上保障了藏族群众特别是女性工人的生存权和发展权。通过投身到手工制作藏靴的过程，可以让女性工人在织布、纺线、手工绣花、制作图案的过程中获得一种成就感，既是对手工技艺类非物质文化遗产传承人主体地位的肯定，也有利于激发传承人的创造力。

在嘎东藏靴厂的发展过程中，藏靴制作工艺已经从纯手工制作演化为半机器加工，而且产品不再仅仅局限于藏靴，品种变得日益多元化，与民众的生活紧密地联系了起来，使嘎东藏靴厂适应市场的能力得到大幅度提升。但从非物质文化遗产保护的角度来说，使用机器加工藏靴的靴底、给靴面绣花已经破坏了手工技艺类非物质文化遗产的手工制作原则，如前所述，靴底的好坏是评价藏靴质量的重要标准，如果用机器倒模制作的靴底取代了手工制作的靴底，长此以往，嘎东藏靴厂的年轻学徒将失去学习手工制作藏靴靴底技艺的机会，只能使用机器压模的靴底，这势必会改变嘎东藏靴的传承基因。而使用机器给嘎东藏靴的靴面绣花也会扼杀女性绣工的创造力，因为女性绣工情绪上的细微变化，都会使绣花图案发生变化，使绣花呈现出千姿百态的特点，表现出女性绣工的绣花功力和审美价值，这种活态性是手工生产方式区别于机器生产方式的最重要的“非物质”因素，而使用机器绣花则只要求女性绣工按照既有图案在靴面上进行标准化缝制，确保“千花一面”，不允许女性绣工进行图案形态上的创新，扼杀了女性绣工的创造力，也使藏靴失去了灵气。

但是我们也要看到，手工技艺类非物质文化遗产是满足人们生活需要的工具，其技术本体和价值意义都取决于一定的功利目的，只有在创造社会财富的实践中，只有产品被人欣赏或消费时，才能真正激发传承人的热情。从这个意义上来说，嘎东藏靴厂的工艺创新虽然违背了手工制作原则，但却满足了市场需求，收到了良好的经济效益，增加了工人们的经济收入。嘎东藏靴厂在日喀则藏靴行业中的龙头地位，或许能够使客户逐步适应嘎东藏靴在工艺上的变化，当然，这还需要时间的检验。

从嘎东藏靴厂外流的年轻人创业代表着嘎东藏靴制作技艺的另一种传承途径，他们开设的藏靴作坊具有生产规模小、投入资本小、占用流动资金少、生产管理成本低的优势，仍然沿用着传统的手工制作藏靴的工艺，不需要先进的工具设备和众多的人手，经营方式比较灵活，对工作环境的要求不高，可以让人居家工作，能够满足喜欢手工藏靴的消费者的生活需求，具有依靠熟人社会网络进行销售的特点。随着西藏民众经济收入的增加和生活水平的提高，对手工藏靴的需求量应该会越来越大，这为散落在嘎东镇的众多藏靴作坊提供了广阔的市场。也许这些延续非物质文化遗产传统技艺的藏靴作坊才能代表嘎东手工藏靴的未来。

第三节　杰德秀邦典编织工艺的集体化传承

杰德秀镇位于山南市贡嘎县东部，是闻名的“围裙之乡”，也是西藏“八大古镇”之一，2017年入选全国第二批特色小镇。1959年建区，1987年建杰德秀乡，1999年改称杰德秀镇。面积约210平方公里，辖杰德秀、色麦居委会和秀尔、克西、果吉村委会，有28个自然村，人口7913人，生产方式以农业为主，兼有牧、副、手工业。耕地面积1417亩，种植青稞、小麦、土豆和油菜，是贡嘎县的粮食主产区之一。草场面积9671.5公顷，主要饲养牦牛、黄牛、山羊和绵羊。16世纪末至18世纪初，杰德秀是西藏有名的商品集散地，有来自尼泊尔、缅甸等地的商人在此经营日用品，并把当地的特色手工艺品销往本国。现在，杰德秀镇以生产邦典而闻名全藏，有“邦典之乡”的美誉。2006年，杰德秀邦典编织工艺相继入选西藏自治区级和国家级非物质文化遗产代表性项目名录。

一、杰德秀邦典的来历

传说杰德秀邦典与文成公主有着密切的关系。公元7世纪，吐蕃赞普松赞干布迎娶文成公主，在返回途中经过杰德秀，文成公主看到当地百姓衣不遮体，穿的衣服非常破烂，不忍心老百姓受苦，就给妇女们传授了纺织围裙和氆氇的技术，后来该技术演变为邦典编织工艺，一直流传至今。邦典是用五彩的、细横线条羊毛线纺织制成，原料与氆氇相同，但具有单薄小巧、色彩鲜艳、花纹多样的特点。从纹路上来划分，可以分为宽纹和细纹两种，是藏族妇女系在腰间的装饰品。在民族交往过程中，人们习惯于称呼其为藏式围裙。藏族人还将邦典广泛用于挎包和藏装边上，起到装饰的作用。

二、杰德秀邦典的传承方式

邦典[①]属于羊毛织品，它的编织工序特别繁琐，需要清洗羊毛、梳毛捻线，以细捻为经、粗捻为纬，然后再用编织机器进行编织，经过织图、着色、浆染、揉搓、晾晒等工序后，才能完成。在杰德秀镇邦典编织史上，相继出现了手工邦典和机器邦典。手工邦典又有手工羊毛邦典和手工现代毛线邦典。用传统的方式手工编织羊毛邦典非常费力，原材料价格较高，选用羊的脖子、前胸、后背处的羊毛一斤要16元，造成邦典成品的价格也很高，大多数妇女都买不起。2005年，颜色鲜艳的毛线吸引了邦典编织者的目光，她们尝试用毛线编织邦典并

① 即藏族妇女腰间系的彩色围裙。

取得成功，因为原材料价格便宜，邦典成品的价格也很低，一个才卖25元钱，所以很快风靡西藏。2010年以后，机器织机大量进入西藏，由于机器编织速度快、产量大，降低了羊毛线邦典的价格，羊毛线邦典逐步取代了毛线邦典。对当地人来说，虽然人们不喜欢机器邦典，但是因为价格便宜，所以女性一般平时围机器邦典，过年过节时就会围上手工邦典。就客户而言，购买邦典的以日喀则的人最多，还有不丹和尼泊尔的人。

（一）家庭传承

编织邦典是杰德秀镇的主要产业，几乎每家每户都有织机，都在从事邦典编织工作，手艺也是世代相传。人们从十三四岁开始跟随父母学习编织邦典，因为这个时候人的视力是最好的，到40多岁以后，人视力下降，只能编织，但无法胜任缝制邦典的工作。在杰德秀镇，一般女人都会编织邦典，即使是从外地嫁过来的女性，也会跟随婆家人学习编织邦典。这里的每家每户都有编织机，一家人在家里编织，然后拿到拉萨市区去卖，一块邦典能够卖到35元人民币。2015年以后，扎囊县的人主动到杰德秀镇挨家挨户收购邦典，价格在110~220元之间。可以说，家庭传承是杰德秀邦典编织工艺传承的主要方式。

个案1：次仁旺堆夫妇的邦典编织工艺都是跟随父母学的，他们结婚以后，农忙时干活，农闲时编织邦典。在30年前，编织邦典完全是自给自足，自己养羊、剪羊毛、捻线、编织、缝制。他们还教会了两个女儿编织邦典，女儿一个嫁到了堆龙德庆县，一个留在了本地，本地的女儿现在还在编织邦典。现在编织邦典都使用成品毛线，比较方便。宗仁旺堆虽然已经67岁了，但仍闲不住，在家里边听收音机边编织邦典，打发时间。

（二）工厂传承

随着西藏经济社会的发展，杰德秀镇人的思想观念也悄然发生了变化。2010年以后，杰德秀镇出现了两家从事邦典生产的规模性工厂，分别是格桑邦典制作厂和杰德秀围裙厂（图6–9），都已经传承了两代人。

图 6-9　杰德秀围裙厂

嘎日是杰德秀邦典编织工艺国家级非物质文化遗产项目代表性传承人，2007年创办了格桑邦典制作厂，雇了35个女性工人，逐步将工厂发展成为杰德秀镇规模最大的一家邦典制作企业。工人们进厂后要在师父的指导下边学边干，学习使用新的机器，尽快适应高强度的工作，按时按点上班。格桑邦典制作厂的产品不仅销往西藏各地，还远销到尼泊尔、不丹以及欧洲各国。由于以前家里经济条件差，为了能多供几个孩子上学，嘎日和丈夫决定让能干的女儿旦增卓嘎退学帮家里干活，旦增卓嘎从15岁开始学习邦典编织工艺。2012年，父亲去世，24岁的旦增卓嘎成为母亲的得力助手，负责外销。旦增卓嘎对邦典有着清醒的认识，认为邦典主要销售地只能在西藏，所以仍然以制作邦典原料为主，以杰德秀镇的集体商标“杰秀”进行销售。在深加工方面，由于缺少设计人员，她只能找区外的公司帮助设计图案，然后制作围巾、包和抱枕等物品。也给拉萨一家名叫卓篇比的公司供应长度为1米的邦典，这家公司会将其加工成沙发靠枕、桌布，甚至装饰酒店的桌椅、床头。在做生意的过程中，旦增卓嘎学会了说普通话，并能够流利地用普通话和别人进行交流。2014年新建厂房时，还争取到自治区文化厅80万非物质文化遗产扶持经费，用来扩大场地，购买机器设备（图6-10）。2016年，在文化部委托专家的帮助下，格桑邦典制作厂生产出了名为卓嘎·虹的鞋和屏风，销路很好。她还制作了新式围巾，通过网络销售。工人的工资也从最早的一米20元涨到25元，2015年7月，新厂开工时涨到了30元，现在则是一米50元。旦增卓嘎经常参加各地的展销会，去过上海、广州、北京、成都和西安等地。

图 6-10　织邦典的机器

杰德秀围裙厂是1998年普次和姐姐一起开的，也是当地最早的一家工厂，但是后来由于出现了账目问题，普次不再经营了，而是转让给外甥小两口，但是由于他们一直在外面读书，不会编织邦典，不熟悉做生意的流程和规矩，没有继承普次的经营之道，和工人的关系紧张，甚至发生过冲突，现在已经无法维持了。

个案2：51岁的巴桑是格桑邦典制作厂的工人，因为女儿怀孕了，所以她来厂里给女儿顶班。她认为格桑邦典制作厂规模大、口碑好，工人也相对固定。其他工厂一般只要20~30岁的年轻人，不要中年人。

（三）商店式经营

杰德秀镇还有一些坐商，充当邦典买卖的中间商，自己编织的同时，还联系一批固定的织户，给自己定期供货，再进行加工后批发、转卖，发挥了联络买家和织户间的桥梁作用（图6-11）。

图 6-11　商店里收购的手工邦典

个案3：36岁的达堆是缝制邦典的高手，她和姐姐从小跟随父亲学会了缝制藏装。她手下有10户工人，都在各自家里编织邦典，每隔7天送一次货，她以110元一个的价格收购，缝制好以后给扎囊县的商人供货，一年结一次账，每次结账时对方会多给2000多元的奖金。

个案4：65岁的次仁德吉编织邦典已经有40年历史了，她25岁时跟随爷爷学会了编织邦典。2005年，她不再编织邦典，开了一家专门销售邦典的商店，做批发生意，目前和一个日喀则的大客户已经合作了12年，这个客户每次都要批发170元一件的邦典500件。原料主要是从杰德秀镇织户家里收购，由儿子和儿媳进行缝制。有14家织户一直负责供货，已经合作了9年时间，最快的一家织户10天送13米邦典，价格在85~130元之间。

三、杰德秀邦典编织工艺的社区传承

邦典编织是杰德秀社区的重要手工业，可以说是全员编织，形成了体量巨大的半专业化编织队伍，实现了非物质文化遗产的集体性传承和生产，使邦典编织技艺成为杰德秀社区的重要文化资源，也被西藏民众广为接受和认可，获得了良好的社会声誉。现在，依靠编织邦典获得的经济收入已经占到了当地民众家庭收入的一半还要多，成为人们获取现金收入的最重要来源。这样一来，邦典编织工艺得到了杰德秀社区民众的精心保护。

按照《保护非物质文化遗产公约》的精神，非物质文化遗产应该由创造、维护和传承它们的社区、群体或个人来确认和定义。从这个意义上来说，邦典是杰德秀社区民众的非物质文化遗产，从事邦典编织的女性才是非物质文化遗产的管理人，她们拥有确认和定义邦典的权利。从邦典编织工艺的发展过程来看，这些编织邦典的女性已经认识到非物质文化遗产的持续变化性，没有将它们变为标本，而是进行积极的探索，使用腈纶毛线编织邦典就是她们根据藏族民众的现实需要而做出的尝试，体现了对社区民众的尊重，是编织邦典的女性参与到非物质文化遗产保护全过程的重要体现。

非物质文化遗产只有被社区民众不断运用才是最富生命力的，杰德秀社区的女孩们一般都是从十三四岁就开始跟随父母学习邦典编织工艺，在家庭这个小环境中和杰德秀社区这个以邦典编织为业的巨大场域中，女孩们耳濡目染，很快就能学会这一技艺。即使是在工厂里使用机器编织邦典，杰德秀社区的年轻女性也很快就能上手。我们发现，现在，杰德秀社区生产的邦典主要是手工编织的羊毛邦典和机器

编织的邦典，毛线邦典已经退出了市场，这是杰德秀社区的邦典编织者面对经济利益时所做出的集体性选择，充分体现了非物质文化遗产生产性保护所追求的“材料原真”特点。虽然机器编织的邦典占据了一定的市场份额，但是手工编织的邦典却牢牢占据了杰德秀邦典的金字塔顶端，成为杰德秀邦典的象征物。从这一意义上来说，机器编织的邦典并没有撼动杰德秀邦典编织工艺的地位，杰德秀邦典保留住了其核心技艺，也延续了杰德秀邦典在西藏社会中的良好口碑，这又为邦典的销售打下了坚实的基础。

从销售的角度来说，由于有扎囊县商人群体的存在，杰德秀社区中以家庭为单位的绝大多数邦典编织者就不用担心邦典的售卖问题，这种明确的社会分工给邦典编织者提供了宽松的市场环境，解决了他们的后顾之忧，保证了手工业者的经济利益，使他们的工作变得非常单纯，从而确保邦典编织这一劳动密集型手工业拥有足够的人力资源，能够确保其专心从事邦典编织工作，促进了邦典编织工艺这一非物质文化遗产的传承。而从事邦典生产的工厂也在传承到第二代人时出现了分化。掌握了邦典编织工艺，能够做到与社区民众和睦相处的一方胜出；而不会编织邦典、不熟悉社区环境、没有掌握与社区民众相处之道的一方陷入了无以为继的境地。这充分说明了杰德秀社区是一个实实在在的熟人社会，口头契约和诚信是维持这一社区运行必不可少的行为法则，不能单纯依靠商业化模式进行管理。

当然，杰德秀编织工艺的传承并不是一帆风顺的，也遇到了一些问题。由于受市场经济的影响，随着拉萨经济圈影响力的不断扩大，近几年来杰德秀的年轻女孩更喜欢去拉萨打工，希望过上城市人的生活，不愿意再从事祖辈流传下来的传统手艺，这是困扰杰德秀邦典编织工艺代际传承的主要原因。此外，缺少具有一定知识的设计师是限制杰德秀邦典创新的又一个原因。

第四节 西藏非物质文化遗产促进女性发展的意义和作用

上文中提到的民族手工业加工专业合作社、工厂、村落和商店等各类非物质文化遗产传承单元均是把以前满足家庭、个人自我需要的传统手工技艺产品转化为面向消费者的产品，在这个过程中，传承结构中的部分要素必然随之发生变化。我们认为，以上案例具有一些共同点：因为传统手工技艺作为一种劳动密集型的生产活动，具有费时费人工的特点，所以必须要有一位大胆、敢于尝试商业经营、投入资金的女性招募当地人，以某种形式将大家聚集在一起，组成具有“企业”性质的经营性组织。这个组织的核心骨干群体在保留传统手工技艺的基础上，不断琢磨市场需求端——消费者对于手工技艺产品的不同需求，在产品种类、产品造型、产品功能等方面进行适应时代特征的调适，使藏族女性的传统手工技艺的传承结构发生了局部性转变，传统手工技艺的商业化倾向逐渐增强。以企业生产为平台，藏族女性传统手工技艺可能不再以村落、家庭式日常生活传承为主，更多是以技术培训为主要方式，藏族女性聚集在一起工作，相互学习、交流手艺，使传统手工技艺继续传承。这种具有商业性质的生产平台发挥了发现、培养、聚集和保护优秀藏族女性手工业者的作用，构建起一个有利于当地传统手工技艺继续传承的新的文化生态。

一、西藏非物质文化遗产为年轻女性提供了改变命运的机会

通过上文的叙述，我们发现这些从事非物质文化遗产传承的西藏女性具有两个共同的特点：一是幼时家庭贫困，很小就要担负起生活的重担；二是学历层次非常低，绝大多数只有小学和初中文化程度，甚至还是文盲。客观地说，如果没有非物质文化遗产保护工作，这些

女性就只能像自己的父母一样延续平凡的生活。正是国家实施的非物质文化遗产保护工作，给她们创造了改变自己命运的机会，使她们能够凭借自己所掌握的非物质文化遗产手工技艺获得财富，甚至通过自己的努力，创立公司，为掌握同样非物质文化遗产手工技艺的农牧民妇女提供就业机会，使她们用非物质文化遗产手工技艺生产出来的产品获得现金，这种经济效应还会通过她们及其产品进行扩散，使更多妇女主动学习这种技艺，从而促进了非物质文化遗产的传承。此外，她们的成功在西藏发挥了很好的示范作用，打破了“非物质文化遗产无用论”的谬论，带动了其他西藏农牧区妇女利用手中的非物质文化遗产手工技艺进行创业。

《保护非物质文化遗产公约》最重要、最核心的理念是非物质文化遗产保护离不开其所在的社区及民众，社区民众传承非物质文化遗产的能动性有多大，这一非物质文化遗产的生命力就有多强。上述案例充分印证了这一观点。这种基于西藏地方社会发展实际情况的经济产业发展模式，由于充分顾及了西藏女性所处的社会文化背景，才使她们能够通过自己的勤奋努力，迅速战胜贫困。从西藏社会可持续发展的视角看，这些藏族妇女充分利用了根植于地方的文化资源，在商业化经营中不同程度地实现了自己的抱负，藏族女性主动传承的手工技艺类非物质文化遗产项目，不仅增强了西藏传统手工技艺创造性转化和创新性发展，而且促进了西藏地方经济的发展。这反过来提醒以政府为主导的非物质文化遗产保护工作，应该从西藏民众自下而上的视角来审视非物质文化遗产保护，激励当地民众主动参与到非物质文化遗产传承过程中来，从而慢慢带动非物质文化遗产传承社区整体上发生变化。

二、西藏非物质文化遗产提高了西藏妇女地位

几乎世界各地的人们都认为男女之间的差别是自然的、内在的、天生的。在大多数过去和现在的社会中，与性别劳动分工相联系的任务和角色，一般都把男人的劳动凌驾于女性的劳动之上。[①]长期以来，农牧业一直是西藏民众的主要生产方式，男性在生产活动中占有绝对优势。我们发现，基于男女性别上的差异，上文所提案例也呈现出西藏手工技艺类非物质文化遗产传承在男女分工上的不同，一些需要体力的传统手工技艺，如藏靴制作技艺，男性占有很大优势。而在纺织氆氇、邦典、制作藏装等方面，女性又比男性具有先天优势。西藏妇女正是充分发挥了自己在传统手工技艺上的优势，借助快速发展的商业平台，获得了良好的经济收益。与过去的时代相比较，现代藏族女性的潜力正在得到越来越多的显现，文化水平不高的她们有机会向社会证明，她们也能与男性一样在促进社会发展的过程中发挥作用，有的是既懂传统技艺又有组织领导力的女性，有的是密集型传统手工业生产领域中的杰出代表，有的则是从喜好转向创业的女性，她们代表着擅长传统手工技艺的藏族女性群体在文化产业中扮演的不同角色，对藏族社会产生了一定的影响力。

历史上，西藏手工业者的社会地位很低，虽然她们能够生产出各种各样名贵的民族服饰，但是自己却没有资格享用。即便现在，手工编织的邦典也因为价格高昂而不是每一个藏族妇女能够天天佩戴的，这说明西藏农牧民妇女的经济收入特别是现金收入仍然较低。广大农牧区妇女只能在家务农、带孩子，丈夫则负责处理家庭之外的事情，形成了男主外、女主内的情况，就是杰德秀镇这样的地区商业中心，男性仍然占据着社会的主导权。2016年6月，联合国教科文组织召开《保

---

① [美]卢克·拉斯特著，王媛、徐默译.人类学的邀请[M].北京：北京大学出版社，2008.p159.

护非物质文化遗产公约》第六次缔约国大会，在《实施〈保护非物质文化遗产公约〉业务指南》中补充了非物质文化遗产传承与性别、就业方面的议题，指出民众如果能以非物质文化遗产为职业，是适应传承者实际生活的有尊严的就业形式。[①]由于女性是一些手工技艺类非物质文化遗产生产过程中的主力军，随着市场经济的发展，这些女性也能够像男性一样从幕后走到台前，出售自己生产的非物质文化遗产产品，赚取现金来补贴家用、改善自己的生活，甚至自己开公司，获得经营的主动权，既给非物质文化遗产创造出了更加广阔的天地，也使妇女社会地位得到空前提高，实现经济独立。

三、非物质文化遗产产业与女性就业的结合，有利于减贫，实现性别平等。

在旅游业的带动下，西藏的文化产业发展迅速，越来越多的西藏民众进入到这个新兴产业，丰富多彩的传统文化和民间文化表现形式也被囊括到商品范畴中来。正如联合国教科文组织报告就此所阐述的那样："手工艺品和跨国旅游业在文化和经济上非常重要：前者赋予各种装饰品或家庭用品以艺术外形；后者赋予了人们在原汁原味的环境中体验文化多样性的机会。"[②]以旅游业为龙头带动的文化产业经济，为很多擅长传统手工技艺的西藏民众带来了赚钱机会。

阿马蒂亚·森（Amartya Sen）对"发展"曾作这样的阐述："发展是所有人平等地扩大各种自由的过程。发展本身就意味着减少贫困人群，让人们获得更为公正的待遇。"[③]上文中提到的藏族女性及其所带领的其他女性，通过自己的手艺获得经济收入，这为她们的后代拥有

① 联合国教科文组织亚太地区非物质文化遗产国家培训中心. 2003年〈保护非物质文化遗产公约〉基本文件（2016年版）[Z].2016. p78.

② 联合国教科文组织.着力文化多样性与文化间对话[R].2012.P167.

③ 世界银行编，胡光宇、赵冰译.2012年世界发展报告 性别平等与发展[R].清华大学出版社，2012.p3.

更好的未来奠定了坚实的基础。文中所论述的藏族女性中的佼佼者通过自己的努力，建立起有利于性别平等的社会环境，使女性也能在西藏社会发展过程中发出自己的声音。可以说，这些藏族女性以自己所掌握的非物质文化遗产技艺为经济资源，赢得了应有的经济地位和尊严。这也是我国主动参与、积极落实2015年联合国可持续发展峰会通过的《改变我们的世界——2030年可持续发展议程》的具体体现，该议程目标5a指出：根据各国法律进行改革，给予妇女平等获得经济资源的权利，以及享有对土地和其他形式财产的所有权和控制权。西藏地区藏族妇女用自己的行动证明了这一内容的可行性和重要性。

四、树立了大学生创业的典范，为大学生创新创业提供了舞台

西藏女大学生虽然没有掌握非物质文化遗产生产技能，但是她们良好的教育背景和知识储备却帮助她们另辟蹊径，吸收了非物质文化遗产的元素，将其与现代生活用品相结合，实现了合理开发，走出了一条小成本、大回报的智力投资之路。这种创业方式有利于缓解西藏日益严峻的大学生就业形势，使大学生能够利用自己的知识优势积极创业，或者与从事西藏非物质文化遗产产品生产的公司合作，提供相关服务，促进发展。

但是我们也要看到，技术人员流失、年青女性不愿传承手艺、缺少设计师等问题正在困扰着这些女性创业者，按照现代商业模式营销非物质文化遗产产品已经成为这些女性创业者的必然选择。因为这些女性创业者身后是一群掌握了非物质文化遗产技艺的农牧区妇女，这些妇女要依靠自己制作出来的非物质文化遗产产品换取现金，来改善家人的生活。所以，要想激发西藏农牧区妇女传承非物质文化遗产的动力，必须要使她们生产的非物质文化遗产产品具备一定的经济价值，能够顺利转化为商品，否则就会出现非物质文化遗产传承人所说的“做非物质文化遗产传承都是亏本生意，政府必须要进行相应的补偿才能维持”。为了生存，非物质文化遗产传承人经商就不可避免，只有能够带来实惠，妇女们才愿意继续从事非物质文化遗产产品的生产工作。所以，从这个意义上来说，西藏社会要对蜕变为商人的女性非物质文化遗产传承人和创业者持包容态度，不能一味强调女性非物质文化遗产传承人的义务，而是要给她们创造出更大的发展空间。在这一方面，西藏各级政府特别是妇女联合会应担起责任。

整体而言，与现代大企业生产规模相比较，以传统手工技艺为基础形成的合作社、公司都属于小规模生产经营组织，开拓市场的能力比较弱。西藏各级政府和相关部门应有意识地给予倾斜性援助，制定促进非物质文化遗产产业发展的政策，鼓励地方民众参与，将之与精准扶贫的国家战略结合起来，促进西藏非物质文化遗产经营性组织的发展和民众就业，惠益于西藏民众。完善非物质文化遗产产业发展所需要的配套条件，利用政府强大的外联资源，鼓励经营性组织参加有助于推广其产品的各类活动，扩大其知名度，增加其经济收益，并吸引社会资金、保留关键性的技术人员和设计人才，根据自身情况实施传统手工技艺方面的培训工作，形成面向市场的良性循环渠道，成为能持续盈利的经营性实体，为非物质文化遗产产业的发展创造便利条件，实现西藏非物质文化遗产的代际传承。

第七章 非物质文化遗产文化空间的延续和再造

文化空间是一个出现在非物质文化遗产保护范畴中的新术语，诞生于西班牙作家戈伊蒂索洛在20世纪90年代中期为保护摩洛哥马拉喀什老城中的吉马·埃尔弗纳广场及其丰富多彩的口头传统的保护行动中。以戈伊蒂索洛为首的保护者们意识到，广场与活动于广场上的口头传统需同时保护，而不能只选择其中一项进行保护。当时马拉喀什城已进入《世界遗产》名录，但口头传统并不在世界遗产地的保护范畴中。在戈伊蒂索洛的努力下，联合国教科文组织于1997年在摩洛哥马拉喀什专门组织召开了“保护大众文化空间的国际咨询会议”。会上法国人类学家Georges Condominas给与吉马·埃尔弗纳广场相类似的“文化空间”进行了定义：一个大众的传统的文化活动集中的地方，或者通常具有一定周期或某一事件性的时间，这个场所的存在依赖于文化表达形式的存在。[1]这为在城市建筑更新过程中保留吉马·埃尔弗纳广场提供了研究依据，使其作为地方文化认同的一个象征得以被保护下来。

根据该定义，文化空间是指世居于某地的民众长期以来用于举行民间或传统文化实践的约定俗成的一个场所，这与建筑学、设计学、

① Smith, Laurajane, and Natsuko Akagawa, eds. Intangible heritage[M]. Routledge, 2009: 14-20.

规划学中对空间的概念和理解完全不同。文化空间作为一个物质场所，是因人的民间文化和传统文化实践具有了非物质文化遗产视野下的文化价值，不可能每处都像布达拉宫那样本身已蕴含了辉煌的历史、美学、艺术等价值。因此，文化空间可能是每年定期举行祭祀仪式的庙宇，也可能是摩洛哥马拉喀什城中有民间杂耍等表演的吉马·埃尔弗纳广场，也可能是西藏雪顿节期间表演藏戏的罗布林卡和龙王潭公园，甚至只是某一小乡村中的集市，还可能只是一条路。

在快速发展的现代社会中，很多文化空间消失在城市、地区的重新规划和拆迁中，而重建一个新的文化空间则又是一个漫长的过程，往往会使转型能力弱的民间文化和传统文化实践活动失去依托，甚至消失。另外，随着城镇化进程的加快，诸如集市活动、仪式、比赛等传统和民间文化实践在当代也日益濒危，导致其举办地逐渐消失。我们认为，地方文化传统不应该在社会发展中被人们遗忘，而应有意识地采取措施，对文化空间及其中的文化实践活动进行保护，积极鼓励地方民众以文化空间为中心，进行他们所喜欢和认可的文化更新和文化构建，使承载了地方文化记忆的文化空间世代传承下去，成为连接一个地方过去、现在和未来的重要场所。

第一节　西藏非物质文化遗产的文化空间概述

众所周知，农牧业是西藏民众的主要生产方式，藏传佛教是西藏民众信奉的主要宗教，所以西藏的非物质文化遗产自然而然地带有浓厚的农牧业痕迹和宗教色彩。作为非物质文化遗产的重要组成部分，西藏的文化空间也深受农牧业和藏传佛教的影响，表现出鲜明的地域特色。

一、西藏非物质文化遗产文化空间的构成

人类学家将人类对极端自然环境的适应性研究分为对高原环境的适应研究、对严寒环境的适应研究和对酷热环境的适应研究，西藏各族人民在号称“世界第三极”的青藏高原上繁衍生息，很好地适应了高原环境，也创造出了丰富多彩的文化空间。西藏各族人民素来能歌善舞，这也是西藏民众生产生活中不可或缺的一部分。世世代代在高海拔地区生存，西藏民众养成了慢节奏的生产生活习惯，而在适当的时间举行集会则是他们适应地广人稀的生存环境的结果。这样一来，西藏就出现了定期举行传统文化活动或集中展现传统文化表现形式的场所，具有空间性和时间性的特点，在这个基础上催生出了大量的民俗节日，使西藏非物质文化遗产文化空间呈现出季节性的特点。藏历新年正值冬春之交的农闲时节，是西藏民众全民共庆的盛大节日，体现出人们对秋收的喜悦和对春耕的期待，亲朋好友欢聚一堂，举行庆祝活动，整个西藏就形成了一个巨大的文化空间。藏历四月十五日，在“萨嘎达瓦”期间，阿里要举行岗廓转山节，其他地方的藏族民众则要到寺院转经祈福。其他节日多集中在藏历六月~八月间。由于收割庄稼的时间不一致，所以望果节的时间也不一样，雅鲁藏布江河谷地带的藏族民众在藏历六月底陆续开始过望果节，寄托着人们对庄稼丰收在即的欢乐之情。波密西巴斗熊节在藏历六月十五日至十六日举行，表演猎人和熊之间的斗争，两名猎人围绕是否应该打熊进行辩论，表达了维护人与自然平衡的意愿。藏历七月，西藏各地还要举行赛马节，白朗县则要举行盛大的斗牛节。这些节日都在农闲时节举行，人们聚集到固定的空地或草地上，进行各种非物质文化遗产的展演。因此，西藏非物质文化遗产的文化空间必须要在特定的时间、特定的场所举行，这些时间和场所是千百年来约定俗成的，不能轻易改变，各种传统文化的表演是文化空间的重要组成部分。此外，在民俗节日举行的物资交流会、商业洽谈会也扩充了文化空间的内涵。

二、西藏非物质文化遗产文化空间的主体

物质文化遗产和非物质文化遗产最大的区别就在于人的活动，物质文化遗产具有静态性、物质性的特点，而非物质文化遗产则具有动态性、活态性的特点。西藏非物质文化遗产文化空间的主体是西藏各族人民，如果缺少传承特定非物质文化遗产的民众，即使有场所存在，那也会使文化空间因为缺少活力而丧失其存在的意义。非物质文化遗产文化空间的主体具有地域性特点，即要以特定地区创造、传承和享用非物质文化遗产的民众为主体，这些民众在维护文化空间方面发挥着主体作用，不能以其他地区的民众代替。

三、西藏非物质文化遗产文化空间的特点

在西藏非物质文化遗产的文化空间中，交流性和娱乐性是最重要的特点。文化空间的存在，给人们提供了一个定期集会的机会，大量的人群聚集与平时人们的生活形成了鲜明的对比，凑热闹的人们在一起交流信息、分享欢乐，年轻人则谈情说爱，实现了感情上的交流。随着西藏旅游业的发展和交通运输条件的不断改善，为不同地区间人们的交流往来提供了方便，越来越多的人到特定地区的文化空间欣赏非物质文化遗产展演，增强了非物质文化遗产文化空间的活力。人们之所以每年都会到特定的地点参加民俗活动，最主要的原因就是大量非物质文化遗产的存在为人们提供了可供娱乐的条件，刺激了人们的感官，满足了人们的精神需求。

此外，西藏的文化空间还表现出新颖性的特点。为了促进旅游业的发展，西藏各地推出了各种各样的旅游文化节，进行非物质文化遗产的集中表演。从2014年开始，西藏每年都要在拉萨市举办中国西藏旅游文化国际博览会，汇聚全区的非物质文化遗产传承人进行表演，

国内外游客在这里能够看到西藏全区的各类非物质文化遗产产品，还能观赏各地区选送的非物质文化遗产传承人的现场工作，可对非物质文化遗产产品有更为深入的了解。在从2001年开始举行的日喀则市珠峰文化旅游节上，18个县都要依次进行非物质文化遗产表演，给当地民众和广大游客提供了一场视觉盛宴。虽然这些节日不是民间自发形成，而是由官方操办的，但是非物质文化遗产的精彩展演，满足了民众日益提高的审美需求，所以受到了广大民众的喜爱。这些节日每年都在特定的时间、特定的地点举行，而且具有丰富的民族文化内涵，构成了西藏非物质文化遗产的新型文化空间。一方面吸引了大量游客参与，另一方面也给西藏非物质文化遗产提供了一年一次的展演机会。从非物质文化遗产传承人的角度来说，政府还会给传承人支付每天130~170元不等的误工费，使他们在进行非物质文化遗产表演的同时，还能获得一定的经济收入，也能满足他们观赏其他非物质文化遗产、和其他非物质文化遗产传承人交流切磋的愿望，从而促进非物质文化遗产的传承。我们认为，只要政府举办的大型节日能够一直延续下去，就能不断扩充西藏非物质文化遗产的文化空间。

第二节　江孜达玛节的文化展演和空间分析

在西藏现有的国家级和自治区级非物质文化遗产名录体系中，文化空间类非物质文化遗产仅有江孜达玛节一项，2007年入选西藏自治区级非物质文化遗产代表性项目名录，2008年入选第二批国家级非物质文化遗产代表性项目名录。鉴于此，笔者专门用一节内容对江孜达玛节展开了研究。

江孜，其名称藏语意为“胜利顶峰”，地处西藏南部、日喀则地区东部、年楚河上游，面积3771平方公里，总人口6.2万人，是一座海拔4000米的高原小城，有“西藏粮仓”的美誉，主要生活着藏、汉、回等民族。1904年，英国侵略者入侵西藏，江孜军民在宗山进行了激烈的抵抗，战败后战士们全部跳崖自尽，史称“宗山保卫战”。悲壮的历史为江孜赢得了“英雄城”的美誉，使其名扬四海。

一、江孜达玛节简介

“达玛”，其名称藏语意为“跑马射箭”。据说第一个达玛节是为庆祝江孜白居寺落成群众自发举行的跑马射箭比赛。达玛节的传统举行时间是藏历四月十日至二十八日，近些年来，为适应西藏旅游业的发展，改为藏历六月十二日至十四日，时间缩短为3天，日程更短，内容更为精炼。达玛节有专门的场地，称为“达玛场”，现位于江孜县城北部，被群山环绕，北面倚靠“爷爷山”和“曲龙山”，南面正对着巍峨的宗山，由两个相对独立、由甬道相连的场地组成，北面的场地叫作吉塘草坪，有1个标准足球场那么大，主要用于举行达玛节的庆典；南面的场地叫作赛马场，有4个足球场那么大，修建有看台、围栏等设施，只用于赛马。据说，起初达玛节只是在热囊乡下面的拉泽附近举行骑马射箭活动，后来演化为不设骑手的跑马，人们驱赶马匹从热囊乡下面的拉泽一路跑到白居寺附近的马热地方，大约行进3公里路程，观众们分散在沿途观看。1992年，赛马场地才搬到了现在的达玛场，赛马形式也从跑马演变为骑手骑乘马匹参加比赛，逐渐形成了现在的比赛模式和万人空巷的规模。①达玛场门口的道路两旁是自发形成的自由市场，分布着出售木碗、银器、铜器、藏香、氆氇、酥油、

① 根据对养马人贡觉（男，51岁，藏族，江孜县达孜乡人）的访谈整理而成。

蜂蜜以及特色农产品的上百个摊位，非常热闹。至此，达玛节发展成为集体育竞技、文艺表演、群众娱乐、特色商品交易、观光旅游为一体的综合性节日。

二、江孜达玛节的展演过程

现在达玛场的基础设施很好，吉塘草坪建有一座主席台，四周环绕着水泥看台（图7-1）。赛马场四周也环绕着水泥看台，场地中央是一圈高大的铁围栏，栏杆上涂着鲜艳的油漆，在赛马场的入口和出口位置还立有高度约为8米的“塔钦”，上面挂满了五彩的经幡，在太阳的照射下随风飘扬，使达玛场充满了浓郁的民族气息。

图 7-1　吉塘草坪

2015年7月28日（藏历六月十二日）上午10时，一年一度的江孜达玛节正式拉开了序幕，国旗方队、国徽方队、迎宾方队、彩旗方队、非物质文化遗产方队、江孜印迹方队、体操方队、民族特色服饰方队、传统乐器方队、鼓乐方队等十余个表演方队依次走过吉塘草坪，四周的观众纷纷报以热烈的掌声和口哨声，气氛非常热烈。（图7-2）

图 7-2 表演方队

藏族人认为，奔腾的赛马能够带走人们一年中的所有晦气，开启全新的美好生活，所以观赏赛马就成为整个达玛节中的重头戏。开幕式结束后，人们争先恐后地从吉塘草坪涌向赛马场，欣赏赛马的威武雄姿。每一匹赛马都装饰一新，戴着彩色的头套和口衔，在头套的最上面竖立着用20根老鹰羽毛绑成的头饰，下面立着一幅“时龙”神画像，马脖子上系着坠有16个铃铛的马铃和彩色绶带，身上披着缀有旱獭皮毛的彩色卡垫，马尾巴也用彩带包裹起来，呈圆棒状。这种装饰方法使赛马显得格外雄壮，体现出勇往直前的龙马精神。2015年参加比赛的赛马共有78匹，经过抽签后分为10组，8组有8匹，2组有7匹，每匹马沿着跑道奔跑5圈，每组取前4名晋级。经过第一天的初赛后，有40匹赛马获得参加复赛的资格。第二天举行首次复赛，赛马经过抽签后分为5组，每组8匹，经过激烈的角逐，有20匹赛马成功晋级。第三天上午举行第二次复赛，赛马经过抽签后分为3组，两组7匹，一组6匹。经过紧张的比赛，共有10匹赛马晋级决赛，最后在中午决出前6

名获奖马匹（图7-3）。值得一提的是，驾驭赛马的都是年龄在12岁以上的身轻灵巧的小骑手，整个赛马过程非常刺激，在响彻云霄的"我们是一群快乐的骑手，为了新时代，策马奔驰，格巴桑松、格巴桑松……"的激昂歌声中，骑手们骑在没有马鞍的马背上，挥舞着手中的马鞭，吹出尖锐的哨声，驱赶着赛马奋勇向前，在比赛过程中，各种突发状况层出不穷，有的马跑了一圈就跑出赛道，主动退赛，任凭骑手怎么鞭打都无济于事；有的骑手从马背上跌落下来，在人们的惊呼声中，第二名骑手又接过缰绳，翻身上马，绝尘而去；还有的赛马掀落骑手后，独自跑完了整个比赛，博得观众的阵阵掌声。在众多的骑手中，来自达孜乡的12岁小骑手多杰坚参最为引人注目，他骑着自家的黑马，从一开始便冲在最前面，侧身转弯，昂首勒绳，挥舞手中的皮鞭不停地抽打赛马的颈部和臀部，甚至伸展双臂，摆出各种高难度姿势，最终，他驾驭的赛马连续赢得了初赛和复赛。

图 7-3　奔腾的赛马

看台上、场地中都挤满了人，除了江孜当地的藏族民众外，其他省市和国外的游客也随处可见，人们的脸上荡漾着幸福的笑容，虽然语言不通，但目光对接时，大家都纷纷报以诚恳的微笑，使达玛场汇集成欢乐、和谐的海洋。

经过连续三天白热化的激烈角逐，达孜乡的一匹叫做“次仁瓦珠”的黑马拔得头筹，获得2015年赛马比赛的冠军，马主人平措得到2万元奖金和一对价值1500元的藏式方桌。按照传统习俗，“次仁瓦珠”被视为江孜县的神马，备受人们的尊崇。

除了赛马比赛外，达玛节还会举行独特的牦牛赛跑，藏语称为“亚久”（图7–4）。这个项目的难度要远远大于赛马，因为牦牛根本不听指挥，也不会转弯，只能跑约200米直线距离，而且每次都要由4~5个壮汉将其拽扯到起跑线上，特别费力，一不小心，牦牛就会发飙，用犄角顶人，引起牛群的连锁反应。虽然牦牛看起来很笨拙，但跑起来却一点都不含糊，速度特别快，一眨眼的工夫就窜出好远，浑身的长毛迎风抖动，显得霸气十足，极富观赏性，而其将选手们掀翻在地则会成为大家津津乐道的话题。

图 7–4　赛牦牛

在达玛节上，江孜英雄城的男儿们自然不会错过展示武艺的机会，要参加包括打枪、射箭在内的骑射比赛。参赛的“达巴”（骑手）装饰一新，头戴红色“索夏”帽子，身穿用黄色丝绸制成的长袍，脚蹬马靴，手持“波达”火枪，身背弓箭，在策马奔驰的过程中先用火枪射击铁制靶心，再弯弓搭箭射向布制箭靶，随着一声巨大的火枪声响起，“达巴”被浓烈的烟雾包围，博得观众们的欢呼（图7-5）。因为枪靶和箭靶之间的距离只有20米，所以很多“达巴”打了枪就没有时间射箭，只能用手投掷弓箭，造成脱靶，引发观众的唏嘘声。这种高难度的连环射击比赛结束后，就会举行单一的射箭比赛（图7-6）。这时“达巴”们纷纷各显神通，命中箭靶的人不在少数，观众们也报以热烈的欢呼声。

图 7-5　射击比赛

图 7-6　射箭比赛

如果说跑马射箭是技巧的表演，抱石头比赛则是力量的展示（图7-7）。据说比赛所用的那块半人高的石头，重达200斤，多年来一直是比赛的“专用石”，壮汉们纷纷上场，用腰带束紧肚子，气沉丹田，发一声喊，将巨大的石头抱在胸前，或扛在肩上，稳步前进，瘦小的选手也爆发出惊人的力量，裁判们不得不一次次临时扩充赛场，驱散围拢过来的观众，确保选手们畅行无阻。经过18名勇士的精彩角逐，2015年抱石头比赛的最佳记录定格在46米，让观众们领略到了藏族男儿的爆发力和持久力。

图 7-7　抱石头比赛

在白日的余温渐渐消散的时候，吉塘草坪的篝火被点燃，随着火焰的升腾，照亮了一张张欢乐的脸庞，人们围成圆圈，跳起欢快的锅庄，端起各种各样的酒碗，尽情狂欢、畅饮。来自江孜各地的藏族民众携家带口，安营扎寨，在达玛场四周撑起五颜六色的帐篷，一边观看篝火晚会，一边喝酥油茶、品青稞酒，欢声笑语不断。①

三、江孜达玛节的文化空间分析

江孜达玛节在传承过程中形成了一年一度在特定的时间、固定的地点，由江孜县的藏族民众为主的人类群体对地方性文化进行集体性、模式化表演的文化表达形式。马文化是这个文化空间的个性所在，江孜人对马的热爱可谓刻骨铭心，经过600多年的传承，养马已经成为江孜人的一种文化基因，不管身在何处都无法改变。我们调查后发现，江孜人在训练赛马的过程中形成了独具特色的地方性知识，并以隐性基因的形式在民间传承，一般不为外界所知。

（一）驯养赛马的地方性知识

据我们调查，训练赛马是一件非常辛苦的事情，需要投入大量人力、物力、财力和时间。历史上，江孜人多是到拉萨购买合适的马匹供赛马之用。现在，因为江孜人对马匹的需求量越来越大，所以日喀则康马县的人会贩卖马驹来江孜县出售，一般是1~3岁的马驹。赛马所用的马匹都是公马，因为公马难以驯服，所以一定要将选中的公马驹阉割。养马人还会给自家的赛马起一个响亮的名字，因为好的名字会给马带来好的运气。在江孜县的赛马中，17岁的“平措江布”是江孜县最有名的一名赛马，它从3岁参加比赛以来，每年都能进入前三名。

人类学家格尔茨认为：“行为必须受到关注，并且必须带有某种程度的准确性，因为正是通过行为之流，更准确地说，通过社会性行为——文化的形式才得以连贯为一体。”②养马人的行为贯穿于整个达

① 根据对2015年江孜达玛节的田野调查整理而成。

② [美]克利福德·格尔茨著，韩莉译.文化的解释[M].南京：译林出版社，1999.p22.

玛节中，像一根丝线一样将达玛节的各个要素巧妙地联系在一起，但却很少有人关注他们的存在。养马人在藏历五月二十日农事结束后就开始训练赛马，请3~4个身强力壮的中年男人给马套上口衔，在马的前腿上套上绳子，然后使劲将马向后拉扯，人与马进行角力，等马疲乏后再将马车套在马身上，让马拉着载有重石的马车前行，如此持续1~7天，磨练马的性子，使其认识到主人的威力。接着用马犁地，一人抓马、一人扶犁，每天来回犁地7次，持续1~7天，这时马已经心力交瘁，能够听凭主人骑乘。此后便开始对马进行专门的体能训练，包括负重、转弯、超越等方面的内容，还要经常拉到人多的地方去遛弯，锻炼赛马的胆量。

值得一提的是，每年在达玛节开始的前两个月要对赛马进行强化训练，马主人每天凌晨四五点用冷水洗刷马匹，天快亮时牵着马到野外训练，策马奔驰约8~9公里，时间大约为一个半小时，中间会让赛马休息半个小时，训练一次休息一天，如此循环往复。高强度的训练当然离不开营养丰富的“美食”，马主人除了给赛马喂上好的“江巴”草料外，还要配制特殊食物，将青稞和绿豆磨成粉面，与水搅拌均匀后给赛马喂食，还要给赛马喂粥，赛马能吃多少就吃多少，并不限量。最为紧要的是每天要给赛马喂20个藏鸡蛋，使其补充能量，一直到比赛前一个月就要停止喂鸡蛋，否则会使马过胖，内脏负担过重，跑不起来。①

每年达玛节前夕，各乡都会通过比赛的方式选出本乡最好的赛马参加比赛。赛马在进城比赛时，不能乘车，只能由马主人徒步或用拖拉机牵引着前往达玛场，每匹赛马从家里出发时都会举行隆重的欢送仪式，马主人的家人要给赛马献上哈达，在马身上倒点清水，与其作

① 根据对养马人尼玛仓决（男，65岁，藏族，江孜县达孜乡人）的访谈整理而成。

别。赛马走到村口时，全村人都会前来欢送，给马主人献哈达、敬酒，祝愿取得优异的成绩。可以说每一匹赛马不仅体现着养马人的社会地位，更承载着本乡本村人夺冠的希望和荣耀。对江孜人来说，驯养赛马的地方性知识对他们还有着一种精神情感上的意义，之所以能不断传承，是因为这种地方性知识激发起了创造和拥有这些知识的江孜民众的自尊心和使命感。

（二）象征化的空间

用人类学的眼光来审视，整个达玛节都充满了象征，用来自那曲的老鹰羽毛装饰赛马，象征着赛马能像雄鹰一样展示高飞；“时龙”神画像则象征勇气、阳刚和威猛，保佑赛马勇往直前。牦牛作为人们从事农业生产的重要牲畜，它的出场则象征人与动物的和谐共生。打枪、射箭和抱石则象征着江孜健儿的英雄气概，虽然时代不断变迁，但江孜人的“功夫”犹在，人们的英雄情结并没有随着时间的推移而消退。大型实景剧《江孜印迹》承载着江孜人的千古豪气，通过再现江孜民众抵御英国侵略者的悲壮情景，唤起江孜人保家卫国的历史记忆。比赛结束后的颁奖仪式则象征着主办方和民间对获奖者的双重认同。“仪式能够在最深的层次揭示价值之所在……人们在仪式中所表达出来的，是他们最为之感动的东西，而正因为表达是囿于传统和形式的，所以仪式所揭示的实际上是一个群体的价值。”①一场比赛结束后，主办方会现场给获奖者和参与者发放奖金，对获得前六名的赛马则要进行游场仪式，随着一阵欢快的鼓乐声响起，一队身着盛装的人马驱散围观的人群，来到高举写有名次的铁牌的小骑手身旁，将其护送着游转吉塘草坪，供人们参观。观众们非常激动，纷纷离开座位，走上前来将获奖的赛马团团围住，给小骑手、赛马和牵马人献上哈

① [英]维克多・特纳著，黄剑波、柳博赟译.仪式过程——结构与反结构[M].北京：中国人民大学出版社，2006.p6.

达，有的老人则直接将百元大钞塞给小骑手，青年人则上前从马头抚摸至马尾，祈求沾得“神马”的灵气，获得好运，走一圈下来，马和人都被哈达包裹，在阳光下发出耀眼的光芒（图7–8）。这种民众自发形成的仪式将江孜人对赛马的钟爱和热情完整地体现了出来，与主办方的颁奖仪式互为补充，相得益彰，成为官方与民间融为一体的绝妙象征。

图 7-8　小冠军和老骑手

（三）社会荣誉至上的养马人

在达玛节上，人们都将目光投向赛马，而养马人却隐藏在观众中无法辨别，只有当比赛结束后，他们才会来到自己的赛马身边。这些养马人租住在距离达玛场不远的村寨中的马厩旅馆中，和自家的赛马住在一起。据我们调查，养马花费很大，饲养一匹赛马一年的费用大约为4~5万元。因为江孜的养马人并不是职业养马人，完全是一种自发行为，他们平时仍然是以农牧民的身份从事农牧业生产，所以充当主要饲料的青稞一般能够自给自足，而绿豆和大部分藏鸡蛋要花钱买。赛马的装饰物也很贵，马头上的老鹰毛是从那曲买来的，一根25元，一匹赛马至少需要20根才能组成一簇头饰，大约需要500元，一套马铃和绶带大约需要500元，卡垫也要500元，光一匹赛马的装饰就至少需要1500元。此外，给赛马的小骑手也要支付费用。这些骑手的来源分为两种，一种是马主人的孩子或亲戚，第二种是马主人雇佣来的擅长骑马的男孩。马主人会根据赛马的驯服程度，给雇佣的骑手支付100~300元的酬金。养马人依靠赛马所得到的奖金也有一个从无到有、逐渐增多的过程。1992年，参加达玛节的养马人可以冲抵350个工分。2000年时有了奖金，如果得了第一名，县里奖励800元，乡里也奖励800元，前三名之间只差100元钱。随着西藏经济社会的发展，从2002年开始，江孜县的企业和个体户开始对达玛节进行赞助，给得奖的养马人发放拖拉机、摩托车、收割机、电冰箱、藏床、柜子等。2015年，获得第一名的养马人可以领到2万元奖金，江孜县给参加达玛节的赛马每匹发放1000元的补助。

客观情况是，养马人并不能依靠赛马发家致富，反而要倒贴很多粮食和资金，他们平时以务农、打工为生，养马完全是出于自己的兴趣和爱好，所获得的是社会名誉。如果自家的赛马得了第一名，那么他就会享誉江孜，甚至闻名后藏。“如果说声望是指向前方，指向后辈，让他们把一个宣告为不可忘却的事件长久保存的话，那么记忆就是指向后方，穿过遗忘的帷幕回溯到过去；记忆寻找着被埋没、已经失踪的痕迹，重构对当下有重要意义的证据。”[①]养马人依靠赛马获得了社会声望，同时也将属于这一特殊群体的赛马记忆传承下去，像一条河流一样生生不息，成为达玛节的隐性基因。

① [德]阿莱达·阿斯曼著，潘璐译.回忆空间：文化记忆的形式和变迁[M].北京：北京大学出版社，2016.p45.

（四）国家权力的在场

“西藏自古就是中国的一部分，藏族是中华民族命运共同体的一员。藏族和其他民族的祖先，从远古就生活在西藏高原上，并与中国内地建立了广泛的联系，为中华民族命运共同体的形成与发展作出了重要贡献。自13世纪元朝将西藏纳入中央政府行政管辖起，直至1949年中华人民共和国成立前，中国历代中央政权在将西藏纳入统一国家的前提下，还采取了‘因俗而治’‘因事而治’等特殊的政策，在行政建制和治理方式上，采取与全国其他地方有所差异的措施。”[①]达玛节虽然是一个民俗文化节日，但却仍然通过不同层面体现出国家权力的在场，在开幕式上，国旗方队和国徽方队的盛装出场，让观众和游客都能感受到祖国的强大，而挂满哈达的习近平总书记画像的出场则引起观众的阵阵掌声，将西藏民众对国家领导人的崇敬之情充分表现了出来。从最初悬挂毛泽东主席的画像开始，西藏逐渐形成了悬挂国家领袖像的传统，在政府机关、企事业单位、民众家中广泛悬挂党和国家领导人的画像，使其成为国家认同的象征物，这是西藏民众将传统文化与国家政权相结合的体现，已经成为西藏民众的“集体意识”，西藏民众习惯于用具有地域性的民族文化来诠释国家政权，用民众喜闻乐见的感性形式直观地表现出来，并且成功实现了代际传承，一直延续至今。达玛节作为后藏的重大民俗节日，在满足西藏民众文化娱乐需求的同时，又通过国旗、国徽、国家领袖像等象征物，在当地政府的组织下进行着有序展演，使国家主权的神圣性被更多的民众所感受和认同。而文成公主进藏舞蹈的集体展示，通过唐装展示、抬轿队列、行进舞蹈等方式再现了文成公主进藏时所遇到的各种艰辛，反复播放的藏语赞词则将藏族民众对文成公主丰功伟绩的缅怀之情表现得

---

① 国务院新闻办公室.西藏白皮书：民族区域自治制度在西藏的成功实践[EB/OL].新华网. http：//news.xinhuanet.com/politics/2015-09/06/c_1116469499.htm，2015-9-6.

淋漓尽致，充分说明文成公主在藏族民众心中的崇高地位，这从另一个侧面展示了藏汉和同一家的历史事实。

（五）江孜社会结构重塑的折射

随着江孜经济社会的发展，当地传统的社会结构已经发生了很大的变化，商人作为一个象征财富的新兴阶层被社会各界认可，他们的身份标示也通过赞助财物的特殊方式在达玛节上得到展示。观看达玛节时，赛马场主席台的位置格外宝贵，除了举办方邀请的嘉宾外，一般人不能随意进入，而商人们可以通过交赞助金的形式获得相应的位置。在达玛节比赛间隙，高音喇叭会以企业和商人赞助金额的多少为顺序来播放企业名称或人名，人们也会对赞助者进行评论，使他们成为达玛节期间仅次于赛马的第二大中心话题，可以以民意的方式赋予赞助者较好的社会名誉，使其达到心理上的满足。从这个意义上来说，达玛节就被演绎成人们展示社会地位的场所。

一直以来，与白天的赛马比赛相对应，江孜县民间自发形成的赌马活动也是贯穿于达玛节始终的一大亮点。江孜县民间已形成了一套赌马的社会组织，流传着相应的博彩规则，吸引了体量惊人的参与者和资金，头一年的前六名照例是彩金聚集的焦点，夺冠热门达孜乡则因为赛马出众而成为整个民间赌马的重点。作为知识分子的教师也在达玛节中扮演着非常重要的角色，人们出于对教师的尊敬，一致推举当地的体育教师担任达玛节期间的裁判，一方面因为他们熟悉体育比赛规则，另一方面则是相信他们能公平公正地评判比赛。而给胜出的赛马屁股上盖红印章这一仪式性的行为总能得到大家的喝彩。“但是一个仪式并不只是一个意义模式，它也是一种社会互动的形式。”[①]可以说，一场达玛节牵动着整个江孜县的神经，折射出江孜县的社会结构。

① [美]克利福德·格尔茨著，韩莉译.文化的解释[M].南京：译林出版社，1999.p202.

（六）文化空间的延续

“代际之地的重要性产生于家庭或群体与某个地方长期的联系。由此产生了人与地点之间的紧密关系：地点决定了人的生活以及经验的形式，同样人也用他们的传统和历史让这个地点浸渍上了防腐剂。”[①]达玛节是西藏非物质文化遗产文化空间的典范，达玛场则构成了文化空间的核心，具有时间性和空间性的特点，是江孜人的代际之地。通过赛马文化的公共展示，服务于江孜民众，将赛马文化深深镌刻在江孜人的心灵深处，融入江孜人的血液之中，伴随着江孜人的生存繁衍，成为江孜的文化象征，并且随着时代的发展不断增添新的文化元素，使达玛场的文化内涵更加丰满，进而在人们心中形成了一种文化惯性，这种文化惯性又反过来使这一文化空间具有很强的坚韧性，不以个别人的意志为转移，而以满足绝大多数江孜人的娱乐需求为要义，具有很强的公共服务的意味。“所有的社会生活都发生在场与不在场的时间的‘消逝’与空间的‘渐变’过程中的交叉点，并由这些交叉点构成。”[②]就当下而言，达玛节通过一个节日将江孜县的各族人民集中到达玛场中，形成暂时性的庞大人群，通过人员的定向流动，使江孜县成为一张社会之网，达玛场则是这张网的中心，为人们互通有无、交流信息、走亲访友提供了合理的渠道和场所，进而成为展示藏文化的名片。而达玛节结束后，这些人员又返回各自的家乡，形成了新一轮的人员流动，以人为媒，将达玛节的所见所闻和江孜县城的信息传播到江孜县甚至整个后藏。这种人、马、物、信息的周期性流动和聚散使整个江孜县升华为一个文化同一的神圣空间，赋予其以赛马文化为中心的文化之魂，实现了地方性知识的传承和延续。

---

① [德]阿莱达·阿斯曼著.潘璐译.回忆空间：文化记忆的形式和变迁[M].北京：北京大学出版社，2016.p356.

② [英]德雷克·格里高利、约翰·厄里编.谢礼圣、吕增奎等译.社会关系与空间结构[M].北京：北京师范大学出版社，2011.p280.

文化空间是非物质文化遗产活态化的精神存续。在达玛节上，来自不同地区、不同民族的小商小贩带来了各种美食和新式玩具，使参加达玛节的藏族民众的饮食种类更加丰富，除了日喀则的“朋比”外，油炸小土豆、藏面、烤香肠、烤串、冰棍、雪糕、饮料等食物满足了人们对零食的需求。出售气球玩偶、口哨、喇叭、拨浪鼓、玩具枪、弹跳球、人物面具等小商品的区外商贩也给小孩子带来了无穷无尽的快乐，使整个达玛场显得快乐、祥和。达玛节通过吃和玩的方式，以人为媒介实现了不同文化的交融，并在江孜人的民俗养成过程中扮演着重要的角色，成为江孜人的成长记忆。

值得一提的是，每当有精彩表演时，农牧民们就会掏出各种各样的手机，将镜头对准自己心仪的方队和演员，留下一张张美丽的照片。与区外不同的是，整个达玛场中竟然没有发现一个自拍杆，在达玛场上，没有人将镜头对准自己，这或许可以理解为是江孜民众以欣赏美好他者为中心的审美观的最好诠释。

“文化能提高人对爱和生活的感觉，或使人们行为能有高度的一致。”①在古城江孜，达玛节是藏民族在千百年繁衍生息的过程中不断创造、享用、丰富和传承的非物质文化遗产，延续着江孜人的英雄气概和万丈豪情，衬托出江孜这座后藏名城的深厚文化底蕴，展现出了藏民族优秀传统文化的无穷魅力，承载着藏民族千百年来简单而直率的快乐生活。现在，这种快乐已经超越了民族和地域的界限，以非物质文化遗产的形式走向世界，吸引着来自不同国家、不同民族的人对其进行欣赏，并激起人们的共鸣。而从非物质文化遗产保护的角度来说，驯养赛马的地方性知识、达玛节的文化象征意义和民众自发开展的与达玛节有关的其他活动，都在保护的范畴之内。这种保护绝不是

① [墨]洛德斯・阿里斯佩.文化的多样性、冲突与多元共存[A].联合国教科文组织编，关世杰等译.世界文化报告——文化的多样性、冲突与多元共存[C].北京，北京大学出版社，2002.p22.

将达玛节变成僵化静止的状态，而是让达玛节作为文化空间，继续汇集由江孜民众创造、传承和再创造的文化事象，最终实现永续。

第三节　西藏人口较少民族的文化空间

关于西藏人口较少民族门巴族、珞巴族非物质文化遗产的内容，笔者已在《门巴族珞巴族非遗保护及旅游开发研究》一书中进行了详细的论述，但对门巴族珞巴族、非物质文化遗产文化空间的论述还有进一步探讨的空间。因此，笔者在此作进一步论述。

在我国，门巴族和珞巴族名列28个人口较少民族之中。门巴族主要聚居在西藏自治区东南部的门隅地区以及墨脱、错那、隆子等县。2010年全国第六次人口普查，门巴族总人口为10561人。门巴族有自己的语言，属于汉藏语系藏缅语族藏语支，没有本民族文字。珞巴族主要分布在西藏东起察隅、西至门隅之间的珞瑜地区，以米林、墨脱、察隅、隆子等地最为集中，2010年第六次全国人口普查，珞巴族人口为3682人。珞巴族有自己的语言，珞巴语属汉藏语系藏缅语族，除住在墨脱县北部的珞巴族使用藏语外，其余通用珞巴语，但各地区间有方言差异。①

在国家的大力扶持下，门巴族和珞巴族的民族文化得到全面保护。现在，门巴族非物质文化遗产保护取得了很大成就，遗产入选从国家级到县级的各级非物质文化遗产代表性项目名录：山南门巴戏入选第一批国家级非物质文化遗产代表性项目名录，门巴族“拔羌姆”入选第四批国家级非物质文化遗产代表性项目名录；山南“门巴阿吉拉姆”、察隅木碗制作技艺、错那勒布门巴族编织技艺、墨脱石锅制作技艺、门巴族萨玛酒歌、门巴族“拔羌姆”等入选西藏自治区级非

① 马宁.门巴族珞巴族非遗保护及旅游开发研究[M].广州：中山大学出版社，2015.p1.

物质文化遗产代表性项目名录，墨脱门巴族服饰、错那门巴族“萨玛”入选县级非物质文化遗产代表性项目名录。此外，还有门巴族乌木筷子制作技艺。目前，珞巴族服饰入选第二批国家级非物质文化遗产代表性项目名录，珞巴族始祖传说入选第三批国家级非物质文化遗产代表性项目名录；隆子县珞巴族服饰、米林珞巴族服饰、米林珞巴织布制作技艺、米林珞巴竹编制作技艺入选自治区级非物质文化遗产代表性项目名录；米林珞巴“加英”、米林珞巴婚俗、隆子珞巴族博嘎舞等入选县级非物质文化遗产代表性项目名录。①

一、勒布沟门巴族社会的特点

门巴族聚居的错那县勒布沟是一个相对封闭的地理单元，在西藏和平解放后相当长的时间里，沟里与外界的联系靠的是一条崎岖不堪的搓板路，从错那县城出发，翻过海拔4500米的波拉山口，一直向下，就能到达海拔2800米的勒布沟，垂直落差1700米，坐汽车需要大半天的时间才能到达，交通不便使勒布沟的门巴族民众很少走出勒布沟，只能在勒布沟中生活。直到2014年边防公路建成后，勒布沟的交通条件才得到改善，但受特定气候条件的影响，每天一早一晚如约而至的大雾仍然影响行车。长期以来，外面经常到勒布沟的只有各种工作组和边防军人，人口的流动性很弱。“不流动是从人和空间的关系上说的，从人和人在空间的排列关系上说就是孤立和隔膜。孤立和隔膜并不是以个人为单位，而是以一处住在的集团为单位的。”②可以说勒布沟就是一个典型的乡土社会。“乡土社会在地方性的限制下成了生于斯、死于斯的社会。常态的生活是终老是乡。”③勒布沟是一个没有陌生人的熟人社会，人们过着自给自足的悠闲生活，延续着传统

① 马宁.门巴族珞巴族非遗保护及旅游开发研究[M].广州：中山大学出版社，2015.p45.
② 费孝通.费孝通全集第六卷[M].呼和浩特：内蒙古人民出版社，2009.p110.
③ 费孝通.费孝通全集第六卷[M].呼和浩特：内蒙古人民出版社，2009.p110.

的生产生活方式，而且以门巴族文化为主，文化的同质化水平很高，这为门巴族非物质文化遗产的传承提供了天然的土壤。“按照传统的民俗学定义，民俗学研究的对象是民间传承，而这个民间传承主体自然是‘民’。这个民的范围小的可以是一个村落，大的可以到一个民族。”[①] 处在勒布沟这个相对封闭环境中的门巴族民众与外界的往来渠道很少，造成了门巴族非物质文化遗产只在勒布沟内流传的局面。

二、门巴族非物质文化遗产的功能

非物质文化遗产与所在社区存在一种天然的血肉联系，门巴族非物质文化遗产也不例外。勒布沟门巴族的非物质文化遗产集中在民间音乐、民间舞蹈、传统戏剧、传统手工技艺等四大类。如果从功能上划分，这些非物质文化遗产可以分为生存技能型和生活娱乐型两类，门巴族编织技艺、木碗制作技艺属于生存技能型非物质文化遗产，而萨玛酒歌、拔羌姆、门巴戏则属于生活娱乐型非物质文化遗产。编织和木碗制作技艺是门巴族民众为满足自身生产生活的需要，在充分认识自然环境的基础上，以就地取材的方式创造出来的非物质文化遗产，竹筐、竹席、竹篓、竹筛、竹盒、竹碗、竹瓢、竹勺等竹编产品与木碗、木桶、木盆、木箱、木柜、木床、木桌等木头制品是门巴族民众的当家用品，满足了门巴族民众的生存所需，在门巴族民众的生产生活中发挥着非常重要的作用。

萨玛酒歌、拔羌姆、门巴戏等生活娱乐型非物质文化遗产的功能是满足门巴族民众的日常生活和节日生活的精神需求。门巴族民众长期在温暖潮湿的环境下生活，容易得风湿、关节炎和皮肤病，适当饮酒可以起到祛除风湿、强身健体的作用。正如萨玛酒歌中唱的那样：“回到久别思念的家乡，未进门槛手接亲人三杯酒，方想起应该

① 王晓葵.民俗学与现代社会[M].上海：上海文艺出版社，2011.P187.

把酒歌唱。”[①]门巴族民众在参加婚礼、酒会，修房建屋、集体劳作时都会饮用自家酿造的粮食酒，歌唱萨玛酒歌是这些场合中必不可少的文化元素，能够发挥凝聚人心、调节气氛、激发热情的作用，通过这种娱乐方式将先辈创造出来的优秀曲调和歌词传承下去，满足了人们的日常娱乐需求，具有随意性的特点，对表演场合、人数、时间等都没有特别的要求，在歌唱中实现传承地方性民族文化的目的。只在藏历新年等重大节日期间进行表演的拔羌姆和门巴戏需要动用更多的人力、物力和财力，需要在固定的表演场所、由固定的演员演出固定的内容，优先满足本村全体村民的精神需求，将节日推向高潮，之后才会接受其他村寨的邀请，前去进行演出。苑利认为，传统节日是传承一个民族优秀服饰文化的重要载体，是展示地域独特文学艺术形式的重要窗口。[②]在勒布沟门巴族的重大节日上，要进行拔羌姆和门巴戏这两种非物质文化遗产的展示活动，门巴族民众都会身穿大红色的民族服饰，观看全副武装的拔羌姆和门巴戏演员的表演活动。对勒布沟的门巴族来说，拔羌姆、门巴戏这两种大型娱乐体载与萨玛酒歌这种随意性娱乐互为补充，构成了勒布沟门巴族民族文化符号。

三、勒布沟门巴族非物质文化遗产的文化空间

我们认为，勒布沟门巴族的文化空间由三个支点构成：

第一个支点是与门巴族手工技艺类非物质文化遗产密切相关的公房。在公房建成之前，勒布沟民众是分散在各家各户用传统方式进行竹编和木碗制作，自从公房建成后，民众从事木碗和竹编技艺的生产活动就在各种优惠措施的吸引下，由分散转为集中，以公房为中心构成了一个聚合式的文化空间。

---

① 西藏民族学院门巴族民间文学调查组.门巴族民间文学资料[Z].西藏民族学院科研处，1979.p29.

② 苑利.民俗学与遗产学视域下的乡土中国[M].北京：北京时代华文书局，2015.p350.

勒布沟门巴族谚语说：“做事不懂要问父亲，走路不快要寻骏马。”现在，政府正在扮演着父亲的角色，提供了一个非物质文化遗产可以传承的场所，被非物质文化遗产传承人所认可，在公房里交流学习，共享制作经验，这为木碗制作技艺和竹编技艺这两项非物质文化遗产的传承提供了必备条件，而孩子们在成长过程中耳濡目染的学习也使非物质文化遗产技艺得到传承，这也正是传统手工技艺的优势所在。勒布沟民众没有现代意义上的知识产权概念，更没有保留核心技艺的意识，只要有人愿意学，艺人们就会教，他们在公房中相互学习、观摩、教授、共同创新，推动着非物质文化遗产项目的延续，形成了一个聚合式的文化空间，这远远超出了麻玛乡政府兴建公房的初衷，成为非物质文化遗产保护和传承的典范（图7–9）。从这个意义上来说，传统手工艺不只是代代传习的非物质文化遗产，而是投射着古老文化的智慧之光，也不只是新的经济形势下增收致富、惠益民生的经济项目，而是一个关联着文化、经济与乡土社会发展的重要的着力点，使传统手艺及其所蕴含的文化精神真正植根生产生活，作为生态的、和谐的、幸福的发展范式，实现传统文化和农村社会的新生与重构。①

图 7–9　在公房中编织竹器的门巴族妇女

① 潘鲁生.非物质文化遗产资源转化的亚洲经验与范式建构[J].民俗研究，2014（2）p59.

第二个支点是勒布沟门巴族聚居的4个乡。居住在勒布沟4个乡中的门巴族民众通过对历史遗迹、古老建筑的保护和建设具有民族特色的房屋，使整个勒布沟成为具有浓郁门巴族风情的文化空间。在麻玛村中的一块大石头上坐落着一座装饰着经幡的古老房屋，传说六世达赖喇嘛仓央嘉措曾经在这里住过。从麻玛乡通往勒乡的道路上，在一块岩石上有一处一人高的岩画，上面画着一位带着僧帽、举着双手的僧人，在岩画的前面悬挂着一根绳索，上面挂满了哈达，四周是人们煨桑时留下的痕迹。当地人传说这是一位曾经到过这里的唐朝僧人的画像，时间一长，人们以讹传讹，将其说成是玄奘法师（图7-10）。门巴族民众在修房建屋时，沿用了传统的石砌木筑法，房屋顶部用红、黄、蓝色的铁皮包裹，使整个村寨平视时古朴大方，俯视时熠熠生辉，别有一番风味。平时大家各忙各的，但在过藏历年时，青年男女就会聚集在一起，穿着红色的民族服装，端着黄酒，到各家各户敬酒，给人们送去节日的祝福，体现出人们的凝聚力。遇到婚丧嫁娶、逢年过节、修房建屋等重大活动时，中年人则会有感而发，演唱萨玛酒歌，缅怀祖先、赞美幸福生活。如果说历史遗迹、古老建筑和新建的村寨为勒布沟门巴族的文化空间提供了物质上的支持，那么，新年中的祝福活动、萨玛酒歌则构成了勒布沟门巴族

图 7-10　岩画

文化空间的精神支撑，使整个勒布沟充满了文化气息。

第三个支点则是门巴戏和拔羌姆，它们是勒布沟门巴族文化的精髓。通过在特定节日期间的演出，缅怀先民的创业过程，表达门巴族民众对勒布沟的所有权，将门巴族民众紧紧团结在一起，构成了勒布沟门巴族文化空间的核心。门巴戏和拔羌姆原本只在藏历年期间表演，随着旅游业的发展，在勒布沟举办仓央嘉措情歌文化旅游节期间也进行表演。随着表演频率的增加，其在门巴族民众心中的地位也得到提升，成为门巴族的民族文化符号。

以上三个支点共同构筑起勒布沟门巴族的文化空间，形成了勒布沟门巴族民众的社会记忆。"群体给个人提供了他们在其中定位记忆的框架。"[①]通过共同的语言、血脉相通的社会关系、共同传承的民族文化，门巴族民众找到了家的感觉和心灵的归宿。

四、墨脱县珞巴族非物质文化遗产的文化空间

长期以来，由于自然条件和技术条件的限制，墨脱县成为全国最后一个通公路的县，这种封闭情况使墨脱县珞巴族的文化空间别具特色。

（一）反映出珞巴族的地方性生态文化知识

珞巴族民众世代在墨脱的密林中生活，积累了丰富的丛林生活经验，能够非常清楚地辨别森林中的各种植物，了解它们的特性并为我所用，这些经验逐渐汇集成独具特色的地方性生态文化知识，成为珞巴族的生存智慧。每天，珞巴族民众都在墨脱的密林中展演着这些文化知识，构成了珞巴族非物质文化遗产文化空间的重要内核。

达木村位于高山之上，森林茂密，植物资源非常丰富。因为土地

① [美]保罗·康纳顿著，纳日碧力戈译.社会如何记忆[M].上海：上海人民出版社，2000.p40.

贫瘠，土层很薄，无法在一块土地上进行持续耕作，所以珞巴族民众一直沿袭着刀耕火种的耕作方式。“刀耕火种是山地民族的一种生计，是他们对山地森林环境的适应方式，是森林孕育的农耕文化，是一个山地人类生态系统。”①这个生态文化知识是建立在对自然环境充分了解的基础之上的，人们历来依靠物候把握农作时间。“1月，蛤蟆生蛋往水中跳，其时砍伐树木开荒。2月，桃花落，‘八布’鸟叫，清理休耕地的树和草，烧荒。3月，‘全嘎优罗’鸟叫，种鸡爪谷和旱玉。”②男人们在缓坡上选定树木和藤蔓较少的一大块土地，用长刀将树木砍倒，等到树枝干枯后放火烧山，清除石头等杂物，然后开始种植，两年后土地的肥力耗尽，人们就将这块土地抛荒，然后开垦新的土地，如此循环。但粮食产量很低，不足以养活太多的人口，于是珞巴族民众就以狩猎、打鱼的形式来获取食物，这在珞巴族传说《阿巴达尼和阿巴达洛捕老鼠》《勒布爷爷》中都有用藤条和大石板制作机关，用食物将猎物引诱到陷阱中，将其砸死后食用的详细叙述，后者还叙述了珞巴族人用“真都”根制作毒药、涂在弓箭箭头上打猎的情节，有了这些工具，山鼠、松鼠和飞鼠就成为珞巴族的重要肉食来源。甚至，珞巴族人还仿照老鼠的牙齿制作出了四齿和六齿木犁，解决了耕地的问题。正如尹绍亭所说：“20世纪50年代，新中国的历史、社会、民族调查者们一经接触刀耕火种，便将其定性为原始社会生产力和原始农业，这样一来，刀耕火种毫无疑问便成了必须改革和消灭的对象。那么应该怎样改革和消灭呢？以中国内地先进的汉民族的农业模式为标准，并将其移植到刀耕火种的耕作方式之中，这在当时是极其现成的也是‘理所当然’的途径。”③近十年来，墨脱县也曾经进行

① 尹绍亭.远去的山火——人类学视野中的刀耕火种[M].昆明：云南人民出版社，2008.p270.

② 关东升.中国民族文化大观藏族、门巴族、珞巴族卷[M].北京：中国大百科全书出版社，1995.p576.

③ 尹绍亭.远去的山火——人类学视野中的刀耕火种[M].昆明：云南人民出版社，2008.p277.

过这样的改造，2011年时，达木珞巴民族乡政府在距离达木村不远的坡地上开垦出一块土地，搭建了两座100平方米的蔬菜大棚，但因为缺少土壤而一直无法投入使用。

就拿珞巴族传统手工技艺类非物质文化遗产的原材料藤竹来说，珞巴族民众对其进行了详细的区分，珞巴族人就地取材，利用这些藤竹编织出了各种生产生活用品。总地来说，珞巴族传统手工技艺类非物质文化遗产都是就地取材、制作、享用，反映出珞巴族民众对当地自然生态环境的熟悉和对生态文化知识的掌握，是人与自然合二为一思想的表现，体现出人与自然和谐共生的文化生态观。

（二）具有自给自足和小众性特点

“山地作为人类生境，最突出的特点就是封闭。受交通的制约，自给自足是山民对其生活功能的最基本的要求。”[1]达木村的珞巴族民众在墨脱县这样相对封闭的环境中生活，首先要满足的是生存需求。目前，鉴于这些竹编产品的实用性和适宜性，传统手工技艺类非物质文化遗产就在珞巴族民众的生活中传承不绝，至今仍然发挥着重要作用。除了制作前文所述的各种竹制产品外，珞巴族最著名的传统手工技艺类非物质文化遗产莫过于藤网桥的制作。藤网桥是居住在墨脱县的珞巴族民众用白藤编制而成的桥梁，虽然具体历史不可考证，但在珞巴族的传说中，对藤网桥的来历有着详细的叙述：

“很久以前，江上没有桥，两岸的人民被大江隔开。有一对珞巴族青年男女，男的叫达东，女的叫亚乃，他们隔江相望，生发了爱情，而可恨的江水使他们无法往来。有一天，他们对歌相恋，憧憬着美好的生活。中午时分，亚乃在香蕉树下幸福地睡着了。梦中，一位白发老翁对她说，射鱼可以得到幸福和爱情。醒后她便约达东第二天

① 尹绍亭.尹绍亭学术文选[M].昆明：云南大学出版社，2014.p57.

去射鱼。第二天，达东和亚乃手持长弓，身背二十支箭来到江边。他们每次都射中了跳出水面的大鱼，大鱼都挣脱箭头，向下游游去。他们把带来的箭射完了，又累又饿，什么也没有得到，扫兴而归。晚上，亚乃躺在门前竹棚上乘凉，回想着梦中老人的话，又想劳累一天一无所获，越想越生气。梦中，那位老人又走了过来，对她说：‘姑娘，别灰心，一天的劳累算得了什么！想得到爱情，要有爬上南迦巴瓦拉大雪山的毅力才行。你明日再去射鱼，在箭尾拴上一根细藤就行了。’她立刻爬起来，半夜的辛苦，一条长长的细藤削好了。第三天，江两岸站满了看射鱼的人。恰巧这时，江里游来了一条大鱼，二人尽力射去，由于达东的箭尾没有拴细藤，鱼拖着亚乃的细藤向下游游去。亚乃想，如果两人的箭尾都拴上细藤不知怎样。她一说，大家都表示赞成。在乡亲们的帮助下，很快削成了两根很长很长的细藤。又一条大鱼游过来，二人都射中了目标，红尾巴鱼在水中打起滚来，把两根细藤绞成一个疙瘩。为了博得姑娘的欢心，达东放松了手。随着鱼的游动，奇迹发生了：鱼被亚乃拉过去了，而达东手中的细藤则横贯在江两岸。一阵欢呼喝彩，欣喜若狂的人们把粗大的藤条来回拉了五六根，拴在两岸的树上，一头高一头低，成了溜索桥。达东第一个滑到了对岸，他紧紧抱住亚乃不放，幸福的泪水涌流不止。以后，经过不断改造，便成了奇特的藤网桥。”①

藤网桥是珞巴族人横渡雅鲁藏布江的重要通道，制作工艺精湛，非常适合墨脱的亚热带气候，但是藤条容易断裂，每年都需要维修加固，藤网桥在桥的位置选择、桥身、造桥的原料和编织技艺等方面有很高的要求，珞巴族民众积累了丰富的传统知识和经验，显示了其惊人的文化创造力。值得一提的是这些手工技艺类非物质文化遗产具有

① 关东升.中国民族文化大观藏族、门巴族、珞巴族卷[M].北京：中国大百科全书出版社，1995. p582.

很强的地域性，只适用于墨脱县境内，一旦脱离了亚热带气候区，这些竹编产品就会变脆、开裂而无法使用。现在，唯一一座藤网桥位于林芝市巴宜区的藏东南文化博览园中，投资方藏东南文化发展有限公司从墨脱请来擅长编织藤网桥的珞巴族艺人，买来藤条，用了一个月的时间，在博览园里架起一座50米长的真正的藤网桥供人们参观体验，但由于巴宜区的气候无法与墨脱县的亚热带气候相比，藤网桥很快干枯，只能用铁丝加固，但人们仍然可以从它身上领略到当年雅鲁藏布江上墨脱藤网桥的魅力。

在生态环境的适应方面，世居民族永远要强于后来的迁入者，在墨脱生活的珞巴族也不例外，不管是早期迁徙到墨脱县的门巴族民众，还是20世纪50年代迁徙到墨脱县的康巴藏族，为了适应墨脱的生态环境、劳动条件和技术选择，在生产生活工具的使用上都要向珞巴族民众学习。

由于墨脱县山地多而平地少，村寨比较分散，而且规模较小，很难出现人数众多的大型村寨。达木乡达木村地势较为平缓，虽然政府不断将周围高山上的珞巴族民众迁徙到这里，但该村珞巴族人口仍然不到300人。与其相邻的格当乡人口也不到700人，达木村珞巴族民众要维持两个乡的人们对竹编类生产生活工具的需求并不难，没有超出周围自然环境的负荷，这些竹编类生产生活工具具有材料原真、容易维修、不会污染环境的特点，即使被废弃不用，也能当作柴火使用，化为灰烬，回归自然。但也要看到，珞巴族竹编产品对原材料的依赖性很大，具有小众性的特点，只能满足小规模人群的需求，如果需求者突然暴增，超出了自然环境的供给量，就会产生难以为继的后果。

与藏族非物质文化遗产的文化空间相比，门巴族和珞巴族的文化空间主要依托高山密林而存在，缺少大规模的人群聚集，也缺少特别广阔的平地，而是依靠民众的生存方式展演而得以延续，这是其别具特色之处。

第八章　西藏非物质文化遗产的旅游产品转化

西藏旅游业的发展使西藏非物质文化遗产的传承发生了巨大变化，一方面，旅游业能快速赚取现金的优势吸引着更多的年轻人投身到旅游业中，造成非物质文化遗产传承人基数的减少；另一方面，庞大的旅游纪念品市场也为非物质文化遗产提供了广阔的舞台，挑战着西藏非物质文化遗产传承人的生产极限。而旅游者也通过非物质文化遗产产品对藏族文化产生了全新的认识，刺激了西藏非物质文化遗产的发展。

第一节　西藏旅游业的发展状况

一、西藏旅游业的发展历史

“西藏的旅游业，伴随着中国的改革开放、西藏的改革开放而起步。20世纪80年代，在中国改革开放的大背景下，西藏的旅游业应运而生。1980年，西藏接待旅游者人数3525人次，其中国际旅游人数1059人次；实现旅游总收入131万元，其中外汇收入80万美元。”①胡启立、田纪云等中央领导同志在西藏调研后提出，要利用西藏在佛教、经典、壁画、雕塑、藏医藏药、天文、历算、歌舞等方面得天独厚的文化遗产，大力发展旅游事业。②在1984年召开的第二次西藏工

① 白玛朗杰.“一带一路”将使西藏旅游业进入一个全面发展的新时期[N].西藏日报，2015-9-30（3）.

② 胡启立、田纪云同志在西藏调查研究、指导工作期间的讲话纪要1984.8[A].西藏自治区贯彻1984年中共中央书记处召开的西藏工作座谈会精神文件选编（第一集）[C].1984.p59-60.

作座谈会上，国家首次提出了西藏要发展旅游业的战略定位。1986年11月，西藏旅游局成立，各地区也相继成立了旅游局。在2001年召开的第四次西藏工作座谈会上，朱镕基同志强调，必须高度重视和切实加快发展旅游业，一定要把旅游业作为西藏的支柱产业。2006年7月1日，青藏铁路正式通车运营，拉近了西藏与祖国内地的距离。2007年，西藏接待游客数量突破400万人次，旅游总收入达到48亿元，占到全区GDP的14%左右。现在，距离国家提出发展西藏旅游业的战略定位已经过去了近四十年，西藏旅游业的发展经历了1979—1985年的探索阶段、1986—1992年的参与阶段、1993—2006年的超常规发展阶段、2007年至今的跨越式发展阶段。①为适应西藏旅游业的快速发展，2014年至今，文化部、国家旅游局和西藏自治区政府连续共同举办了三届中国西藏旅游文化国际博览会，打出了“人间圣地天上西藏”的旅游品牌，吸引着更多的游客进藏旅游，西藏旅游业进入井喷式发展阶段。“2012年西藏共接待游客1058.4万人次，实现旅游总收入126.47亿元，分别增长21.7%和30.3%，旅游接待人次突破千万大关、旅游总收入突破百亿元大关，旅游业直接就业5.73万人，间接就业22.94万人，旅游经济就业总人数达到28.67万人。”②“2013年，西藏全区共接待国内外游客1214.9万人次，同比增长21.6%。西藏旅游业共提供就业岗位3000余个，全区约有1.3万户、5.3万农牧民从事旅游接待服务，实现户均收入2.5万元，人均收入6000元。”③“2014年西藏接待国内外旅游者1553.14万人次，是1980年的4000多倍；接待入境旅游者24.44万

① 狄方耀、廖冶寅.试论旅游业在促进西藏各民族同其他民族交流与联系过程中的重要作用[J].西藏发展论坛，2014（4）p43-44.

② 普布扎西、拉巴次仁. 西藏旅游业迅猛发展 旅游总收入突破百亿元大关[EB/OL]. 中央政府门户网站http：//www.gov.cn/jrzg/2013-01/08/content_2307447.htm2013-1-8.

③ 佚名.西藏2013年5.3万农牧民受惠“旅游业”[EB/OL].中国新闻网 http：//www.chinanews.com/df/2014/01-22/5769255.shtml2014-1-22.

人次，是1980年的200多倍；实现旅游外汇收入14469万美元，是1980年的180多倍。”①2015年接待游客突破2000万人次、总收入达到280亿元，分别比“十一五”末增长1.9倍、2.9倍。②2016年接待游客2315万人，收入330亿元，分别增长14.7%和17%，10多万农牧民吃上旅游饭、走上致富路。③目前，旅游业已经成为西藏的支柱性产业，形成了以拉萨为中心，以林芝、山南、日喀则为重点，辐射全藏的旅游资源发展格局，走出了一条从单纯的观光游、民俗游向大众游、乡村游、生态游、探险游多向发展的道路，经营方式也从单纯的接待外宾型向服务境内外游客的多元化方向发展，带动了广大农牧民群众投身旅游，提高了他们的生活质量。可以说，我们距离第五次西藏工作座谈会提出的“将西藏建设成为重要的世界旅游目的地”的目标已经越来越近。

二、西藏旅游业发展中的问题

当然，西藏旅游业的发展也面临着诸多问题。由于高原气候的影响，旅游旺季持续时间较短，为7~10月，而旅游淡季时间有8个月，造成旺季一票难求、淡季空空如也的旅游景象，虽然西藏从2002年就打出了“冬游西藏”的特色旅游品牌，但仍未能给西藏的周期性旅游带来根本性改变。“截至2016年，西藏全区拥有星级饭店（宾馆）246家、星级家庭旅馆448家、餐饮服务企业212家、旅游客运企业19家、A级景区117处、旅行社244家。”④即便如此，西藏在旅游旺季的接待能力仍然无法满足游客需求，供需矛盾紧张，集中表现在以拉萨为中心

① 白玛朗杰.“一带一路”将使西藏旅游业进入一个全面发展的新时期[N].西藏日报，2015-9-30（3）.

② 洛桑江村.西藏自治区人民政府2016年《政府工作报告》[EB/OL].人民网，http://leaders.people.com.cn/n1/2016/0206/c58278-28115896.html2016-2-6.

③ 洛桑江村主席在自治区十届人大五次会议上作的政府工作报告（摘登）[N].西藏日报，2017-1-11（3）.

④ 毛娜.西藏旅游业实现“十三五”开门红[N].西藏日报，2017-3-10（1）.

的旅游路线过于集中，旅游产业结构处于粗放型、数量型阶段，旅游硬件设施基础薄弱，旅游专业人才短缺，游客乘车时间长、游玩时间短，旅游从业人员素质有待提高，游客随地大小便、随意丢弃垃圾，给生态环境带来一定的压力。数量众多的骑行者和沿途农牧民间的矛盾较大。游客不尊重西藏风俗习惯的行为时有发生。

第二节　西藏非物质文化遗产的旅游产品转化之喜与忧

西藏旅游业的快速发展，为西藏非物质文化遗产产品转化为旅游产品提供了可能性，但也检验着西藏非物质文化遗产产品的生产能力，影响着西藏非物质文化遗产传承人的审美观念，无形中改变着西藏非物质文化遗产的发展路径，使西藏非物质文化遗产发生了分化。

一、非物质文化遗产产品转化为旅游纪念品的可能性

（一）西藏非物质文化遗产对传承人的意义

“历史上的西藏，除了农耕和游牧外，其余的生产活动几乎都集中在手工业领域。民族手工业与农业和畜牧业并列为西藏历史上的三大传统产业，在藏民族的历史长河中，西藏的民族手工业者经过艰辛劳动，创造了具有丰富精神内涵的大量物质产品，并使其技艺代代相传。”[①]就目前西藏的国家级和自治区级非物质文化遗产代表性项目名录而言，传统手工技艺类非物质文化遗产代表性项目占据了西藏非物质文化遗产代表性项目名录的三分之一还多，其重要性不言而喻。这些非物质文化遗产传承人所制作的都是生产生活中必需的日常用品，山南杰德秀邦典编织工艺、日喀则江孜卡垫制作工艺、拉萨墨竹工卡

① 张明、扎嘎.西藏的手工业和工艺品[J].北京：中国藏学出版社，1996.p1.

制陶工艺、米林南伊沟珞巴族的织布技艺、墨脱门巴族的石锅制作技艺满足的都是人们衣和食方面的基本需求。而且由于自然环境相同，米林县南伊沟、错那县勒布沟、定结县陈塘沟都盛产竹子，所以无论是门巴族、珞巴族还是夏尔巴人，在竹编制作技艺方面具有很强的相似性。因为非物质文化遗产产品不是高价和特殊的工艺美术品，随着时代的发展，有的非物质文化遗产产品，例如大量铁制品和塑料制品正在取代竹器，区外人开设的大型金店也能生产出藏族的传统首饰，危及了非物质文化遗产传承人的生存，正如盐野米松所说："当非物质文化遗产传承人从师学徒，修业完成的时候，靠着身体所记忆下来的那些技能就是他们最为珍视的生存工具了。这些朴素的手艺人，绝不是圣人君子，更不是人间国宝。他们就是每天拼命地为了养活家人而勤奋劳作的最普通的人。"①就拿藏族手工技艺类非物质文化遗产来说，藏香制作技艺传承人和氆氇织工每天使用传统的生产工具进行辛勤的工作，就是为了能够赚取现金，改善家人的生活条件。对门巴族传统手工技艺类非物质文化遗产来说，长期以来，"墨脱能向外输出的只有石锅和乌木筷子。"②非物质文化遗产传承人以自己的双手为工具，保持着传统的手工生产方式，因为每个传承人的创意都不一样，所以生产出来的产品具有实用性、个性化、工艺粗糙、产量低等特点，但就是这些非物质文化遗产产品却因为其古朴性和原生态而备受游客喜爱。

（二）西藏非物质文化遗产产品的商业化选择

"任何产品生产的最终目的都是为了消费，无论是自我直接消费还是通过交换销售给别人消费，也无论是日常生活消费还是艺术欣赏消费，消费都是非物质文化遗产生产是否能够存在、能否可持续生产

① [日]盐野米松著，英珂译.留住手艺[M].桂林：广西师范大学出版社，2012.p2.

② 这是流传在林芝市民间的一句名言。

的决定性因素。”[①]在西藏众多的非物质文化遗产中，能够快速转化为文化产品，使非物质文化遗产传承人受益的非物质文化遗产主要有民间美术类非物质文化遗产和传统手工技艺类非物质文化遗产两大类。因为生产出的非物质文化遗产产品本来就是用来消费的，将其出售给西藏各族人民是非物质文化遗产传承人维持生存所必须的条件，非物质文化遗产产品只要制作出来，就可以不再依附于传承人，能够作为商品出售，这种商业性特点决定了它能够很好地适应旅游业的发展。非物质文化遗产产品本身没有变化，只是它的消费者从西藏民众扩充到广大游客，其消费群体被无限扩大了，通过现代化的商业化链条，这些非物质文化遗产产品实现了在非物质文化遗产传承人—销售商—游客间的自由流动。

西藏民间文学类非物质文化遗产、民间戏曲类非物质文化遗产、民间曲艺类非物质文化遗产由于其需要用藏语进行表演，这一特点自然而然地将不懂藏语的游客隔绝在外，而特定表演场所的缺失也使这些非物质文化遗产无法向游客展演。只有在雪顿节这样的盛大民俗节日中，这些非物质文化遗产传承人才会在政府相关部门的组织下集中进行表演，而观赏者的核心群体也以懂藏语的西藏民众为主，游客只是处在外围一闪而过。民间舞蹈类非物质文化遗产主要在西藏农牧民娱乐或者政府举办的大型集会上表演，农牧民自我娱乐时的表演具有即兴性和小范围的特点，一个村寨、一条街道上的人就能进行表演，以达到娱乐目的，对游客而言，随意围上去观看这种娱乐性表演似乎会显得不够礼貌，在政府举办的大型集会上观看民间舞蹈类非物质文化遗产是他们的最佳选择。但这种大型集会的内容非常丰富，西藏各级地方政府更多的是对传统的民俗节日进行改造，或者新设一个节

① 刘德龙.坚守与变通——关于非物质文化遗产生产性保护中的几个关系[J].民俗研究，2013（1）p9.

日，给其附加商业洽谈、贸易等内容，民间舞蹈类非物质文化遗产的表演是不可或缺的亮点，表演者的费用是由政府以误工费的形式来支付的。除此之外，由于缺少商业表演的组织者、合适的封闭性表演场地等设施，民间舞蹈类非物质文化遗产很难转化为旅游商品，这也造成西藏目前只有《文成公主》《江孜印迹》大型实景剧中才能进行数十项非物质文化遗产表演，实现商业化运营的局面。

从古到今，传统藏医药在维护西藏各族人民的身体健康方面都发挥着重要的作用，但由于文化的差异很少有人敢于尝试这些药物，致使西藏的“甘露牌”藏药主要还是在藏族聚居地销售。

二、西藏非物质文化遗产产品转化为旅游纪念品的路径

西藏的手工技艺类非物质文化遗产和美术类非物质文化遗产产品都是手工制作而成，具有小、散、慢，季节性和空档期等特点，所以，转化为旅游纪念品的路径主要有两条：一条是官方采购，另一条是市场运作。

为了保护西藏非物质文化遗产，西藏各级政府将一些手工技艺类非物质文化遗产和美术类非物质文化遗产产品确定为官方礼品，例如江孜卡垫厂就长期为西藏自治区政府和日喀则市政府定做大型地毯，易贡藏刀是林芝市政府和波密县政府的重要礼品，拉孜藏刀则是日喀则市政府和拉孜县政府的重要礼品，墨脱石锅则是林芝市政府和墨脱县政府的重要礼品。门巴族木碗则是山南市政府和错那县政府的重要礼品。虽然官方采购的要求更高，但因此非物质文化遗产传承人也能获得更好的社会声誉，所以他们还是会兢兢业业地保质保量完成工作任务。可以说，政府采购在相当长的时间里是西藏非物质文化遗产传承人稳定和重要的收入来源。

市场运作是西藏非物质文化遗产产品转化为旅游纪念品的另一种

重要方式，主要有两种做法：一是西藏的非物质文化遗产传承人自己创办企业，引入现代化机器进行生产。我们在第三章中论述的西藏唐卡画院、第六章中论述的普赤的阿妈啦手工业发展有限公司、巴桑卓玛夫妇的嘎东镇藏靴厂、嘎日母女的格桑邦典制作厂、达平的旺丹卡垫公司就是由美术类和手工技艺类非物质文化遗产传承人自己创办的企业。这些企业在发展过程中获得了西藏自治区各级政府在资金上和政策上的大力支持，在很大程度上改变了以往非物质文化遗产产品生产过程中的小、散、慢和季节性的特点，为西藏旅游市场提供了比较充足的纪念品。虽然一些传承人经营企业后，就脱离了非物质文化遗产生产第一线，但是在他们身边却聚集了大量更年轻的非物质文化遗产传承人，实现了非物质文化遗产和企业经营经验的双重传承，为产生下一代企业主做好了准备。二是非物质文化遗产传承人提供半成品，由区内外企业进行二次加工后推向市场，这一路径往往有文化部的影子，为了能够解决西藏非物质文化遗产产品的深加工问题，文化部做了大量工作，投入了大量扶持资金，从北京邀请设计师帮助西藏非物质文化遗产传承人进行策划，将产品推向高端市场，实现了西藏非物质文化遗产产品的“贵族化”。

三、西藏非物质文化遗产产品转化为旅游纪念品时面临的问题和解决之道

（一）产量太低，区外企业抢占市场，致使纪念品市场良莠不齐

虽然一部分西藏非物质文化遗产产品转化成了旅游纪念品，但是由于传承人并不是专门的手工业者，这一群体在农忙季节都要从事农业生产，使非物质文化遗产产品的生产出现空档期，而秋收季节也正是旅游旺季，游客对非物质文化遗产旅游纪念品的需求量很大，手工制作和部分机器制作不能满足庞大的旅游市场，面对这种情况，区外

非物质文化遗产传承人和企业迅速填充了这些空白点。区外游客普遍认为，西藏的藏刀是最正宗的，但由于易贡藏刀、拉孜藏刀和卡达藏刀的小规模生产不能满足市场需求，2009年，区外商人从云南省聘请了数十位回族艺人来到拉萨市，在郊区建设了一座锻刀厂，采用手工制作与机器制作相结合的方法生产藏刀，然后在拉萨市的繁华路段开店售卖，专门针对团队游客出售所谓的正宗藏刀，而不对散客开放，每年的营业额都在千万元以上。

藏香被称为“藏域三宝”之一，用天然藏木香、藏当归、佛手参、肉豆蔻、麝香、藏红花、琥珀、檀香等数十种藏草药生产而成，除了用于佛事活动外，还具有保健功能，能够杀灭细菌、驱除污浊之气、预防感冒、增进睡眠，是西藏各族人民的家庭必备之物。目前，西藏入选国家级和自治区级非物质文化遗产代表性项目名录的藏香技艺有尼木吞巴藏香制作技艺、直贡藏香制作技艺、朗县朋仁曲德寺藏香生产技艺、敏珠林寺藏香制作技艺、优·敏芭古藏香制作技艺、楚布净化香制作技艺、德勒勉崇藏香制作技艺等，藏香的传统产地有尼木县、堆龙德庆县、山南敏珠林寺，都是以家庭作坊的形式进行生产，主要满足周边村寨农牧民生活所需，用于市场销售的藏香数量有限。目前，从事藏香生产的大型企业有西藏优格仓工贸有限公司，能够生产价格从几十元到上千元不等的数十种藏香，产值达到每年四五千万元。岗地经贸有限公司下属的西藏吞柏古藏香有限公司成立于2003年，公司注册资金2000万元，总资产3500万元，年销售额达1500万元，是西藏藏香行业里唯一一家通过ISO9001：2000国际质量管理体系认证的企业，“吞柏古”牌藏香（图8-1）系列产品被中国国际名牌发展协会认定为中国著名品牌，吞柏古藏香主要有熏香粉、梦幻号、众生号、心香号、三宝云供等品种，在中高端藏香产品中占据30%以上的市场份额，在进藏旅游的国内外游客中拥有良好的口碑。开展了参观藏香制作流程的特色文化旅游服务，培养了100多名尼木乡藏香传承人，年接待旅游客50多万人次。[①]但这些藏香仍然不能满足市场需求。近几年来，浙江商人进入西藏，用机器生产藏香，将其推向旅游市场。这些藏香因为包装精美、价格低廉而在旅游市场上畅销，但其质量低劣，异味大，使区外游客误以为这就是藏香的原有特点，影响了西藏藏香的声誉。

图 8-1　吞柏古藏香的生产和包装过程

对于游客而言，他们到西藏旅游是一种短期行为，只是领略不同的自然风光和人文环境，而对西藏非物质文化遗产的了解是处在较浅层次的。他们认为，只要打上“西藏”二字，就是西藏的旅游纪念品，只要物美价廉就可以买一点带给亲戚朋友。但由于手工制作的西藏非物质文化遗产产品转化而来的旅游纪念品价格不菲，往往超出了普通旅游者的心理预期，这就给假冒伪劣产品带来了机会。

西藏非物质文化遗产传承人由于本身文化程度的限制，不能只依靠市场的力量，要解决这个问题，离不开西藏各级政府的帮助，相关

① 根据对岗地经贸有限公司考察时获得的资料整理而成。

部门可以组织力量，帮助非物质文化遗产传承人对生产的产品进行分级，鼓励传承人在按照传统工艺生产非物质文化遗产产品的同时，生产出一些工艺水平和价值较低、形制较小的产品，作为旅游纪念品投向市场，满足不同层次游客的需求，使非物质文化遗产传承人的产品更加多元化，既可以扩充旅游纪念品的数量，还能引导游客进行比较甄别，提高游客的鉴赏能力，起到推广普及的作用。

（二）产品缺少创新，实用性不强，不能满足游客需要

通过前文的叙述，我们发现，西藏非物质文化遗产产品的同质化很强，生产非物质文化遗产产品的很多企业都在生产藏包、藏靴、藏式围巾、藏装等，而且产品的样式、图案大同小异，缺少创新。

西藏非物质文化遗产传承人在制作藏装、藏靴等传统服饰和木碗、陶器等传统器具时非常在行，因为这些非物质文化遗产产品面对的销售对象是藏族民众，即使为了满足年轻人显示身材的要求，一改传统藏装的厚重和古朴，设计得更加轻薄、随身，用料更加考究，更能体现出年轻人的腰身。但是由于文化背景和消费习惯的差异，购买藏装的区外游客仍然不多。木碗的价格从一百多元到上万元不等，由于地理环境和生活习惯的差异，购买木碗的区外游客寥寥无几。出现这种现象的原因在于非物质文化遗产传承人对于旅游纪念品的概念比较模糊，习惯于按照自己的生活习惯制作产品，或者模仿区外旅游产品进行生产，突出其实用性，而缺少创新性。例如，在生产氆氇背包或挎包时，不注重包带的长度和质地，过长过薄；对牛皮挎包的形状也缺少设计，多采取直上直下的一体式，内部缺少分层，虽然质量很好，但不实用。在生产竹式笔筒时，使用竹筒为里、竹篾为外的编织工艺，发挥了传承人的高超技术，但在收边时却使用了红色的塑料条，破坏了笔筒的自然之美。拉孜藏刀中的套刀沿用传统，以一套六把的形式集体出售，而未能进行适当的调整，不能满足游客提出的只

购买一把的要求。之所以出现这样的现象，根本原因在于非物质文化遗产传承人对游客的生活及其需求并不了解，缺少与游客的沟通，语言不通则是造成这一现象的主要原因。一些会说普通话的年轻传承人在与游客的沟通过程中不断改进和完善自己的产品，制作出了游客满意的旅游纪念品，如洛珠牌藏包、阿妈啦藏包和围巾等。

我们调查后发现，由于文化的差异，区外游客极少购买藏装、藏靴等生活技艺类非物质文化遗产产品，而愿意购买具有普适性意义的大众性非物质文化遗产产品。游客在旅行过程中偏爱购买轻便小巧的非物质文化遗产产品，西藏的陶器由于其造型别致、新颖而吸引了中老年游客的目光，加上其价格从几十元至数百元不等，使小型陶器成为受欢迎的旅游纪念品。江孜县卡麦乡是后藏著名的制陶之乡（图8-2），已有千年历史，卡麦乡出产的陶器种类繁多，但根据用途可以分为生活、宗教和建筑装饰三大类。其中，生活用陶主要包含储具、炊具、饮具及其他用具等，宗教用陶主要包含煨桑炉、酥油灯碗、手摇转经筒底座、香插、祥麟法轮等，但随着生活水平的提高，生活用陶逐渐被以木料、塑料、搪瓷等为原材料的现代生活器具所取代，宗教用陶也逐渐被一些金银器具所取代，昔日的建筑装饰用陶也逐渐被钢筋水泥为原材的建筑材料所替代。卡麦制陶艺人在遭遇困境之后，结合现代生活用陶的特点，创造出了火锅用锅、孩童玩具、动物造型等新式陶器，并改变了等客上门的传统销售方式，主动到拉萨市、日喀则市、江孜县等地进行售卖，取得了

图 8-2　江孜县卡麦乡的陶器产品（白央提供）

成功，实现了卡麦陶器从生活用品向游纪念品的转型。藏戏面具因为造型夸张、皮质轻便、便于携带而深受游客欢迎，依靠皮具制作技艺生产的特色产品也成为曲水县俊巴村村民的现金来源之一（图8-3）。拉萨风筝也因为图案和造型独特而深受妇女儿童游客的喜爱（图8-4）。可以以此为突破口，专门针对旅游纪念品市场生产一批价格低廉、造型小巧的产品，满足游客的需求。

图 8-3　俊巴村皮具（周园朝提供）

图 8-4　拉萨风筝

第三节 旅游业对西藏人口较少民族非物质文化遗产传承人的影响

对西藏人口较少民族而言，门巴族、珞巴族人口基数较小，各民族交往、交流和交融的大趋势稀释了西藏人口较少民族非物质文化遗产的传承基因。游客很难区分门巴族、珞巴族与藏族，自然也不能区分他们的非物质文化遗产，使非物质文化遗产传承人处于一种无奈的状态。只有一些具有较高文化层次的游客才能通过自己的辨别，获得一种全新的文化体验。

一、西藏人口较少民族地区旅游中的游客体验

“体验”必须来自于人们的实践生活，以及在此基础之上形成的认识。在旅游人类学中，游客的体验是指“游客对旅游目的地的事物或实践的直接观察或参与过程以及形成的感受”[①]。游客的体验具有个体性、群体性和时代性的特点。根据我们的调查，由于受对口援藏政策的影响，到西藏人口较少民族地区旅游的游客有很强的地域性和群体性，广东省和福建省负责对口支援林芝市；湖南省、湖北省、安徽省负责对口支援山南地区。20世纪90年代以来，为密切对口支援省市与西藏自治区的关系，更好地开展工作，每年暑假，各对口支援省市都会组织人员进藏考察。这些对口援藏省市的人员就成为西藏人口较少民族地区的固定游客，他们又带动了亲戚朋友前来西藏米林县南伊沟、错那县勒布沟等地旅游，使广东省和福建省成为到西藏人口较少民族地区旅游的重要客源地。

① 龚锐.旅游人类学教程[M].北京：旅游教育出版社，2011.p150.

个案1：

来自福建省厦门市的CFP花了600元钱买了3个包包，他觉得珞巴族人制作的包包的黑白色条纹非常醒目，给人很强的视觉冲击力，贝壳类配饰和纽扣别具特色，与厦门市的旅游纪念品相比别有一番韵味，说明珞巴族人对海洋生物的热爱。①

个案2：

YPJ是广东省东莞市社科院的一名科研工作者，曾经于2011年、2013年两次参加广东省组织的对口援藏考察团到林芝地区考察，由于自己是人类学专业出身，所以特别关注门巴族和珞巴族的非物质文化遗产产品，认为这些产品具有原生态的特点，但由于木碗和竹编产品拿回广东后用不上，所以只在林芝地区八一镇购买了乌木筷子和石锅这两种具有养生功能的非物质文化遗产产品。②。

个案3：

2016年，广东省社科院的LC到林芝市旅游时，看到门巴族竹编产品“帮穷”后，被其艳丽的色彩吸引，因为他妻子从事服装设计工作，他用微信将这些“帮穷”的照片发给妻子后，他的妻子觉得其花色和图案有重要的参考价值，所以他就购买了色彩各异的“帮穷”，还托店老板买了一些植物颜料，拿回家供妻子研究。③

在我们的调查中，到门巴族、珞巴族地区旅游的绝大多数区外游客还是偏重于自然风光游，只有一些具有哲学社会科学教育背景的游客会花钱购买一些非物质文化遗产产品，而这些产品往往具有很强的实用价值，突破了民族和地域的限制。相比而言，木碗就不在区外游客的购买范围之内，一方面是其价格昂贵，觉得不划算；另一方面是

① 根据对CFP（男，40岁，福建省厦门市市民）的访谈整理而成，按照被访谈对象的个人意愿，对其信息进行了必要的处理，后文亦然。

② 根据对YPJ（女，37岁，广东省东莞市市民）的访谈整理而成。

③ 根据对LC（男，38岁，广东省广州市市民）的访谈整理而成。

因为区外游客的生活习惯与门巴族民众大相径庭，买回去后并没有实际用处。

对于区内藏族游客来说，由于文化的相似性较大，西藏人口较少民族非物质文化遗产产品往往能够得到他们的认可，愿意花数千元甚至上万元购买一只门巴族木碗，而且觉得物有所值，这与区内藏族游客的生活习惯密不可分，对平时喜欢喝酥油茶、吃糌粑的区内藏族民众而言，门巴族木碗既有实用价值，也有很强的观赏价值。

我们认为，来自不同地区、不同民族的游客对西藏人口较少民族非物质文化遗产的看法存在很大的差异，这种差异是建立在游客民俗养成基础之上的，是其所持有文化的直接反映，这些游客在西藏人口较少民族地区旅游时，是抱着欣赏的角度去看待门巴族、珞巴族非物质文化遗产的，是一种求异心理的反应。但当游客准备去购买西藏人口较少民族非物质文化遗产产品时，隐藏在其心中的文化趋同心理则开始发挥作用，产品能否被自己所在族群所接受和认可，就成为游客是否愿意购买的判断标准，这也就能解释为什么区内外游客在看待西藏人口较少民族非物质文化遗产时会有迥然不同的态度了。

二、旅游市场驱动下的西藏人口较少民族非物质文化遗产传承人

在旅游市场的刺激下，珞巴族中的一些有识之士也逐步行动起来，扮演了非常重要的角色。

个案4：

才召村的达瓦在2008年就成立了米林县珞巴服饰生产合作社，2011年，他被认定为林芝地区米林珞巴服饰国家级非物质文化遗产代表性传承人。但是产量和销售的问题一直困扰着他，2012年，文化部委派专家对珞巴服饰的工艺传承和材料使用进行了评估，将其纳入“西藏林芝传统文化传承与发展综合项目”中，获得了31万元的保

护资金，将合作社的面积扩大到100多平方米，由北京的一家公司提供原料，交给合作社生产，编织者可以获得不菲的手工费，吸引了一些心灵手巧的妇女从事编织，壮大了非物质文化遗产的传承队伍。[①]自从珞巴族传统服饰入选国家级非物质文化遗产代表性项目名录以后，珞巴族传统服饰已经成为珞巴族发展旅游的一张名片。琼林村89岁的YB和70岁的YF年轻时都以手巧著称，能编制传统腰带，制作衣物，她们这些老人都没有想到本民族服饰能吸引这么多游客前来观看，现在跟她们学习编制技艺的年轻人越来越多，YB21岁的孙女GS就学得很快。DJ是琼林村的主任，他已经充分认识到珞巴族文化的影响力，号召全村妇女积极从事服饰制作，男人们则在DG、DJ、DY等中老年人的带领下大规模制作竹编器皿，一起出售给游客，大大提高了村民的经济收入。珞巴族服饰制作技艺因为一直在珞巴族女性中广为流传，传承得比较好，所以具有广泛的群众基础。旅游业的发展作为强有力的外部因素，极大地激发了村民们制作、穿戴本民族服饰的兴趣，这一方面是服饰制作技艺的实用性在发挥作用，另一方面则归功于可观的旅游经济收入的刺激。

因为珞巴族织布制作技艺是国家级非物质文化遗产代表性项目，所以每当有参观团、工作组来才召村，乡政府都是临时找几个人现场表演珞巴族服饰编织技艺，完全属于应付性展示，既没有固定的编织场地，也没有形成固定的编织队伍。现在，从事珞巴族服饰编织的珞巴族妇女每天准时准点到才召村中间的传习所中从事编织工作，虽然没有人要求，但编织艺人都会按照她们相互约定的时间按时上下班，晚上还会把毛线和“腰机”带回家中继续工作。而且一旦编织艺人织出围巾成品后，交给管理人员，再拿到米林县城，由裁缝将其加工成

① 根据对达瓦（男，48岁，珞巴族，米林县南伊珞巴民族乡才召村人）的访谈整理而成。

各种包包或围巾。既增加了珞巴族妇女的现金收入，也极大地鼓舞了珞巴族妇女学习编织技艺的热情，出现了一些师父级别的艺人，越来越多的年轻人加入到合作社中从事编织工作。

珞巴族非物质文化遗产传承人制作的特色包包和围巾是南伊沟手工技艺类非物质文化遗产的代表性产品，是备受游客喜爱的旅游纪念品，虽然价格很高，但产量极低，无法满足游客需求，处于供不应求的状态。我们认为，通过旅游业的带动，手工技艺类非物质文化遗产产品变身为旅游纪念品，实现了生产性保护，坚持了“材料原真、传统技艺制作、手工加工”原则，在非物质文化遗产传承人手里，西藏人口较少民族手工技艺类非物质文化遗产实现了活态化传承，焕发出了新的生命力。

旅游纪念品的核心价值或者说作为商品的特殊性，在于它以一定的物质形态彰显和保持着旅游地不同于其他地方的文化差异性，旅游纪念品作为这种差异性的物质表现形式，可以帮助旅游者直观而深入地认识、了解当地的风土人情，并在以后的日子里不断唤起旅游者对旅游地的审美记忆，同时也通过流通和传播，产生宣传地域文化形象、激发观光兴趣、吸引游客的作用。[①]西藏人口较少民族所在地区在发展旅游业的过程中缺少旅游纪念品，而手工技艺类非物质文化遗产产品的创新性发展弥补了这方面的不足。面对不同的消费群体，非物质文化遗产传承人在非物质文化遗产产品实用性的基础上增添了美观性，使其更加精巧，既发挥了原料纯天然、低投入、低能耗、无污染、灵活、易行，不受地点限制的优势，又满足了游客对旅游纪念品的求异心理。

西藏人口较少民族非物质文化遗产产品中最具竞争力的还是墨脱

① 吕品田.手工与藏文化生态保护——西藏旅游纪念品开发策略刍议[J].美术观察，2011（5）p9.

石锅，虽然林芝民众普遍认为用墨脱石锅煮出来的饭菜格外好吃，也有利于身心健康，但一直没有科学依据，直到2011年，有学者指出，实验结果显示，墨脱石锅与普通传统砂锅的化学成分基本一样，但是各个成分的比例差异较大，Cr、Cl、Ni、S、P元素是墨脱石锅独有的，墨脱石锅在熬煮食物的过程中能促进蛋白质肽链水解为氨基酸，使得游离氨基酸的含量增加，尤其是人体必需的8种氨基酸水解量增加。[①]此后，国家质量监督检验检疫总局2015年第162号文件将其列为“国家地理标志产品”，保护范围为墨脱县背崩乡、帮辛乡、加热萨乡所辖行政区范围。这为墨脱石锅提供了来自学术界的科学鉴定和官方认可，使其声名鹊起。现在，墨脱石锅的使用者早已突破了民族和地域的限制，成为林芝市各族民众普遍使用的当家炊具，更因为“石锅鸡”这道美食而受到中外游客的追捧，成为林芝旅游的必吃美食，还衍生出了“石锅鱼”“石锅火锅”等，为墨脱石锅提供了大量潜在的消费者，致使单个石锅的售价高达2000元以上，仍然供不应求。

巨大的市场需求催生出了用机器制作石锅。云南白族人CGH是这种全新工艺的创始人，他曾经干过铁匠、银匠，心灵手巧。他于2004年从云南来到林芝，与一个藏族姑娘结婚后就生活在了波密。2005年，他看到从事石锅制作技艺的商机，就把制作铁器的机器改造成了切割石头的机器，经过两年的不断实验终于获得成功。2007年开始便大规模生产。为保护有限的皂石资源，墨脱县开始限制开采皂石，CGH只能从雅鲁藏布江沿江的其他地方购买原料，一块原料的价格在400~500元之间，好在机器制作石锅基本上不会有失误，杜绝了原料的浪费，因为机器制作的石锅光滑平整，传热均匀，所以生意很好，整个鲁朗镇餐饮所用石锅都是从他这里进货，每年他有15万左右

① 黄爱玲、吕暾.西藏墨脱石锅饮食应用价值研究[J].福州大学学报，2011（4）p613–616.

的纯收入。CGH还收了几个藏族徒弟，其中又以朗县青年人SL的手艺最好。[①]我们认为，CGH用机器制作的石锅是门巴族非物质文化遗产商业化的结果，门巴族民众手工制作的石锅形制较小，价格较高，适合家庭使用，而CGH生产的石锅形制大、产量高、价格相对低廉，主要供饭店使用。因为销售对象不一样，所以并没有对门巴族民众手工制作的墨脱石锅构成冲击。

由于旅游纪念品市场对墨脱石锅有着巨大的需求，所以墨脱县于2008年年底成立了西藏林芝墨脱石锅藤竹协会，设立之初有34名会员，截至2016年，会员已发展到106名，主要经营范围为加工、销售石锅产品，并兼营藤竹制品。协会资本金100万元，资产300万元，企业目前经营状况良好，年产值可达1350万元，市场占有率达85%以上。2012 年石锅销售量为 2000 多个，2013 年达到4000 多个，2014 年达到9000多个，销售量每年成倍增长。[②]从墨脱石锅的畅销可以看出，门巴族手工技艺类非物质文化遗产所体现出的有益身体的养生知识已经通过游客的欣赏体验和美食体验被游客接受，甚至得到了国家层面的认可，这对墨脱石锅起到了助推的作用，也说明广大游客对门巴族手工技艺类非物质文化遗产及其饮食文化的广泛认可。此外，门巴族非物质文化遗产传承人制作的乌木筷子也因为其实用性和能祛除毒性的特点而被游客接受，又因为其价格便宜而成为销量最大的旅游纪念品。

墨脱石锅和乌木筷子的原生态特点决定了其能成为重要的旅游纪念品，因为是手工制作，墨脱石锅和乌木筷子的做工并不是十分精美，游客在使用前还需要进行再次加工，而且墨脱石锅和乌木筷子都需要用清油反复涂抹，然后晒干，使油分完全渗透到石锅和筷子中，

① 根据我们对CGH（男，53岁，白族，云南人，现定居波密县）的访谈资料整理而成。

② 佚名.来自雪域秘境的“食”器—— 记国家地理标志产品墨脱石锅[J].标准生活，2016（3）p92.

最后乌木筷子还需要用砂纸打磨光滑，这种参与后期制作的经历也使很多游客感到非常有趣。

个案5：

广州市游客ZWQ到林芝市旅游后在墨脱县驻林芝市办事处购买了两口石锅、60双筷子，准备拿回去送给朋友，证明自己曾经到过西藏。因为去年朋友送给她两双乌木筷子后，她觉得很好用，这次利用进藏旅游的机会买一点。她按照店主讲的工序进行后期加工后，以纪念品的形式送给朋友，不仅增加了自己的成就感，而且也很有意义。

三、旅游业的发展催生出新的节日，为非物质文化遗产传承人提供了展演舞台

为促进旅游业的发展，近些年来，西藏人口较少民族地区的政府相关部门打造出了一批新型旅游节日来吸引游客，产生了很好的效果。

（一）林芝桃花旅游文化节

2002年，林芝市推出了首届桃花旅游文化节，时间固定在每年的3月下旬–4月下旬。提前在北京、成都、广州、福建、重庆、郑州等地举行主题推介会，以与大型旅行社合作等方式召集游客，近年还采取了网络抢购门票的网上营销方式。举办时以在林芝市设立主场，其他各县设立分会场的形式开展，被称为全国十大春季赏花游目的地，跻身国内知名旅游节的行列，吸引着全国各地的游客前来旅游，形成了工布响箭、抱石头等传统体育竞技比赛、桃花仙子评选、漂流、美食节、种桃树、踏青赏花、摄影采风等活动。2016年桃花旅游文化节期间，有来自北京、上海、广州、深圳、东莞、潮州、成都、拉萨的游客近4万人前来旅游，各类旅游收入2500多万元。受桃花旅游文化节的影响，来南伊沟旅游的游客也很多，2016年桃花旅游文化节期间，有3000多名游客来南伊沟旅游，很多游客都是冲着观看珞巴族民间舞蹈

类非物质文化遗产“博嘎舞”而来的。这种全副武装的搏击表演展示了珞巴族先民的狩猎生活，受到游客的热捧。

因为珞巴族“博嘎舞”久负盛名，为了吸引游客、宣传珞巴族歌舞，早在2009年，南伊珞巴民族乡就成立了一支16人的珞巴民间舞蹈队，队员们英姿飒爽的舞姿总是最吸引游客们的目光。琼林村的大学生每年寒暑假回家都要穿上民族服饰，和大人们一起搞旅游，而参加舞蹈队则是他们最喜欢的事情。[①]琼林村、南伊村和才召村都成立了自己的文化艺术演出队，每年都要组织村民进行珞巴族歌舞表演。如今，文化艺术演出队的规模在不断壮大，每逢节日或村里来了尊贵的客人，演出队都要进行迎宾歌舞演出。

（二）勒布沟仓央嘉措旅游文化节

第六世达赖喇嘛仓央嘉措出生在门隅，他的《仓央嘉措情歌》流传至今，一直被人们传颂。错那县勒布沟距离仓央嘉措出生地最近，错那县政府也抓住机遇，紧扣特色文化，于2012年5月1日—4日举办了首届“仓央嘉措情歌文化旅游节”，核心内容是门巴族传统戏剧类非物质文化遗产山南门巴戏、门巴族民间舞蹈类非物质文化遗产拔羌姆、门巴族民间音乐类非物质文化遗产萨玛酒歌的表演和比赛。主要活动内容为：第一天是主题文艺演出，组织游客统一参观仓央嘉措行宫、玄奘西天取经壁画、勒布三圣湖、吉布二十一度母神山、吉布七圣湖、中印自卫反击战前线指挥部遗址等旅游景点。第二天是非物质文化遗产专题展演，进行门巴戏、拔羌姆、萨玛酒歌的比赛，勒布沟四个乡都要选派人员进行表演和比赛。第三天举行“旺舅庆坡”门巴族屋顶图腾祭奠仪式和四乡群众传统文艺演出。另外，在节日期间持续开展门巴族手工技艺类非物质文化遗产——门巴族编制技艺、木碗

① 根据对当地大学生NMDJ（女，22岁，珞巴族，南伊珞巴民族乡琼林村人）、YB（女，22岁，珞巴族，南伊珞巴民族乡琼林村人）的访谈整理而成。

制作技艺的现场展示和产品售卖活动。此次文化旅游节共吸引区内游客500多人参加。2013年第二届“仓央嘉措情歌文化旅游节”期间，有1500多名游客前来旅游，创收120多万元。2014年6月，从错那县县城到勒布沟的汀勒边防公路完工，交通条件的便捷吸引了更多的游客前来旅游。勒布沟办事处支持门巴族民众开办农家乐，先后建成妈吉阿玛农家乐、最美情郎宾馆、勒农家乐等接待点，勒布沟旅游的硬件基础设施建设有了大幅度提高，日接待游客量可达300余人。随着服务设施的改善，很多拉萨游客专门驱车来勒布沟度假，带动了当地民众的经济收入。此后，勒布沟每年都会举办“仓央嘉措情歌文化旅游节”。如今，依靠旅游业，勒布沟的门巴族民众每户人家每年能有少则三万、多则十多万的现金收入。

随着旅游业的发展，勒布沟的门巴族民众充分认识到了门巴族非物质文化遗产对于旅游业的重要性，基层政府也以发放误工费的形式吸引年轻人参加门巴戏、拔羌姆的表演，使他们增强了对传统文化的认同感，也让门巴族儿童和年轻人更多地接触传统文化，激发他们对传统文化的兴趣，为传统文化保护和传承培育出比较深厚的民间基础。从效果来看，文化旅游节在保护和传承门巴族传统文化方面的作用和影响已经显现出来。①

（三）墨脱徒步文化节

由于墨脱县的亚热带气候区和相对与世隔绝的地理位置，具有徒步旅游的先天优势，在国内享有“徒步旅行者天堂”的美誉。一般来说，徒步者行走的主要路线为：米林县派镇—松林口—多雄拉山—拉格—汗密—老虎嘴—阿尼桥—背崩—墨脱县城—108K—80K—52K—24K—波密，全程为270公里。经过徒步者的打造，这条路线已经成为

① 陈立明、赵勇.门巴族聚居区旅游发展状况调查——以西藏错那县勒布沟为例[J].西藏民族大学学报，2016（1）p87.

非常成熟的徒步路线，沿途都有简易的客栈，可以提供食宿，还有门巴、珞巴、藏、汉、回等各族背夫可以雇佣，每年进入墨脱的游客数量一直保持在3000人次左右。为发展旅游业，墨脱县于2013年10月19日~25日举办了“首届墨脱徒步文化节”；2014年10月20日~31日举办了“第二届墨脱徒步自驾文化旅游节”；2015年10月23日~25日举办了“莲花佛缘·亚热带墨脱文化旅游节”，参与人数达1.05万人次，各类特色产品交易额达28.7万元，实现旅游总收入4750万元。此后形成了在每年10月举办活动的惯例，内容有徒步游、自驾游、门巴族珞巴族歌舞表演，集中游览仁青崩寺、莲花阁、果果塘大拐弯景点等活动，并且伴有出售特色农产品和手工技艺类非物质文化遗产产品的活动。2015年仅德兴竹编、帮辛石锅合作社就生产成品1.34万件，销售1.13万件，销售额达3120余万元。①

我们发现，到墨脱旅游的游客比较倾向于到乡村直接向非物质文化遗产传承人购买产品，认为这些产品具有“原真性”“乡土性”的特点，而且价格偏低，这在一定程度上分流了游客的购买量，也带动了当地青年人学习非物质文化遗产技能的积极性。因为这些非物质文化遗产产品全部用手工制作而成，制作时间相对固定，产量稳定，所以在旅游旺季，墨脱县非物质文化遗产产品出现供不应求的现象就在情理之中。

以上三个旅游文化节是西藏人口较少民族地区最有影响力的旅游节日，是旅游资源开发的最终成果。“旅游资源开发是指通过适当的方式，把旅游资源改造成为吸引物，并使旅游活动得以实现的技术经济过程。”②这三个旅游文化节都将所在地区人口较少民族的非物质文化遗产资源与自然资源很好地结合在一起，形成了全新的旅游吸引

① 索朗琼珠、麦正伟. 墨脱县五大产业助推经济发展[N]. 西藏日报，2016-1-6（5）.

② 丁季华.旅游资源学[M].上海：上海三联书店，1999.p292.

物，既丰富了旅游项目、吸引到更多的游客，同时也为民间音乐类非物质文化遗产、民间舞蹈类非物质文化遗产和传统戏剧类非物质文化遗产的传承人提供了全新的舞台，观众数量大大增加。在这个舞台上，传承人可以充分展示自己的技艺，受到大家的关注，为自己赢得掌声，增强了其传承本民族文化的自信心。而对于传统手工技艺类非物质文化遗产传承人来说，旅游文化节为他们提供了更大的消费市场，生产的产品能够卖出更高的价格，增加其经济收入。

四、旅游业的发展影响了西藏人口较少民族的价值取向，造成非物质文化遗产传承人的流失

因为西藏人口较少民族所在地区为我国边境地区，肩负着守土固边的重任，为了能使民众在当地安居乐业、生息繁衍，国家和西藏自治区政府对其给予林业、草场、牲畜、边防、住房等各种经济补贴，这在墨脱县背崩乡地东村表现得很突出，当地的门巴族民众哪怕养一只狗或鸡，国家就会给予经济补贴。[①]因此，西藏人口较少民族的经济收入较高，每户人家每年领取的国家补贴就能达到数万元现金，生活相对比较舒适，人们追求金钱的欲望并不明显，而格外看重非物质文化遗产展演式的精神享受，形成了当地人共享的文化场域。而旅游业的发展则打破了这一局面。"少数民族村寨旅游市场启动初期，地方政府常常会打着发展地方经济、推动产业结构调整和帮助村民脱贫致富的旗号，通过培育典型示范户或给予部分先行接待户帮助或支持，以带动其他村民参与旅游经营与接待。这样，示范户或先行接待户在无竞争压力又有政府帮助和支持下，获益的可能性较大。"[②]地方政府的这种行为优先扶持的是处在交通便捷地段、有场所、有新房、有资

① 根据在墨脱县背崩乡乡政府的访谈整理而成。

② 陈志永.少数民族村寨社区参与旅游发展研究[M].北京：中国社会科学出版社，2015.p171.

金的富裕人家，他们在获利的同时，也进一步拉大了西藏人口较少民族地区民众的贫富差距。在这些人的带动下，出现了一切向钱看的趋势，使非物质文化遗产传承人不能安心从事义务展演活动，转而从事其他能够赚钱的行业。但具有普遍性意义的是这些非物质文化遗产传承人往往不善于经商，家庭条件逐步下滑，也使其不愿意继续从事非物质文化遗产展演活动，造成年轻传承人的大量流失。

五、外界力量刺激下的表演性非物质文化遗产展示打乱了非物质文化遗产的传承规律，使传承人发生蜕变

西藏人口较少民族的非物质文化遗产主要集中在民间文学、民间音乐、民间舞蹈、传统戏剧和传统手工技艺等方面，其中，在重大活动中进行演出和展示的有门巴族的门巴戏、拔羌姆、珞巴族的博嘎舞。在西藏大力发展旅游业的大潮中，各级政府组织了多种多样的非物质文化遗产演出活动，因为西藏人口较少民族可供演出的非物质文化遗产项目过少，因此近些年来，萨玛酒歌也被纳入到演出中，成为吸引游客眼球的噱头。门巴戏、拔羌姆、萨玛酒歌和博嘎舞本来是门巴族、珞巴族民众在藏历新年等重大庆祝仪式上举行的具有地域性和民族性的非物质文化遗产，具有周期性、群众性、自娱自乐的特点。但随着旅游业的发展，这些非物质文化遗产的原有轨迹被打乱，传承人必须要在旅游文化节上进行演出。这种面向游客的演出与藏历新年期间给当地人的演出大相径庭，必须要突出观赏性，而且表演内容和节奏也要大为缩减，仅表演一小段节目，并不注重表演的内容，而只为了突出表演的形式，使非物质文化遗产传承人丧失了表演热情，也使非物质文化遗产的展演呈现出碎片化趋势。平时过来旅游的散客为了欣赏西藏人口较少民族的非物质文化遗产，则以付费方式请传承人进行表演，不顾传承人是否能够凑齐表演队伍，也毫不顾及传承人的感受，造成传承人队伍内部出现隔阂。

我们认为，非物质文化遗产的本质是地方性知识，首先满足的是其所在社区和传承群体的精神需求，而不是放之四海皆准的普适性知识，外来的游客将非物质文化遗产传承人的演出与金钱挂钩后，打破了西藏人口较少民族非物质文化遗产传承人并不能依靠演出而获得高额经济收入的传统，将其重视所在群体赞誉的精神追求转变为重视外来游客金钱的物质追求，改变了非物质文化遗产传承人的农牧民身份，使其蜕变为职业的旅游表演者，从而造成传承人出于经济考虑而不愿意给年轻人传授，不愿意使传承人队伍扩大，从而影响非物质文化遗产的传承。

联合国教科文组织《实施〈保护非物质文化遗产公约〉业务指南》（2016年版）第184段指出："缔约国应努力利用非物质文化遗产作为实现包容和公平经济发展的有力力量，涵盖具有货币和非货币价值的多样生产活动，并特别有助于加强当地经济。为此，鼓励缔约国尊重遗产性质和相关社区、群体和个人的具体情况，特别是其对集体或个人管理其遗产的选择，同时为其创造性表达提供必要条件并促进公平贸易和道德经济关系。"①这一段论述非物质文化遗产与经济结合的文字指出，应以"包容性"态度来对待当地民众，尤其是那些熟悉非物质文化遗产的传承人对于旅游业的态度和倾向。很明显，在西藏人口较少民族中，对发展旅游业持欢迎和排斥两种态度的民众，实际上正是代表了想从旅游业中获得收入和不愿从旅游业中获得收入的两类民众，这正是"有货币和非货币价值"多样生产活动的体现，也是社会多样性的体现。但上文中阐述的消极作用的共同特征则是西藏人口较少民族非物质文化遗产得以传承的核心因素受到了破坏，这对于

① 联合国教科文组织亚太地区非物质文化遗产培训中心.实施《保护非物质文化遗产公约》业务指南基本文件[Z].联合国教科文组织亚太地区非物质文化遗产培训中心印，2016.p77.

西藏人口较少民族地方社会的可持续发展具有不可逆转的影响。

（一）老者的逃避会造成珞巴族非物质文化遗产的消失

米林县南伊沟德高望重的智者LD，坚守与传统“慢生活”相适应的传统生计方式，没有选择与旅游业相结合，也没有年轻人愿意跟随他，这对当地包容性社会发展是极度危险的。因为伴随着老人的去世，如果没有年轻人认真的传习，珞巴族地方性知识和实践经验将会全部消失，由传统生计方式发展出来的应对当地气候变化、自然环境变化的宝贵经验，对当地生物多样性的认识也会全部消失，这损伤的是当地的可持续发展，会触动珞巴族非物质文化遗产的根基。

（二）要警惕与旅游业结合的“唯经济”导向

在面对游客的需求时，以获取利润为终极目标的商业做法使得决定错那县勒布沟门巴族茶叶品质的制茶技艺中的核心因素被外来商业经营者强力中断。社区与非物质文化遗产的良性互动关系被打破，社区凭借自身的力量，在巨大的商业经营者面前，很难坚持自己的主张。在这种情况下，有必要从政府管理措施上确保制茶技艺对于民族群体生活的重要性不被商业价值取代。

（三）旅游业的刺激作用致使西藏人口较少民族非物质文化遗产的社会功能和文化内涵被削弱和破坏

在门巴族传统戏剧类非物质文化遗产的传承过程中，难度较大的核心动作样式因为年轻人一味追逐游客的“新奇”需求而被放弃，戏剧类非物质文化遗产发生了表面化、形式化的转变。随着核心动作样式的消失，门巴族传统戏剧类非物质文化遗产的文化内涵也随之消失。在这个渐变的过程中，被门巴族民众认可的新的文化形式还没有形成，从而人为地造成了一个文化真空。这一结果源自西藏人口较少民族民众思想层面的变化和价值取向的转变，也是非物质文化遗产保护中最难解决的问题。

六、西藏人口较少民族的异地安置使部分非物质文化遗产失去了传承土壤，陷入迅速衰退的境地

历史上，由于西藏人口较少民族生活的地区自然条件过于恶劣，西藏自治区政府多次对其实施异地安置，珞巴族从深山搬到了邻近公路的平地，珞巴族民众的生活水平迅速提高。这些从拉嘎沟搬迁出来的珞巴族民众改变了采集、狩猎、刀耕火种的传统生计方式，转变为以发展农牧业为主的新型生计方式，生产生活条件得到了改善和提高。

1999年，受波密县境内的易贡湖决堤下泄的影响，林芝县排龙门巴民族乡40年来的建设成就毁于一旦。2000年，政府决定将其整体搬迁至更章，设立更章门巴民族乡。[①]该乡成立于2000年，位于318国道沿线，距离林芝市35公里，交通便利。截至2014年底，全乡共295户，人口1316人。其中，门巴族479人，珞巴族136人，藏族701人。2014年，全乡实现农村经济总收入2303.61万元，人均纯收入9977.67元。[②]为适应新的生态环境，在政府部门的扶持下，门巴族民众刀耕火种的传统生计方式被精耕细作的现代农业、牧业、运输业、劳务输出所取代。

从非物质文化遗产保护的角度来说，西藏人口较少民族异地安置后，由于其生存环境的改变和生计方式的调适，造成其非物质文化遗产迅速衰退。以上两个地方的珞巴族和门巴族民众在原居住地生活时，因为当地盛产竹子，所以人们都擅长从事传统手工技艺类非物质文化遗产——竹编产品的生产，但是搬迁后，因为迁入地缺少竹子，经过二三十年的发展，门巴族民众所传承的传统手工技艺类非物质文化遗产——竹编技艺也由于原材料的短缺而消失。

---

① 《中国人口较少民族发展研究丛书》编委会.中国人口较少民族经济和社会发展调查报告[R].北京：民族出版社，2007.p598.

② 根据在更章门巴民族乡的调查整理而成。

第九章　西藏非物质文化遗产保护的未来之路

西藏非物质文化遗产保护已经走过了十六个年头，虽然取得了一定的成绩，但是也有很多问题需要我们去研究和解决。今后，西藏非物质文化遗产保护应该在设立文化生态保护实验区、加强立法保护、客观看待非物质文化遗产传承人的流动等方面进行积极的探索。

第一节　设立国家级文化生态保护实验区的路径探讨

国家级文化生态保护区是指以保护非物质文化遗产为核心，对历史文化积淀丰厚、存续状态良好，具有重要价值和鲜明特色的文化形态进行整体性保护，并经文化部批准设立的特定区域。①文化生态保护的关键，是要调动一切积极因素处理好传统文化、现代文化以及环境系统的共生关系。在具体的保护实践中，文化生态保护区的工作应该围绕文化生态系统的组成结构全面展开，最大限度地激发和培育文化生态系统的信息共享、整体协调及自行趋优等组织功能。在目前我国设立的23个文化生态保护实验区中，与藏族文化相关的有热贡文化生态保护实验区、迪庆民族文化生态保护实验区、格萨尔文化（果洛）生态保护实验区、藏族文化（玉树）生态保护实验区，其中青

① 文化部.文化部关于加强国家级文化生态保护区建设的指导意见[Z].文非遗发[2010]7号文件。

海省有3项、云南省有1项，而西藏自治区却一个都没有。虽然西藏自治区从2011年开始就积极申报国家级文化生态保护实验区，但截至目前，西藏的拉萨河文化生态保护实验区还没有申请到国家级文化生态保护实验区的资格，位于日喀则市吉隆县的自治区级文化生态保护实验区——吉隆沟文化生态保护实验区又在2015年的“4·25”尼泊尔大地震中受损严重。出于这种情况，我们认为，可以在山南市设立国家级生态文化保护实验区，针对西藏尚未在人口较少民族设立文化生态保护实验区的情况，可以在墨脱县设立门巴族珞巴族文化生态保护实验区。

一、设立山南（藏族文化）生态保护实验区

（一）山南的农业文明溯源

山南被称为“藏族文化之源”，国土面积为79700平方公里，人口328990人。这里的物质文化遗存非常丰富，拥有第一座宫殿——雍布拉康、第一座寺院——桑耶寺、第一块农田——萨日索当、第一个村寨——雅隆索卡、第一部经书——百拜忏悔经，还拥有贡嘎县杰德秀镇、乃东县昌珠镇这两座历史文化名镇。这些物质遗存集中体现了藏族文化的历史发展脉络，发源于雅拉香布雪山的雅砻河在泽当镇汇入雅鲁藏布江，流程80公里，形成了肥沃的雅砻河谷，是西藏农业开发最早的地区之一，成为西藏高原农业文明的重要发祥地，有很多与农业相关的传说和遗存。

关于西藏第一位赞普——聂赤赞普和第一座宫殿——雍布拉康的来历，《西藏档案史》谓：彼初降于拉日若波山巅，纵目四望，见耶拉香布雪山之高峻，亚隆地土之美胜，遂止于赞唐贡玛山，为诸牧人所见，趋至其前，问所从来。王以手指天。众相谓云：“必是自天谪降之神子，我辈宜奉为主。”遂以肩为座，迎之以归，故号为聂赤赞

普。是为藏地最初之王。彼所建宫室，名雍布拉康。[1]这座宫殿一直矗立在雅砻河东岸的扎西次日山顶上，藏族先民在山脚下定居，开辟出了田地，生产粮食专供藏王食用，这块土地被认为是西藏的第一块农田，传说这块土地也是观音菩萨赐给神猴子孙香谷的地方，称为“萨日索当”。此后，为纪念祖先开垦第一块农田的功绩，当地还形成了欢度“开耕节”的习俗，每到春耕时节，农民们就会穿着节日的盛装，来到这块田地中举行开耕仪式，一直延续至今。

《西藏通史·松石宝串》记载，人们把以农业为主的地区叫作“蕃”。从远古起，随着社会生产的发展，因自然条件的不同，生产分成三种类型，适于放牧的高原地区叫做“牧业区”；把谷地以林业为主的地区称为“绒”；把介于这二者之间的温寒相宜、以经营农业为主（兼营畜牧）的地区叫做“蕃”。历史上，悉补野赞普世系兴起于雅隆，当时该地类似高原农业中心，称之为“蕃域”，而悉补野赞普由地名转变为王名，叫作“吐蕃赞普”。[2]据藏文古籍记载，有关吐蕃第一代赞普出生地的问题有三种说法，即“吐蕃波密地区说”、“吐蕃雅隆地区说”和“印度说”。张云认同“吐蕃雅隆地区说”，认为悉补野部和六牦牛部有着十分密切的关系，其首领聂赤赞普做了六牦牛部的王，将两者统一起来。[3]石硕认为，公元前350年，聂赤赞普成为雅隆部落联盟的第一代赞普，号“鹘提悉补野”，他进一步扩大领地，建了雍布拉康。至第31代赞普达日年色时，雅隆部落已经成为以雅砻河谷为中心的一个强大部落联盟，位于雅鲁藏布江以南的山南河谷地带，形成了以农业为主而兼有畜牧业的经济类型，这也是与雅隆

---

① 索南坚赞著，刘立千译注.西藏王统记[M].北京：民族出版社，2000.p33.

② 恰白·次旦平措等著，陈庆英等译.西藏通史·松石宝串（上）[M].拉萨：西藏藏文古籍出版社，2008.P3.

③ 张云、石硕.《西藏通史》（早期卷）[M].北京：中国藏学出版社，2016.p170.

河谷地带适于农业的自然环境相适宜的。[①]可以说，从吐蕃的第一代赞普开始，藏族先民就在雅砻河谷创造出了具有高原特色的农业文明，并一直延续不绝。

西藏和平解放以后，为了能够实现粮食增产的目的，1952—1974年，西藏自治区农业科学研究所先后从原中国农业科学院及各兄弟省（市）引种过370多个国内外品种，经过小区种植和品种比较试验，有的越冬力强，有的抗病力强，有的生长期短，但产量以“肥麦”最高。[②]随着适合在高寒地区栽培的“肥麦”品种的推广，西藏在20世纪70年代突破了3100米海拔的冬小麦种植界限，海拔3100~3800米的地区成为冬小麦的主要种植区，最高可以种植到海拔4000米的地区，并获得高产。1977年，西藏全区粮食总产量首次突破5亿公斤，面积也逐年扩大，1979年达到78万亩。[③]由于农业基础好，山南地区是当时西藏小麦推广最普及的地区。[④]一直到现在，山南市仍然是西藏的粮食主产区，完整地保留了西藏的农耕文化。2016年，山南市完成各类作物播种面积47.27万亩，其中，冬播11.71万亩，春播35.56万亩，在乃东、贡嘎、扎囊、桑日、琼结、隆子6个粮食主产县（区）实施高产创建面积25万亩。全市粮食总产量为15.9万吨，其中小麦、青稞、油菜籽产量分别为6.9万吨、8.29万吨、1.18万吨。[⑤]可见，农业生产在山南民众的生产生活中仍然扮演着重要角色。

（二）山南的非物质文化遗产资源

山南市的非物质文化遗产资源体量巨大，涵盖五大类非物质文化

---

① 石硕.《西藏文明东向发展史》[M].成都：四川人民出版社，1994.p52-55.

② 西藏自治区农业科学研究所编.西藏冬小麦[M].北京：农业出版社，1978.p65.

③《西藏自治区志·农业志》编纂委员会编.西藏自治区志·农业志[M].北京：中国藏学出版社，2014.P8.

④ 强舸.小麦怎样走上了藏族的餐桌？——西藏的现代化与藏族饮食文化变迁[J].开放时代，2015（3）p178-179.

⑤ 根据西藏自治区农牧厅提供的资料整理而成。

遗产代表性项目。其中，民间舞蹈类非物质文化遗产代表性项目有昌果卓舞、嘎尔巴谐玛舞、扎唐果谐、羊卓姜谐、琼结县拉玉谐钦、琼结久河卓舞、扎囊县桑耶寺羌姆、贡嘎县曲德寺阿羌姆、洛扎县白林羌姆、拉康俗人羌姆、雪沙亚羌姆、羊卓果谐、甲日果谐、达古扎念、邱多江卓舞、哲巴卓舞、卡热卓舞、增期贡卓舞、洋嘎卓舞、若浪霞布卓、堆随果谐、仲嘎曲德寺羌姆、门巴族拔羌姆；民间戏曲类非物质文化遗产代表性项目有山南乃东雅砻扎西雪巴藏戏、山南琼结卡卓扎西宾顿巴藏戏、山南门巴藏戏阿吉拉姆、曲括子巴藏戏、鲁古拉姆；民间音乐类非物质文化遗产代表性项目有门巴族萨玛酒歌、普玛江塘孔丝（口弦）；传统手工技艺类非物质文化遗产代表性项目有山南杰德秀围裙编织工艺、曲松县陶器制作技艺、错那县卡达藏刀制作技艺、扎囊县陶器制作技艺、错那勒布门巴族编织技艺、贡祖腰带纺织技艺、泽当毛哔叽编织技艺、达布石锅制作技艺、森布日制胶技艺、扎囊县木雕技艺、敏珠林寺藏香制作技艺、加查木碗制作技艺和加查藏纸加工制作技艺；民俗类非物质文化遗产代表性项目有曲德沃望果节、贡嘎县那若波岗节。其中，入选国家级非物质文化遗产代表性项目名录的有10项，而且传承人群体比较集中。这些非物质文化遗产完整地反映出山南藏族民众传承至今的农业文明，具备设立国家级文化生态保护实验区的条件。

（三）设立山南（藏族文化）生态保护实验区的路径

第一，保护非物质文化遗产赖以生存的自然环境。在青藏高原上生息繁衍的过程中，祖辈们很好地适应了当地的自然环境，并创造出了独特的高原农业文明，一直延续至今。正如我们在第二章中所论述的那样，西藏非物质文化遗产具有鲜明的地域性特征。因此，要保护山南（藏族文化）生态保护实验区中具有鲜明特征的自然环境，对山南市境内的现有矿业企业进行环境监察，防止其排放的污水和废料污染当地自然环境，不再引进高污染、高能耗的企业，维护高原农业赖以生存的土地资源。

第二，对以山南为代表的高原农业文明进行整体性保护。以山南市非物质文化遗产活态保护为核心，关注以农业文明为主的特定非物质文化遗产传承人群体的文化样式和历史主体性，保护好现有物质文化遗存，将其与非物质文化遗产紧密结合起来，发挥物质文化遗存作为非物质文化遗产文化空间重要组成部分的作用。保护以高原农业为中心的山南地方性知识，特别是对乃东区、贡嘎县、扎囊县、桑日县、琼结县、隆子县等6个粮食主产地藏族民众的选种、育种、耕作、收割、贮藏等知识和相应的天文知识、物候历、文化习俗进行挖掘、整理和保护，完整地体现出高原农业文明的发展脉络和现实存在。

第三，按照社区参与原则对山南地区非物质文化遗产进行保护，以各类非物质文化遗产所依存的藏族村寨为保护重点，按照因地制宜和以人为本的原则，尊重当地民众的农业实践活动，突出藏族民众的传承主体地位，防止破坏性开发，确保民众能够按照传统的农业生活方式继续生活下去，杜绝因旅游开发而导致的整村搬迁、异地迁移等，完整保护非物质文化遗产原生地的文化生态。

第四，按照文化多样性原则进行山南市非物质文化遗产保护工作。对山南市错那县门巴族非物质文化遗产和隆子县珞巴族非物质文化遗产进行在地化保护，对具有独特民族性的农业知识和文化习俗进行调查、整理，将其作为山南藏族非物质文化遗产的重要补充部分，体现出山南（藏族文化）生态保护实验区的文化多样性。

二、设立墨脱（门巴族珞巴族）文化生态保护实验区

门巴族和珞巴族这两个人口较少民族集中居住在墨脱县，虽然嘎隆拉隧道已经贯通，但出于保护自然生态的目的，西藏自治区政府仍

然限制游客大量进入墨脱县，这一举措使墨脱县保留了其以门巴族、珞巴族非物质文化遗产为核心的地域文化特色。从国家文化发展战略的角度出发，应在墨脱设立自治区级文化生态保护实验区。

（一）墨脱（门巴族珞巴族）文化生态保护实验区的文化生态特征

目前，我国共有23个国家级文化生态保护实验区，其中，以某一民族命名的文化生态保护实验区有羌族文化生态保护实验区、武陵山区（渝东南）土家族苗族文化生态保护实验区、武陵山区（鄂西南）土家族苗族文化生态保护实验区，所以设立墨脱门巴族珞巴族文化生态保护实验区是有章可循的。墨脱县地处亚热带气候区，受印度洋暖湿气流的影响，境内雨水充沛，气候炎热，森林资源非常丰富，与西藏寒冷干燥缺氧的内陆型气候迥然不同，在这样的生态环境中生活的门巴族、珞巴族民众的生计方式是以刀耕火种农业和采集狩猎为主，培育出了适应当地土壤和气候的优良品种，有3种水稻种、11种旱稻种和3种荞麦种，并且采用了单种和套种两种方式，创造出了石锅制作、竹编技艺、乌木筷子制作、民族服饰等传统手工技艺类非物质文化遗产，建立了一套因地制宜的生态文化系统，积累了丰富的传统生产知识，满足了门巴族、珞巴族民众的生存需求。在宗教文化方面，门巴族有着对鬼、神、佛的最大的宽容精神，不分远近、亲疏、厚薄，原始宗教、原初苯教、藏传佛教在门巴族社会并存。①珞巴族灵的观念、万物有灵观念和灵魂观念杂揉互举，自然崇拜、图腾崇拜、祖先—英雄崇拜错综并存，其原始宗教对周围地区的佛教及佛教文化产生了排他性，形成了具有内在统一性的原始宗教文化体系。②我们认为，受外界的影响，米林县南伊珞巴民族乡、错那县勒布沟、林芝市巴宜区更章门巴民族乡的门巴族珞巴族文化正在发生变化，而墨脱县是门巴

① 于乃昌.西藏审美文化[M].拉萨：西藏人民出版社，1999.p38.

② 于乃昌.西藏审美文化[M].拉萨：西藏人民出版社，1999.p50.

族、珞巴族相对集中的地区，又因为嘎隆拉山的阻挡，处在相对隔绝的地理单元中，受外界的影响较小，门巴族、珞巴族民众是墨脱县的世居民族，而且人口众多，占到墨脱县总人口的72%，相比之下，藏族和汉族人口较少，而且以流动人口为多，有条件保持门巴族和珞巴族文化的独特性，现在，在背崩乡的地东村、巴登村等偏远地方的门巴族民众还保留着传统生计方式，传统生产知识在当地人的生活中占有重要地位，维护着人与自然的和谐。“传统生产知识是指人类为维持生命，在长期的生产实践中累起来的各种生产知识与技能。它既包括农业生产、牧业生产、渔猎生产知识，也包括与各种生产实践息息相关的其他生产知识与技能。保护好这笔遗产，不但可以使我们更好地了解祖先所创造的各种生产经验，同时还可以借助这些生产知识与经验，克服现代文明所带来的种种问题。”①从这个意义上来说，在墨脱县设立自治区级文化生态保护实验区是非常必要的，可以对西藏人口较少民族非物质文化遗产进行整体性保护，营造有利于文化遗产生存、发展的环境，维护文化遗产、自然环境、人文环境之间的生态平衡。

（二）开展普查工作，对墨脱门巴族珞巴族非物质文化遗产进行深入调研

“要基于文化视角诊脉地区发展，联合不同背景领域利益主体协商讨论并最终对紧迫问题、发展目标、解决实现办法达成共识，进而制订执行所需解决方案。”②要组织西藏自治区的非物质文化遗产专家，在掌握的现有墨脱县门巴族珞巴族非物质文化遗产情况的基础上，开展地毯式的深入普查，对墨脱县社会经济发展情况进行调查，获取经济数据；收集墨脱县文化、教育、环境保护等方面的具体数

① 苑利、顾军.非物质文化遗产保护干部必读[M].北京：社会科学文献出版社，2013.p176.

② 李祎等. 从“文化政策”到“文化规划”——西方文化规划进展与编制方法研究[J]. 国际城市规划，2007（5）p77.

据；针对不同阶层的民众开展访谈调研，征求地方官员、文化人士、民众代表的意见；通过举办非物质文化遗产的展演活动，调查门巴族珞巴族民众的参与度，对墨脱县门巴族珞巴族非物质文化遗产的传承基础进行评估。

（三）编写墨脱县门巴族珞巴族文化生态保护实验区规划

由西藏自治区文化厅牵头，各级政府部门配合，遴选非物质文化遗产专家，组建《墨脱县门巴族珞巴族文化生态保护实验区规划》编写小组，组织相关政府部门人员、门巴族珞巴族知识分子、群众代表，就设立墨脱县门巴族珞巴族文化生态保护实验区进行广泛讨论，达成共识，上报西藏自治区人民政府，建立规划编写小组与相关部门的有效沟通合作机制，使非物质文化遗产的潜力得到释放、门巴族珞巴族民众的创造力得以发挥，完成规划的编写工作，使门巴族珞巴族核心文化要素能与当地社会的整体发展相结合。

（四）设立墨脱门巴族珞巴族文化生态保护实验区的内容

保护墨脱县的自然环境，保证墨脱县生态链的完整性，对有助于促进当地环境保护的非物质文化遗产项目进行重点扶持，实现对当地自然资源的循环利用；确保门巴族珞巴族民众能够延续传统的生计方式，对特有农作物种子培育、保存，粮食作物种植、收获、烹饪和使用的全过程进行可视化和文本的双重记录；对门巴族珞巴族的传统饮食习俗、婚丧嫁娶习俗、修房盖屋习俗、宗教文化习俗进行保护，将其与门巴族珞巴族民众的日常生活联系起来，确保其传统生活方式的延续性；大力保护门巴族珞巴族传统手工技艺类非物质文化遗产，鼓励民众参与，实施非物质文化遗产在地化保护，确保地方社区民众和非物质文化遗产传承人真心传承非物质文化遗产，提升非物质文化遗产所在社区的活跃度；以非物质文化遗产保护为契机，通过发展旅游业，使有愿意发展市场经济的群体从事与非物质文化遗产有关的职业，提高被边缘化、处于弱势地位的门巴族珞巴族社会群体的生存能力和应有权利，增加门巴族珞巴族民众收入，提升墨脱县门巴族珞巴族民众的生活品质。

我们认为，门巴族珞巴族非物质文化遗产并不是社会发展的阻碍，它们与藏族、僜人、夏尔巴人非物质文化遗产一起，构成了西藏文化的多样性。我们要承认门巴族珞巴族非物质文化遗产及其传承者的重要性和尊严，确保其平等获得社会资源配置的正当性，将其视为门巴族珞巴族社会走向真正可持续发展的重要文化基础。只有这样，设立墨脱县门巴族珞巴族文化生态保护实验区才能发挥其现实意义。

由于西藏的特殊地理位置，各级政府在西藏经济社会发展过程中扮演着重要作用，西藏人口较少民族非物质文化遗产保护离不开西藏各级政府在人力、物力、财力和政策方面的支持。从前文的分析中可以看出，错那县勒布沟各乡政府、米林县南伊珞巴民族乡政府在非物质文化遗产保护方面都发挥了巨大作用。今后，只有各级政府部门继续发挥政府主导作用，协调与旅游公司的关系，实施社区参与原则，使门巴族珞巴族民众有更多的话语权，参加到与管理相关的非物质文化遗产行动中来，西藏人口较少民族非物质文化遗产才能实现不断传承的目的。

第二节　加强《非物质文化遗产法》的执行力度

2011年《中华人民共和国非物质文化遗产法》颁布实施后，西藏自治区立即启动相关地方性法规的制定工作，经过不断努力，《西藏自治区实施〈中华人民共和国非物质文化遗产法〉办法》于2014年6月1日起正式实施，为西藏非物质文化遗产的保护、传承、传播和发展提供了法律支撑。

一、《西藏自治区实施〈中华人民共和国非物质文化遗产法〉办法》的意义

（一）尊重非物质文化遗产保护规律的体现

目前，西藏非物质文化遗产保护工作呈现出三个特点：一是非物质文化遗产资源非常丰富，致使非物质文化遗产保护措施必须多样化；二是非物质文化遗产的分布区域非常广泛，致使非物质文化遗产保护工作点长线广；三是西藏各族人民的参与积极性很高，使得非物质文化遗产保护工作比较容易见效。但即便如此，在实际的保护过程中，无法可依也成为困扰广大文化工作者的一个难题。《西藏自治区实施〈中华人民共和国非物质文化遗产法〉办法》通过对国家上位法的解读，解决了这个问题，使西藏民众能够有法可依地保护非物质文化遗产。

（二）开创西藏非物质文化遗产保护工作新局面的现实需要

西藏是非物质文化遗产资源大区，经过多年的保护，以非物质文化遗产为代表的优秀民族传统文化已经与西藏的自然风光成为西藏名片的两面。可以说，西藏的非物质文化遗产保护工作确实实现了“政府主导”，与此形成鲜明对比的是，西藏非物质文化遗产保护的社会参与力度相对较弱，广大非物质文化遗产传承人过于依赖政府，非物质文化遗产的生产性保护效果并不明显，市场化水平不高，每一届中国西藏旅游文化国际博览会期间，生产技艺类非物质文化遗产产品4天内断货的情况普遍存在，一些民族手工艺品企业文化基础薄弱，对市场经济也缺乏最基本的认识。

为使西藏非物质文化遗产得到具体、有针对性、有操作性的地方法规保护，西藏启动了非物质文化遗产的地方立法工作。2014年，《西藏自治区实施〈中华人民共和国非物质文化遗产法〉办法》正式颁布实施，为全面、科学、系统、规范保护西藏非物质文化遗产提供了法律保障。

二、《西藏自治区实施〈中华人民共和国非物质文化遗产法〉办法》的立法思路及出台过程

2011年《中华人民共和国非物质文化遗产法》颁布实施后，为进一步贯彻落实《中华人民共和国非物质文化遗产法》，总结巩固多年来西藏非物质文化遗产保护的政策措施和实践经验，逐步解决西藏在组织领导、工作力量、专项经费、保护机制、开发利用等方面存在的突出问题，西藏相关部门启动了相关法规制定工作。

制定此法的思路有以下三点：一是以上位法精神为指导，积极借鉴兄弟省、市、区的经验，力求出台的法律条款管用、有效，符合西藏实际，体现西藏特色。二是遵循分类保护、政府主导、社会参与、强化保障等非物质文化遗产保护的基本经验，建立健全长效机制。三是正确处理好保护、保存与开发、利用的关系。《西藏自治区实施〈中华人民共和国非物质文化遗产法〉办法》的制定与出台耗时长、投入多，共经历前期调研、初稿起草、修改完善、调整补充四个阶段，调研5个地（市）30个县，召开座谈会30多场（次），征求意见建议近260条，集中修订立法草稿十余次。2013年4月8日，就《西藏自治区实施〈中华人民共和国非物质文化遗产法〉办法》的审议正式向自治区人民政府上报请示。此后，积极配合自治区政府法制办，广泛征求意见，反复进行修改，将《西藏自治区实施〈中华人民共和国非物质文化遗产法〉办法》从9章54条调整为6章48条。9月27日，自治区人民政府第13次常务会议审议通过了《西藏自治区实施〈中华人民共和国非物质文化遗产法〉办法（草案）》。期间，自治区人大常委会高度重视，全力支持，将《西藏自治区实施〈中华人民共和国非物质文化遗产法〉办法》制定工作作为年度立法重点予以全面部署，深入区内外广泛调研，并就《西藏自治区实施〈中华人民共和国非物质文化遗产法〉办法》的名称、结构、内容等各个方面进行了全面、认真、细致

的修改完善，最终修订为6章49条，于2013年3月31日在自治区十届人大常委会第九次会议上审议通过，并明确从6月1日起正式实施。可以说，西藏自治区实施〈中华人民共和国非物质文化遗产法〉办法》的颁布实施，是西藏非物质文化遗产保护工作的一件大事，为西藏非物质文化遗产保护提供了坚实有力的法律保障。[①]

三、《西藏自治区实施<中华人民共和国非物质文化遗产法>办法》中的亮点

（一）再次强化了各级政府应履行非物质文化遗产保护的具体义务

为积极发挥政府及文化主管部门在非物质文化遗产保护工作中的主导作用，《西藏自治区实施〈中华人民共和国非物质文化遗产法〉办法》就机构设置、经费预算、经费使用等方面提出了明确要求，对发改、财政、教育、民宗、住建、卫生、旅游等政府行政部门，文联、社科、科协等行业协会、学会等组织应履行的非物质文化遗产保护义务提出了概括性要求。

（二）首次提出扶持人口较少民族和边境地区的非物质文化遗产保护、保存工作

《西藏自治区实施〈中华人民共和国非物质文化遗产法〉办法》第一章第六条提出“自治区扶持人口较少民族、边境地区的非物质文化遗产保护、保存工作”。以往西藏对门巴族、珞巴族这两个人口较少民族的非物质文化遗产保护是置于全区保护工作中同步推进的，而非专项保护，边境地区的非物质文化遗产保护也存在很多问题，例如，隆子县斗玉珞巴民族乡民众用于制作珞巴族服饰的布料和竹绳长期依赖印控区珞巴人；错那县勒布沟的一些非物质文化遗产传承人甚

① 根据西藏自治区文化厅提供的资料整理而成。

至因为经常表演《门巴阿吉拉姆》而影响了生产生活，致使传承人不断流失。《西藏自治区实施〈中华人民共和国非物质文化遗产法〉办法》首次将人口较少民族、边境地区非物质文化遗产保护和保存单列出来，使西藏加大对人口较少民族、边境地区非物质文化遗产保护的人力、物力和财力投入方面有法可依。

（三）为社会资金进入非物质文化遗产保护领域打开了方便之门

《西藏自治区实施〈中华人民共和国非物质文化遗产法〉办法》第一章第十一条“自治区鼓励公民、法人和其他组织依法捐赠非物质文化遗产保护资金，以用于非物质文化遗产保护、保存工作”对募集社会资金用于非物质文化遗产保护作出了明确说明。长期以来，西藏的非物质文化遗产保护资金单纯依靠政府投入，即使有社会资金想进行非物质文化遗产保护，也没有单位敢接受、敢使用。《西藏自治区实施〈中华人民共和国非物质文化遗产法〉办法》出台后，能够调动大家的积极性，探索各种资金使用方法，也消除了相关部门吸纳社会资金的后顾之忧，可以在一定程度上改变非物质文化遗产保护资金不足的情况。

（四）首次在政府政策层面提出非物质文化遗产科学研究和非物质文化遗产项目的整理出版工作

《西藏自治区实施〈中华人民共和国非物质文化遗产法〉办法》第四章第三十六条“自治区鼓励开展与非物质文化遗产有关的科学技术研究和非物质文化遗产保护、保存方法研究，鼓励开展非物质文化遗产的记录和非物质文化遗产代表性项目的整理、出版等活动”首次以法律法规的形式鼓励开展非物质文化遗产相关科学技术研究和代表性项目的整理出版工作，对于提高西藏非物质文化遗产的研究水平，补齐短板将发挥重要的促进作用。

（五）明确规定了非物质文化遗产代表性传承人、保护单位的责任和义务

《西藏自治区实施〈中华人民共和国非物质文化遗产法〉办法》第四章第二十九条、三十条、三十一条、三十二条首次对代表性传承人和保护单位提出了要求，尤其提出了明确的职责要求，这打破了以往非物质文化遗产项目代表性传承人、保护单位的终身制，改变了一旦进入便不再退出，只有享受的权利，而无付出的义务的不合理情况。

（六）对违法违规行为提出了细致的惩治措施

从2012年开始，文化部就启动并实施了对国家级非物质文化遗产代表性项目保护单位的动态化管理。2013年初首次下发了《文化部办公厅关于调整和认定国家级非物质文化遗产代表性项目保护单位的通知》，对433个第一、二批国家级非物质文化遗产代表性项目保护单位进行了调整和重新认定。2014年3月，文化部发布了《关于调整和重新认定部分国家级非物质文化遗产代表性项目保护单位的通知》，对花钹大鼓等121个国家级非物质文化遗产代表性项目的保护单位进行调整和重新认定。目前文化部已对554家项目保护单位进行了调整和重新认定，其中对履责不力、不具备独立法人资格、不具备履责能力和条件的300余家进行了实质性变更。

近年来，我们发现西藏部分文化单位及工作人员执行非物质文化遗产法律的能力有欠缺，非物质文化遗产保护实践中有违规定、有违程序的现象不时发生，责任追究机制亟待建立健全。一些非物质文化遗产传承单位一味追求经济效益，造成骨干人员流失，核心技艺失传，整个单位达到无以为继的地步。《西藏自治区实施〈中华人民共和国非物质文化遗产法〉办法》第五章第四十五条至四十八条对类似违法违规行为提出了具有操作性的详细整治措施，有助于西藏非物质文化遗产的保护和顺利传承。

四、加大执法力度的途径

（一）建立动态化管理制度，使非物质文化遗产项目代表性传承人能够充分发挥主体作用

由于人力、物力和财力所限，西藏各级文化部门对非物质文化遗产项目代表性传承人的考核管理存在缺位问题，非物质文化遗产项目代表性传承人一经认定便成为事实上的终身制传承人，各级文化部门并没有对非物质文化遗产项目代表性传承人进行年度考核。此外，西藏未能建立能上能下的退出机制，完全采用放任自流的“放养”式管理模式，使传承人各行其是，没有动力履行传承人的职责。应该按照《西藏自治区非物质文化遗产项目代表性传承人认定与管理办法》第四章的规定对西藏非物质文化遗产项目代表性传承人进行动态化管理，由各市县文化部门与非物质文化遗产项目代表性传承人签订责任书，明确传承人的责任和权利，逐步形成年度考核机制。与地方财政部门协商，筹措资金，给市级非物质文化遗产项目代表性传承人每人每年发放3000元补贴，给县级非物质文化遗产项目代表性传承人每人每年发放1000元补贴，消除非物质文化遗产项目代表性传承人事实上的层次感。每两年对非物质文化遗产项目代表性传承人开展一次集中考核，对表现突出的传承人给予适当的物质奖励，取消放任自流的非物质文化遗产项目代表性传承人的资格，充分调动非物质文化遗产项目代表性传承人的主动性。

（二）加大审查力度，坚决打击利用非物质文化遗产项目代表性传承人身份非法经营的行为

西藏各级文化部门应该加大对非物质文化遗产项目代表性传承人的巡查力度，对于打着生产性保护的幌子从事与非物质文化遗产无关的商业活动牟利的行为进行坚决打击，追缴政府发放的各种补贴，取消其非物质文化遗产项目代表性传承人的资格，确保非物质文化遗产

能够保持西藏民众的创造力，发挥促进社会可持续发展的作用。要打破非物质文化遗产项目代表性传承人的“终身制”，建立能进能出的灵活替换机制，创造条件扶持所传承项目虽未进入非物质文化遗产各级代表性项目名录、还未成为各级非物质文化遗产项目代表性传承人，但一直在从事非物质文化遗产传承的年轻人，在适当的时候将其列入非物质文化遗产名录体系，使其获得非物质文化遗产项目代表性传承人的称号。

（三）确立文化部门对非物质文化遗产项目代表性传承人的管理权，发挥专家学者的作用，调动非物质文化遗产项目代表性传承人的积极性

建立与其他部门联合办公机制，改变文化部门无权无钱的尴尬局面，确立对非物质文化遗产项目代表性传承人的管理权，使《西藏自治区非物质文化遗产项目代表性传承人认定与管理办法》不仅仅停留在纸上，而是真正发挥作用，达到令行禁止的效果。为减轻文化部门的工作量，可以以委托课题的形式吸引区内外专家学者参加非物质文化遗产项目代表性传承人的认定工作，充分发挥其作为第三方的中立作用，为文化部门出谋划策，总结西藏非物质文化遗产项目代表性传承人认定和管理工作的有效经验，使其成为联系文化部门和非物质文化遗产项目代表性传承人的纽带。

第三节　客观看待非物质文化遗产传承人的流动

随着西藏交通运输的日趋便利，西藏非物质文化遗产传承人也出现了向区外流动的现象，其中又以扎念琴表演艺人表现得最为突出。我们认为应该重视对此类现象的研究，客观公正地看待非物质文化遗产传承人的流动，促进西藏非物质文化遗产的发展。

一、扎念琴制作技艺

（一）扎念琴的来历

扎念琴是一种弹拨乐器，是在包括西藏在内的藏族地区广为流传的传统乐器。西藏扎念琴主要在号称“堆谐之乡”的拉孜县流传。关于扎念琴的发明，拉孜县还流传着这样的传说：远古时期，世界上一片汪洋，波浪此起彼伏，有规律地打击着海岸，涛声传向远方，动人的韵律萦绕在天神耳边，令他心花怒放，深深地爱上了海神，并与她结为夫妻。有一天，从大海中走出了一位手持扎念琴的妙音天女，她一边弹着手中的扎念琴，一天尽情歌唱，她就是天神和大海的女儿，深受藏族民众喜爱，是她教给了藏族民众弹奏扎念琴的本领，让人们能够享受欢乐。长期以来，在拉孜县一直流传着将扎念琴作为装饰品在家里摆放的习俗，每家每户最少要摆放一把扎念琴，主要悬挂在房屋的主梁上，具有辟邪和装饰的双重作用，即便在经济社会快速发展的今天，拉孜县会弹奏扎念琴的人还能占到约60%，充分说明了弹奏扎念琴在拉孜县的普及程度。

（二）拉孜县平措林民族手工艺店

早在20世纪80年代，彭措林乡就有类似于合作社的组织，专门制作扎念琴，当时这个合作社在雅鲁藏布江对面山腰上的寺庙脚下。这里在1998年发生了一次洪灾，房屋都被冲走，还死了9个人，后来在国家的帮助下进行了整村搬迁，搬到了现在的加嘎村。虽然每家每户都有二三十亩田地，但粮食的产量很低，一年一户人家只能收大约4000斤左右的粮食，所以年轻人都出去打工挣钱，只留下老弱家庭成员在家看门、喂牲畜。现在，彭措林乡仍然以制作扎念琴而闻名全区，当地制作扎念琴的历史最为悠久的店铺名为“拉孜县平措林民族手工艺店”，由47岁的群培、48岁的伦珠和41岁的索朗琼拉三人共同开办，其中，伦珠和索朗琼拉是亲兄弟，他们的手艺都是从祖上传下来的，已经传承了四代人，第一代传承人没有留下名字，第二代传承人名叫普拉，第三代传承人名叫丹增旺久，现在，索朗琼拉的二儿子格桑罗布也在学习扎念琴制作技艺。此外，这个手工艺店还有6名学徒。2014年，西藏自治区给拉孜县平措林民族手工艺店拨付了10万元的扶助资金，修建了宽30米，长50米的工作坊，改善了工作环境。

虽然彭措乡的大部分人都会制作扎念琴，但这三人的制琴技艺是当地比较高的。以前，制作扎念琴的木料多选用桑树、红木、核桃木或檀香木，现在则普遍使用本地产的杨树。近五年来，由于拉孜县木料缺乏，只能从白朗县购买。制成一把大的扎念琴，木料的成本为100~300元。扎念琴的价格根据其用途和长度的不同而有所区别。一种是民间弹奏用的琴，一种是装饰用的旅游纪念品，长度最长的有120厘米，最短的只有10厘米，最好的琴能卖到1350元，中等的琴为750~850元，最低价格是250~260元。客户如果是自己用，就都会选择贵的，如果是将其当作工艺品展示，一般都会挑最便宜的。如果是会弹扎念琴的琴师来订琴，还会定做保护手指的琴瓣。扎念琴的销售不分旺淡季，工匠们平时在家接受预定，不用到异地周转销售，一直供不应求。订单最多的是拉孜县，其次是亚东县和日喀则其他地方。拉孜县平措林民族手工艺店一年能制作500把琴，其中大琴400把，小琴100把，年收入为30万元。在员工工资上，师傅一个月为6000元，徒弟根据学习时间的长短可以每月领到1200~1500元的工资。

（三）扎念琴的制作工序

扎念琴的制作工艺和雕刻图案有着独特的艺术感，拉孜县人将扎念琴的上半截琴身称为父，将下半截琴身称为母，整个琴就是“父母相连”的意思。制作一把扎念琴可分为八个步骤：

第一步是制作调音器（图9-1）。一把扎念琴的琴头上有6个调音器，左右各3个，等距分布在琴头的两侧，主要起着收放琴弦、调节音质的效果。调音器的制作相对简单，只要选好合适的木料，按照图上所画模型进行精心雕刻即可使其成形，然后再把成形的调音器涂上颜料，使其和琴身的颜色搭配，一个调音器就算做好了。

图 9-1　扎念琴的调音器

第二步是制作琴身（图9-2）。这个工序相对复杂，在一块笔直的长方形或圆形木料上画图，然后再根据线条开挖，先从刨挖琴腹开始，这是最关键和最有难度的技术。琴腹由上下两部分组成，上部分呈菱形，下部分呈椭圆形，如果在挖的过程中不小心挖破了琴的腹腔，就会前功尽弃。琴腹的壁厚度达到3厘米时，就算挖好了，还要在菱形的琴腹中上部雕刻出一个类弯月形的发音孔。琴身背部的雕刻相对简单，只要按照画好的线条就能雕刻出琴身背部的外形。由于琴身的轻重决定了扎念琴的重量，从使用者携带方便的角度来考虑，制作时就要尽量把琴身做得轻巧一些。

图 9-2　制作扎念琴的琴身

第三步是制作琴头。以前制作扎念琴琴头时只要在琴头处雕刻出能够安装调音器的六个孔就可以了，现在，为了美观，扎念琴的琴头引进了蒙古族马头琴的款式，要把琴头的木料加热压弯到一定程度，然后再画出马头图，用刻刀雕刻出马头的样子，再在马头的头顶处留出两个小孔用来插马耳朵，还要雕刻出马鬃毛形状的木片，粘贴在马头的颈部，使整个马头栩栩如生。在马头的脖颈之处，还要雕刻出一道方形的沟槽，此槽穿过马嘴，从马头沿马颈向下顺延，用于安装琴弦，能使琴弦的发音变得清澈动听。

第四步是黏合琴身（图9–3）。一把扎念琴包括调音器、琴头、琴身三大部分。进行黏合时，琴头和琴身的黏合难度较大，为了固定琴头和琴身，制琴师一般会在结合处用雕刻出的槽把和槽口进行插入式的机械固定，然后用胶水浇灌在缝隙中进行加固。调音器与琴头的黏合，只需将调音器插入琴头即可，因为调音器需要旋转来拉进琴弦，所以必须得保证调音器能够在琴头上自由转动。

图9–3　黏合琴身

第五步是打磨扎念琴面。待整个琴身安装好后，就要用砂纸来打磨琴身，使琴身变得光滑。

第六步是在琴身上雕刻图案和上色，画上宝旋图案，贴上标志，正面涂上矿物颜料，背面涂上深浅不一的化工漆，使琴身更加美观、漂亮（图9–4）。

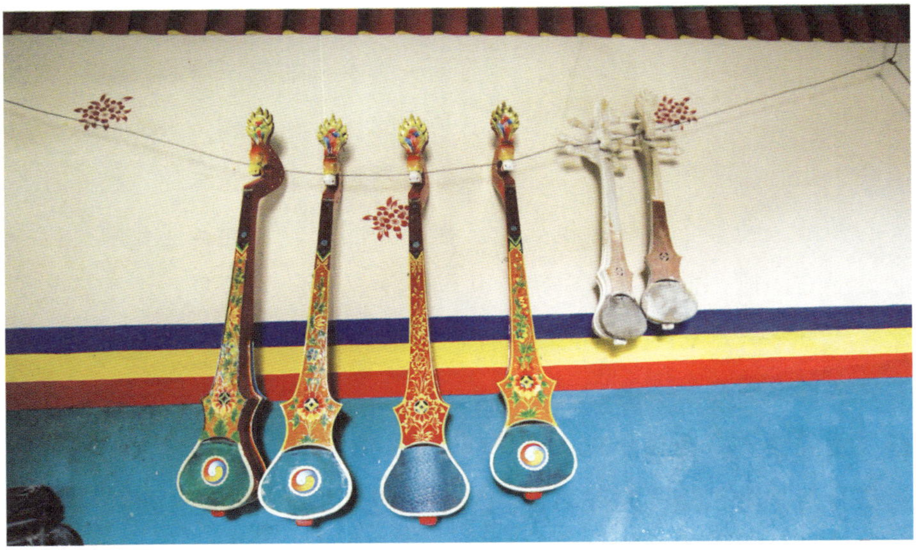

图 9-4 正在阴干油漆的扎念琴

第七步是给琴腹心处上盖。以前使用鱼皮或者蛇皮，现在统一使用獐子皮或山羊皮，又以使用山羊皮为多，使用的羊皮必须是瘦弱的山羊的皮，需要拔光羊毛后，再用水泡半天，然后再粘贴到琴腹部，这样发音效果会很好，相当于给琴弦制成了一个会扩大音效的喇叭。

第八步是挂弦。待琴身所有的部位都处理完毕后，就需要给扎念琴挂上六根琴弦。以前，琴弦是用山羊的肠子制作而成的，现在都使用专门的琴线，琴弦尾部由一根细铁丝引出，用两块小木片粘在琴尾和琴头，支撑起六根小琴弦，使其与琴腹部和琴把部保持一定的空隙，最后给扎念琴调音，一把扎念琴就算制作好了。

个案1：20岁的丹巴多杰是拉孜县平措乡人，15岁开始学习扎念琴制作，先从调音器开始学起，大约学了半年时间，然后开始学画图、制琴。三年期间，他先后跟了群培、伦珠和索朗琼拉三位师傅，18岁时独自制作出了第一把扎念琴，现在已经制作了一百多把扎念琴，技术非常熟练，4~5天就能制作一把扎念琴，每天可领到70元工资，其他

4名学徒不论入行早晚，每天也都能领到70元工资。

因为扎念琴在拉孜县具有装饰和演奏的双重功能，深受民众喜爱，所以社会需求量非常大，这给扎念琴制作技艺带来很大的供货压力。对扎念琴制作艺人来说，面临的最大困难是木材紧张，一棵藏杨柳长到能制作扎念琴的粗细，需要15~20年的时间，拉孜县早已买不到合适的木材，即便在日喀则其他各县，采购也比较费力。在销售方面，有的客户不按时支付货款，一味拖欠，给扎念琴制作艺人造成资金周转上的困难。

二、扎念琴弹唱艺人跨省流动的情况及原因

扎念琴弹唱在拉孜县具有深厚的群众基础，深受民众喜爱。茶余饭后，拉孜县随处可见围坐在一起弹唱扎念琴的民众，扎念琴已经与拉孜藏刀一起，成为拉孜县的文化标志。不同的是，拉孜藏刀名声在外，而扎念琴弹唱则隐藏在民间，是拉孜县的大众娱乐方式，可以说依靠民众的力量，取得了全民传承的效果，达到了非物质文化遗产保护实现民众文化自觉的目的。在拉孜县，背着一把色彩鲜艳的扎念琴出行，已经成为当地的独特风景，也吸引着游客的注意力。因为扎念琴弹唱已经融入拉孜县民众的日常生活中，所以在拉孜县依靠弹唱卖艺就显得不合时宜，一方面是出于高手在民间的考虑，另一方面乡里乡亲，以弹唱扎念会友是约定俗成的风俗，不好意思借此索取报酬，这种行为也很难得到社会的认可。在这样的情况下，走出拉孜县，外出卖艺就成为扎念琴弹唱艺人的必然选择。

早在2000年左右，拉孜县的扎念琴弹唱艺人就已经开始在拉萨、日喀则的城市中卖艺赚钱，并逐渐出现向区外流动的趋势。这些弹唱艺人乘坐汽车来到成都，主要到武侯区藏族聚居区的茶馆和餐厅里卖艺挣钱，并向四周拓展，主要局限在中低档消费场所。2007年，拉孜

堆谐编排的舞蹈《飞弦踏春》登上了春节联欢晚会的舞台，使扎念琴弹唱举国闻名，促进了更多的扎念琴弹唱艺人向成都市流动。这些艺人身穿日喀则藏族传统服饰，用藏语给客人表演扎念琴弹唱，没有明确的标价，而是由听者随意给一些钱，以此来赚取现金。随着数量的增加和演出地域范围的扩大，近几年来，扎念琴弹唱艺人也出现了向都江堰、郫县、双流、温江和绵阳等地扩散的趋势。通过亲戚、老乡的带动，在四川各城市的小旅馆或者租借民房居住，很多人并不懂汉语，只是以卖唱为生，平时省吃俭用，挣钱后就返回老家探望家人，休息一段时间后再到以成都市为中心的地区表演。目前，四川省共有扎念琴弹唱艺人70多人，偶尔也会有在成都定居的西藏人主动来听他们演唱。

个案2：42岁的达瓦次仁是拉孜县人，他来成都市弹唱扎念琴已经有3年时间了。每年8月底从日喀则坐火车到拉萨，再坐火车到西宁转车到成都。因为武侯区的藏族人最多，所以就在这里租房居住，每天出去弹唱，除了到武侯区的茶馆外，还到宽窄巷子等地，但后来管理人员不让他们进去了。他们主要唱一些民歌，表演堆谐，老板们都比较宽容，允许他们一个包间一个包间地走，有时候遇到大方的客人，一个包厢就能赚几百元钱。

从目前的情况来看，造成扎念琴弹唱艺人到成都市卖艺谋生的因素是四川与西藏有着地缘上的天然联系。由于历史上的原因，四川人在开发西藏的过程中扮演着非常重要的角色，在文化和饮食上都对西藏民众产生了重要影响。根据王川的研究，清代以来，西藏昌都的蔬菜是从区外运来，而且是通过贸易、人员流动完成的。民国时期西藏地区的蔬菜品种已经比较丰富了，与同期内地相比，西藏拉萨、昌都、日喀则几个大城市已经具备了主要的蔬菜品种，西康、西藏藏族的大面积、普遍接受蔬菜，是在民国时期之后。从种植蔬菜逐渐成为一种需要，受到藏族人民的重视，到食用蔬菜的习俗化，表明内地蔬菜完全为西藏地区所接受。[①]甚至在相当长的时间里，西藏的藏族民众普遍认为四川方言就是普通话。以麻辣味见长的川菜也已经成为最受西藏民众欢迎的菜系。

此外，由于气候宜人，成都市已经成为西藏职工养老休闲的最主要去处，形成了较大规模的人口流动，成都也被西藏民众称为“西藏的后花园”。这种流动也引起了学术界的注意。有学者认为，成都市藏族流动人口占全市少数民族流动人口总量的三分之二，是我国藏族人口流动最频繁、流动规模最大，聚居人口最多、增长迅猛的内地城市，形成了武侯区—高新区—双流县，金牛区和青羊区—郫县/温江区—都江堰市两大集中分布片区。这些藏族流动人口居住地较为固定，分别形成了相对集中的聚居街区、小区。他们有按职业和行政区域聚居的倾向，希望通过聚居获得互助关照、增加社交与信息交流、丰富日常文化生活。在社交适应性方面，总体上习惯于在本民族人际圈内进行交往，具有按民族、按职业和区域人群进行交往的特点。[②]还有学者提出，西藏藏族人口的东向流动先后经历了从被动流动到自发流动两个阶段，长期以来全国给西藏的大力支援和帮助和内地各省为西藏提供的巨大国内市场，提供了多种多样的发展机会和条件，吸引和推动着西藏藏族人口自发地东向流动。[③]我们认为，正是由于有大量西藏藏族民众在成都市生活，形成了相对固定的聚居区，构建起了同质性的藏族文化圈，在一定程度上消解了扎念琴弹唱艺人对祖国内地的陌生感，产生了一定的拉力，才使江孜县扎念琴弹唱艺人将跨省流动的目的地选在了成都市。

---

① 王川.民国时期内地蔬菜传入西藏略考[J].民族研究，2011（6）p82.

② 徐学书等.藏族流动人口服务管理工作探讨——以四川省成都市为例[J].西南民族大学学报，2015（6）p33.

③ 来仪.西藏藏族人口东向流动现实意义探微[J].西南民族大学学报，2012（9）p1–7.

我们认为，扎念琴弹唱艺人的行为具有流而不迁的特点，仅仅将成都市视为赚取现金收入的地方，而从来没有想过要在城市中安家，这些弹唱艺人最终还是要回到拉孜县老家生活，这也符合周大鸣提出的“钟摆理论”。[①]从体量上来说，在成都市以表演扎念琴弹唱为生的艺人不到百人，并不会对扎念琴弹唱艺术在拉孜县的传承构成威胁。

三、扎念琴弹唱艺人跨省流动的启示

虽然西藏的非物质文化遗产资源非常丰富，但长期以来，非物质文化遗产传承人并不愿意走出西藏，这与非物质文化遗产在地化的特征有着密切关系。西藏地域辽阔，非物质文化遗产有着比较清晰的地域性，每一个地区的人们对本地区的非物质文化遗产有着很强的认同感，形成了西藏民众内聚力强和故土难离的思想，这给非物质文化遗产的区内流动造成了影响。而扎念琴弹唱艺人的跨省区流动则打破了这种限制，促进了民族文化的交流，实现了非物质文化遗产的共享。

苑利认为：“真正利用经济杠杆来调动非物质文化遗产传承人积极性的最佳方式，恐怕还是要变输血为造血，充分调动起非物质文化遗产传承人的内在积极性，使他们在市场竞争中占据更多优势，从而使非物质文化遗产获得有效传承。”[②]如前所述，西藏非物质文化遗产保护在很大程度上依赖于各级政府，而社会参与程度较低，非物质文化遗产传承人独自传承难度很大。扎念琴弹唱艺人出省卖艺，使非物质文化遗产转化为经济价值，既满足了艺人们传承扎念琴的愿望，也改善了他们的经济条件，可谓一举两得，使非物质文化遗产传承人实现了自己的社会价值，吸引着更多的扎念琴弹唱艺人投入这一行，实

---

① 周大鸣.永恒的钟摆——中国农村劳动力的流动[A].柯兰君、李汉林，都市里的村民——中国大城市的流动人口[C].北京：中央编译出版社，2001.p304.

② 苑利.非物质文化遗产传承人保护之忧[J].探索与争鸣，2007（7）p68.

现非物质文化遗产的传承。

我们调查后发现，这些向区外流动的扎念琴弹唱艺人的内聚力很强，虽然生活比较辛苦，但亲戚间和同乡间的关系比较亲密，经常在一起聚会，交流表演上的心得体会，抒发对家乡的思念之情。与此同时也存在社会认可度低、交际圈窄、缺乏组织等问题，发生纠纷时他们多选择息事宁人。我们认为，拉孜县扎念琴弹唱艺人群体是西藏非物质文化遗产传承人中第一批敢于外出挑战的人，他们为了获得更多的现金收入，携技出藏，依靠具有鲜明民族特色的非物质文化遗产在外乡讨生活，其勇气可嘉，但在城市中，他们却是弱势群体。作为非物质文化遗产的保护主体，拉孜县政府应该发挥自己的作用，对扎念琴弹唱艺人进行培训和辅导，保障他们的合法权益。此外，扎念琴弹唱技艺在拉孜县具有相当广泛的群众基础，有足够的人力资源，完全能够支撑更多艺人到区外卖艺谋生，拉孜县政府完全可以因势利导，将其打造成当地具有外出务工性质的文化产业，组织更多能够表演扎念琴弹唱的艺人到其他城市进行表演，扩大扎念琴弹唱的社会影响力，在传承非物质文化遗产的过程中，为拉孜县民众带来更多的经济收入。同时，也能给制作扎念琴的艺人提供更多的订单，促进扎念琴制作技艺的发展。

四、西藏非物质文化遗产传承人区内流动的思考

在西藏非物质文化遗产传承人中，除了拉孜县扎念琴弹唱艺人向四川省的流动外，还有一些传承人正在西藏自治区内流动，主要表现为从各地市向拉萨市流动，我们在第三章论述的唐卡艺人和第五章论述的扎西吉彩金银铜器制作技艺传承人都存在从日喀则市向拉萨市流动的情况。出现这种情况的主要原因是拉萨市作为西藏自治区政治、经济、文化中心的影响力在发挥作用，“拉萨市是西藏人口流动的中心，西藏本土人才集中，这种中心地位决定了拉萨具有很多优势资源，使非物质文化遗产在这里汇集，并能够得到延续。”[①]拉萨市共有非物质文化遗产代表性项目167项，其中有以拉萨雪顿节、觉木隆藏戏、拉萨朗玛等国家级非物质文化遗产代表性项目20项，拉萨堆谐、打阿嘎工序、直贡藏医等自治区级非物质文化遗产代表性项目31项，黑帐篷编织技艺、那噶藏戏等拉萨市级非物质文化遗产代表性项目65项。拉木寺羌姆、氆氇编织技艺等县级非物质文化遗产代表性项目51项，形成了国家、区、市、县四级非物质文化遗产名录体系，有各级非物质文化遗产项目代表性传承人181名。2014年，拉萨市在全区率先设立了市级传承人专项补助资金，对拉萨市级非物质文化遗产项目代表性传承人每人每年给予3000元的补助。2015年，拉萨市又率先给县级非物质文化遗产项目代表性传承人发放每人每年1500~2000元不等的补助资金。2017年，又将市级非物质文化遗产代表性项目传承人的补助标准提高到每人每年5000元。[②]这种巨大的资金投入是西藏自治区其他地市所无法比拟的。但是我们也要看到，非物质文化遗产传承人向拉萨市的集中性流动虽然增加了拉萨市的文化底蕴，但是也打破了非物质文化遗产传承人在区内的均衡性分布，进而产生虹吸效应，出现了拉萨市非物质文化遗产一家独大的现象，不利于西藏非物质文化遗产的可持续发展。

在全球范围内，可持续发展并不是新近出现的一个术语。长久以来，人们都将经济发展等同于物质生活的改善和提高，许多国家不惜一切代价追求经济利益的最大化，导致一系列危及人类生存的问题的出现，如环境污染、能源危机、核能和有毒化学物泄露、南北贫富分化、恐怖主义、社会武装冲突等。面对这种情况，1987年，时任联合

① 马宁.西藏非物质文化遗产保护中的问题与对策[J].西藏民族学院学报，2010（3）p30.

② 根据西藏自治区文化厅提供的资料整理而成。

国世界环境与发展委员会主席格罗·哈莱姆·布伦特兰向联合国大会提交了题为《我们共同的未来》的报告，正式提出“可持续发展”理念：既满足当代人的需求，又不对后代人满足其需求的能力构成损害的发展。这一理念旨在倡导人类摒弃只顾眼前利益和局部利益的做法，改变只以经济增长为唯一目标的发展模式，将发展焦点重新聚集于人——人而非物质，才是发展的终极目的，人而非物质，才是发展的根本动力，寻求人类持续生存的新的发展范式。

2003年，联合国教科文组织出台《保护非物质文化遗产公约》，首次以国际法的形式对传统和民间文化形式予以保护，以“非物质文化遗产”术语统称，该公约明确非物质文化遗产是可持续发展的保证。①为进一步阐释其具体内涵，联合国教科文组织曾多次组织召开专家会议，2014年，主题为“在国家层面保护非物质文化遗产和可持续发展”的专家会议召开，会议分析了非物质文化遗产对可持续发展的重要性，②起草了《实施〈保护非物质文化遗产公约〉业务指南》中要新增的第六章“在国家层面保护非物质文化遗产和可持续发展”内容，该内容经联合国教科文组织2014年11月召开的“保护非物质文化遗产政府间委员会”会议审议后，于2016年提交2003年公约第六届缔约国大会审议获得通过。

《实施2003年公约业务指南》（2016年版）新增内容倡导各国“在非物质文化遗产保护措施中努力保持可持续发展三个方面（经济、社会和环境）的平衡，保持非物质文化遗产与和平、安全之间相互依存的关系”。联合国教科文组织在非物质文化遗产保护上的这一变化是基于国际社会对文化与发展关系近半个世纪的研究和实践得出

① 《保护非物质文化遗产公约》序言第3段：考虑到1989年的《保护民间创作建议书》、2001年的《教科文组织世界文化多样性宣言》和2002年第三次文化部长圆桌会议通过的《伊斯坦布尔宣言》强调非物质文化遗产的重要性，它是文化多样性的熔炉，又是可持续发展的保证。

② 会议成果以名为《非物质文化遗产与可持续发展》由联合国教科文组织在2015年11月出版。

的共识：文化对人类可持续发展发挥着关键作用。在这一共识的基础上，将非物质文化遗产与可持续发展的内在关系予以具体化。联合国教科文组织将非物质文化遗产与可持续发展联系起来，是从人类生存的高度明确了非物质文化遗产的重要性，承认非物质文化遗产与其他文化、知识一样蕴含着应对和解决社会发展问题的智慧源泉，让那些由本土民众创造传承、于民众有着重大意义的传统和民间文化走出被忽视与受压制的困境，服务于人们生活的各个方面，特别是对地方社区、贫困人群，非物质文化遗产很多时候扮演着关键角色。由此使人们意识到，保护非物质文化遗产，实质上是在保护人类当下及未来的生存。

从这个意义上来说，西藏非物质文化遗产传承人的区内流动虽然给非物质文化遗产传承人提供了更大的发展空间，使其获得了更多的经济利益和社会声誉，但却在事实上削弱了非物质文化遗产所在社区的发展能力，也增加了非物质文化遗产传承的不可确定性。因为能够向拉萨市流动的非物质文化遗产传承人往往是同行中出类拔萃者，他们的流动抽干了所在地区非物质文化遗产的精英，阻塞了反哺地方的渠道，使非物质文化遗产的传承保持在较低层次，减弱了培养出下一代优秀传承人的可能性，甚至会使他们原本所在社区的非物质文化遗产无以为继。因此，要客观地看待非物质文化遗产传承人向拉萨市流动的现象，不能一味认为“人往高处走、水往低处流”是社会发展的必然，而是要加强非物质文化遗产在地化传承的扶持力度，对非物质文化遗产传承人在所在社区的传承提供政策和资金上的帮扶，确保非物质文化遗产能够实现活态化传承，实现非物质文化遗产所在社区的可持续发展。